工程经济学教程

王亮　主编

国家开放大学出版社·北京

图书在版编目（CIP）数据

工程经济学教程／王亮主编．—北京：国家开放
大学出版社，2019.7（2023.4重印）
  ISBN 978-7-304-09881-0

  Ⅰ.①工… Ⅱ.①王… Ⅲ.①工程经济学—教材
Ⅳ.①F062.4

中国版本图书馆 CIP 数据核字（2019）第 130939 号

工程经济学教程
GONGCHENG JINGJIXUE JIAOCHENG
王亮　主编

出版·发行：国家开放大学出版社
电话：营销中心 010-68180820   总编室 010-68182524
网址：http://www.crtvup.com.cn
地址：北京市海淀区西四环中路 45 号　邮编：100039
经销：新华书店北京发行所

策划编辑：王　普   版式设计：何智杰
责任编辑：王　普   责任校对：吕昀谿
责任印制：武　鹏　马　严

印刷：北京京华铭诚工贸有限公司   印数：46501~52500
版本：2019 年 7 月第 1 版   2023 年 4 月第 7 次印刷
开本：787mm×1092mm 1/16   印张：14.75   字数：326 千字

书号：ISBN 978-7-304-09881-0
定价：32.00 元

前　言

　　工程经济学是工程与经济的交叉学科，通常以工程项目为主体，将经济学原理运用到与工程经济分析相关的问题上，研究如何使工程技术实践活动取得最佳经济效果。

　　作为国家开放大学土木工程专业"工程经济与管理"课程配套教材，本教程在系统介绍工程经济学基本理论的基础上，以适应国家开放大学教学需求为目标，以强化能力培养为主线，在内容选择上充分考虑土建类相关专业的深度和广度，以"必需、够用"为度，详略得当、深浅得宜，注重实用性和可操作性。

　　本教程在内容设置上遵循中华人民共和国住房和城乡建设部高等学校工程管理和工程造价学科专业指导委员会通过的工程管理专业"工程经济学"课程教学大纲，借鉴了已出版的多本普通高等教育土建学科专业规划教材，主要内容包括：绪论，资金的时间价值，工程项目的经济要素——投资、成本、收入与利润，工程项目经济评价指标与方案评价，工程项目不确定性分析与风险分析，工程项目资金来源与融资方案，工程项目可行性研究，工程项目财务分析，工程项目费用效益分析，工程项目费用效果分析，设备更新分析和价值工程等。

　　为适应开放教育学习者的学习特点，本教程每章都在开篇通过章首语阐明学习的背景、意义及主要内容，文中围绕重点内容设置充足的例题及详细解析，每章小结进一步归纳、概括重要的知识点，并辅以思考题和习题开展针对性训练，以利于学习者在开展系统学习的同时，提高解决工程经济实际问题的能力。

　　本教程由北京建筑大学土木与交通工程学院王亮主编。本教程在编写过程中，参考了众多专家学者的著作成果，均在参考文献中列出，在此向他们致以诚挚的谢意！北京建筑大学周晓静教授、北京交通大学刘玉明教授在百忙之中对本书进行了审阅，提出了许多宝贵的意见和建议；此外，国家开放大学理工教学部郭鸿部长对本书的编写给予了大力支持和帮助，北京建筑大学土木与交通工程学院研究生李洁、张瑞强、李昊、杜一丛参与了部分章节的图文整理工作，在此一并表示感谢。

　　由于编者水平有限，加之时间紧迫，书中难免存在疏漏和谬误之处，敬请广大读者和同人批评指正，以利再版时修正。

编　者

2019 年 5 月

目　录

1 绪 论

工程经济学是一门与自然科学和社会科学密切相关的边缘科学，是根据现代科学技术和社会经济发展的需要，由自然科学和社会科学在发展过程中互相渗透、互相促进，逐渐形成和发展起来的。工程经济学属于应用经济学的一个分支，在这门学科中，以技术–经济系统为核心，而经济处于支配地位。本章主要介绍工程经济学的概念及特点、学科产生和发展历程、工程经济分析的基本原则及主要步骤、工程经济活动实施的要素和工程经济分析人员应具备的基本素质等内容。

1.1 工程经济学的概念及特点

工程经济学是一门从经济的角度在一组方案中选择最佳方案，并提供科学原理和技术方法的应用经济科学。其宗旨是寻求工程技术与经济效果的辩证统一。

工程经济学中的"经济"是指人、财、物、时间等资源的节约和有效使用。例如，在工程建设中，以较少的费用建成具有同样效用的工程，或者以同样数量的费用建成更多、更好的工程，不论哪一种情况，都表现为获得单位效用所消耗的费用的节约。

技术与经济之间具有对立与统一的辩证关系。一方面，技术的先进性和经济的合理性在社会发展中是相互促进的。经济是技术进步的目的，而技术是达到经济目标的手段，是推动经济发展的强大动力。也就是说，技术进步促进经济发展，经济发展则是技术进步的归宿和基础。因此，在通过技术进步提高劳动生产率、推动经济发展和人类文明与进步的同时，应该更加注重资源、环境、经济的可持续发展，不能以牺牲环境和资源为代价来发展经济。可以说，技术进步是经济、社会可持续发展的必由之路。另一方面，技术与经济存在相互制约和相互矛盾的一面。首先，技术的发展受到经济条件的制约。例如，有些先进的科学技术，需要相应的物质和经济条件作为支撑，也需要相应的资源结构相配合，然后才能转化为现实的生产力。在不具备相应条件的国家和地区，即便是先进技术，也难以发挥效果。其次，在技术和经济的关系中，经济占支配地位。也就是说，技术进步是为经济发展服务的，即任何技术的推广使用首先应考虑其经济效果问题。因此，工程经济学是研究工程技术和经济的相互关系，探寻两者相互促进、协调发展途径的科学。

工程经济学具有如下特点。

1. 综合性

工程经济学不仅要研究和论证工程项目的建设规模、资金筹措、技术方案的可行性、经济合理性、不确定性和风险性等问题，还要研究工程建设方案是否符合国家政策法规、是否

1

符合投资政策和投资导向、是否合理开发与综合利用资源、是否达到节能减排标准和保护生态环境等问题，涉及面广、综合性强。

2. 实用性

工程经济学是一门实用性很强的学科，这是因为工程技术的经济分析和评价与所处的客观环境关系密切。工程经济学的研究对象大多数来源于工程建设或生产的实际项目，备选方案的选择也要求紧密结合生产技术和经济活动进行，其研究成果是直接为项目的建设和生产运营服务的，并通过实践活动来验证分析结果的正确性。

3. 定量性

工程经济学中的工程经济分析是定量分析和定性分析相结合，以定量分析为主的分析方法，对于难以量化的因素，也可通过主观判断的形式给予量化表示。如果不这样做，就无法在经济性上评价与比选出适合建设项目的各种工程技术方案。

4. 预测性

工程经济学所讨论的经济效果问题几乎都和"未来"有关，是对即将实施的技术政策、技术方案、技术措施进行的预先分析、评价，也是对技术方案被采纳后将要带来的经济效果进行的计算、分析与比较。工程经济学讨论的是各个方案未来经济效果的问题，这就需要对未来的"不确定因素"和"随机因素"进行预测和估计，而预测和估计的结果将关系到技术效果评价的可靠性。因此，在工程经济学中对拟建项目的一切评价结论都是建立在科学预测的基础上的。

1.2　工程经济学的研究对象

为了更好地理解工程经济学的研究对象，首先需要明确如下问题。

1. 4 个层面

可以从项目层面、企业层面、产业层面、国家层面 4 个层面出发看待工程经济学这门学科，前两个层面是从微观角度出发的，后两个层面则是从宏观角度出发的。

2. 3 个为什么

分别从必要性、时间性和合理性 3 个方面提出问题，即 3 个为什么（3 个 Why）：

（1）Why do this project? 这一点探讨的是实施某工程项目的必要性，即实施该工程项目是否具有价值或意义。

（2）Why do this project at present? 这一点探讨的是实施某工程项目的时间性，即当前项目实施的时机是否适宜。

（3）Why do this project in this manner? 这一点探讨的是为实施某工程项目而选择的方案的合理性，即有无经济效果更好的替代方案或备选方案。

工程经济学是研究工程与经济的相互关系，以期达到技术与经济的最佳结合的科学。本教程中，工程经济学的研究对象主要是工程项目，即以工程项目为主体，以技术-经济系统为核心，研究各种工程技术方案的经济效益，通过对经济效果的计算，以求找到最优的工程技术方案，作为决策部门进行工程技术决策的依据。

1.3 工程经济学的产生和发展

工程经济学是根据现代科学技术和社会经济发展的需要，为适应现代化大生产和投资决策科学化的客观要求而产生的一门新学科，其历史最早可以追溯到 19 世纪末。1887 年，惠灵顿在其所著的《铁路布局的经济理论》中，将工程经济学描述为"一门少花钱多办事的艺术"，首次将成本分析方法应用于铁路最佳长度及路线的曲率选择上，从而开创了在工程领域进行经济评价的先河。《铁路布局的经济理论》的出版标志着工程经济学的产生。1915 年，菲什的著作《工程经济学》直接冠以本学科名称，将投资规模与证券市场联系起来，分析内容包括投资、利率、商业与商业统计、估价与预测等。1920 年，戈尔德曼在其著作《财务工程学》中提出使用复利方法对各个方案进行分析比选，并阐明为获取最佳财务效率和经济效益，工程师应考虑工程成本问题，从而承担相应的责任。而在 10 年以后，即 1930 年，格兰特出版的《工程经济原理》首创了工程经济的评价理论和原则，书中以复利计算为基础，讨论了判别因子和短期投资评价的重要性，以及资本长期投资的一般方法，从而奠定了经典工程经济学的基础。该书历经半个世纪，到 1982 年已再版了 6 次。作为一门独立的学科，从 20 世纪 40 年代以后，工程经济学的研究内容不断丰富和完善，从单纯的工程费用效益分析发展到市场供求和投资分配领域，再到后来的风险投资、决策敏感性分析和市场不确定性分析等方面。1982 年，里格斯出版的《工程经济学》，在总结和吸收前人研究的基础上，系统阐述了工程经济学的内容。该书观点新颖、论述严谨、内容丰富，把工程经济学的学科水平向前推进了一大步。国外工程经济学的学科发展历程如图 1-1 所示。

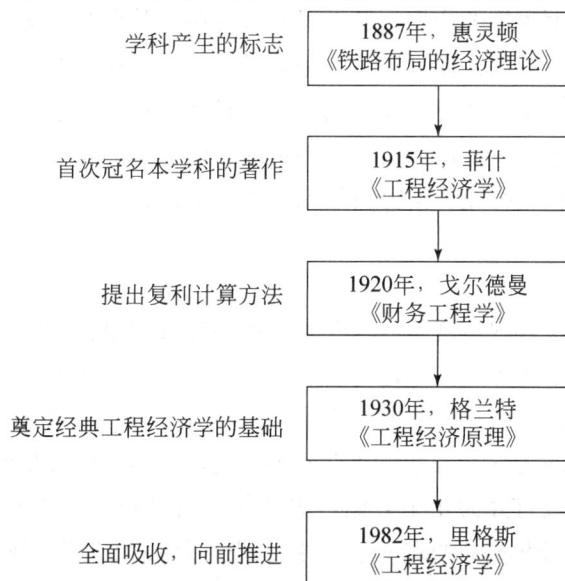

学科产生的标志 → 1887年，惠灵顿《铁路布局的经济理论》

首次冠名本学科的著作 → 1915年，菲什《工程经济学》

提出复利计算方法 → 1920年，戈尔德曼《财务工程学》

奠定经典工程经济学的基础 → 1930年，格兰特《工程经济原理》

全面吸收，向前推进 → 1982年，里格斯《工程经济学》

图 1-1 国外工程经济学的学科发展历程

20 世纪 90 年代以后，西方工程经济学理论出现了宏观化研究的趋势，即工程经济学中的微观经济效益分析逐渐同宏观经济效益分析、社会效益研究、环境效益评价结合在一起，国家的经济制度和政策等宏观问题成为当代工程经济学研究的新内容。

1.4 工程经济分析的基本原则

工程经济学是工程科学和经济科学的交叉学科，以经济科学为指导，对工程技术方案的经济效果进行分析、比较和评价，为技术的采用和发展提供决策依据。在对工程技术方案进行经济效益分析（工程经济分析）时，应遵循以下基本原则。

1. 技术与经济相结合原则

工程经济学是研究技术和经济相互关系的科学，是根据社会生产的实际以及技术与经济的发展水平，研究、探求、寻找使技术与经济相互促进、协调发展的途径的学科。技术与经济相互依赖、相互促进、相辅相成的关系，构成了评价工程项目或技术方案的重要原则，即工程经济分析既要考虑项目或方案的可行性、先进性和合理性，又要考虑项目或方案的经济特性、经济价值，寻找符合国家政策、符合产业发展方向且又能给企业带来发展的项目或方案，使之最大限度地创造效益，促进技术进步及资源、环保等工作的共同发展。因此，技术经济评价是决定项目或方案取舍与优选的重要依据，在讨论、评价工程项目或技术方案时，应当遵循技术与经济相结合原则。

2. 定性分析与定量分析相结合原则

技术经济分析的本质就是围绕拟建设的项目在整个计算期内的经济活动，通过效益与费用的计算，对工程技术方案进行综合分析、比较和评价，以求找到最优的工程技术方案，作为决策部门进行工程技术决策的依据。其中，定量分析以其科学、准确、客观等特点，在技术经济评价中得到了广泛应用，而且现代应用数学及计算机技术的发展与应用使定量分析更加规范、易行。但在实际项目或方案中，由于有些经济问题的复杂性，有些内容无法用数量表达。因此，在实际作业中，定性分析也是不可或缺的，即应将定性分析与定量分析结合起来，发挥各自的优势，互相补充，使分析结果科学、准确，便于决策层对项目或技术方案的全面把握。

3. 方案可比性原则

工程经济学研究的核心内容就是寻求项目或技术方案的最佳经济效果。因此，在工程经济分析中，既要对某方案的各项指标进行研究，以确定其经济效益的大小，也要把该方案与其他方案进行比较评价，以便从所有的方案中找出具有最佳经济效果者。因此，方案比较是工程经济学中十分重要的内容，方案可比性原则是进行工程经济分析时应遵循的重要原则。

一般而言，方案比较可分为 4 个方面：服务年限（相同的计算期）可比、计算基础资料（材料、设备及工资等价格指标统一）可比、设计深度（建设规模、质量、品种、功能等）与计算口径上（效益与费用计算范围）可比和经济计算方法可比。

4. 财务分析与费用效益分析相结合原则

项目的财务分析和费用效益分析都是项目的营利性分析，但由于两者所代表的利益主体不同，两种分析方法的目的、任务和作用等也有所差异。在评价投资项目的经济效益时，必须将项目的财务分析与费用效益分析结合起来考虑，既要符合国家发展的需要，使资源合理配置并充分发挥效能，又要尽量使项目有较好的经济效益，具有相应的财务生存能力，为今后进一步的发展打下良好的基础。

一般而言，对建设项目进行经济分析、评价后，只有财务分析和费用效益分析的评价结论均可行的项目才能得以通过；对于费用效益分析评价结论不可行的项目，一般予以否定；对于关系到公共利益、国家安全和市场不能有效配置资源的项目，如果费用效益分析评价结论可行，但财务分析评价结论不可行，通常重新考虑方案，或者必要时向有关主管部门建议或申请采取相应的经济优惠措施，使得投资项目具有财务上的生存能力。

1.5　工程经济分析的主要步骤

工程经济分析的主要步骤为：明确工作目标→探寻关键要素→穷举备选方案→评价备选方案→决策实施方案。

（1）明确工作目标：工程经济分析的第一步就是通过调查研究寻找经济环境中显在和潜在的需求，明确工作目标。

（2）探寻关键要素：关键要素是实现工作目标的制约因素，探寻关键要素是工程经济分析的重要一环。

（3）穷举备选方案：关键要素找到后，紧接着要做的工作就是围绕着解决问题的各种方法，制定各种备选方案。

（4）评价备选方案：由于上述方案均从工程技术的角度提出，则往往都具备技术可行性，但在效果一定时，只有费用及损失最低的方案才能成为最佳方案，这就需要对备选方案进行经济效果评价。

（5）决策实施方案：根据评价结果，从若干备选方案中选择令人满意的实施方案，从而提高决策的科学性和有效性，这对工程项目建设的效果具有决定性的影响。

1.6　工程经济活动实施的要素

工程经济活动的顺利开展，一般涉及四大要素：实施主体、实施目标、实施活动的环境及实施效果。

1. 实施主体

实施主体是指工程经济活动中垫付活动资本、承担活动风险、享受活动收益的个人或组织，大致分为三类：政府、企业，以及包括科研、教育、文化、卫生、体育等组织在内的事业单位或社会团体。

2. 实施目标

人类实施一切工程经济活动都有明确的目标，即直接或间接地满足人类自身的需要。不同活动主体，其实施目标的性质和数量存在明显的差异。

3. 实施活动的环境

实施工程经济活动时，常常既面临各种不同的自然环境（为工程经济活动提供客观物质基础），又面临变化着的经济环境（反映工程经济活动成果的价值），两者彼此相关且至关重要。

4. 实施效果

实施效果是指工程经济活动实施后对实施目标产生的影响。对于一项工程经济活动而言，通常会同时呈现多方面的效果，有时甚至各种效果之间还可能出现对立和冲突。所以，应该在实施决策前对该项工程经济活动进行全面分析和科学论证。

1.7 工程经济分析人员应具备的基本素质

工程经济学具有很强的综合性、系统性和应用性。为有效地对工程项目进行经济分析，工程经济分析人员应具备以下基本素质。

1. 实事求是

工程经济分析应实事求是，坚持真理，做到不唯上、不唯书，只唯实、只唯真，确保评价结果的可信度。

2. 遵循法令和规范

市场经济是法制经济。因此，在工程经济分析中，必须保证各对比方案及计算结果符合国家的有关法令和规范的要求。法令和规范是根据社会发展情况和政治经济形势等各方面的实际情况，经过分析和论证制定出来的。它们既能体现公众的最高利益，又对实际工作有重要的指导作用。

3. 开展必要的市场调查

如果想在竞争日益激烈的市场经济中取胜，必须了解市场供需情况，了解国内现有企业的生产能力及其在技术改造后可挖掘的潜力，进行销售价格预测，开展材料来源和供应渠道的调查研究等。

4. 具备一定的科学预测能力

所谓预测，就是对与决策问题有关的各种内外部情况所进行的科学的估计和推测。它既是决策科学化的重要工具，也是决策分析的重要组成部分。

本章小结

工程经济学以经济科学为指导，对工程技术方案的经济效果进行分析、比较和评价，全面衡量其经济效益，为技术的采用和发展提供决策依据，以求找到最优的工程技术方案。工程经济学具有综合性、实用性、定量性、预测性等特点。

工程经济学以技术经济分析为核心，研究如何有效利用资源、提高经济效益。工程经济分析应遵循的基本原则包括技术与经济相结合原则、定性分析与定量分析相结合原则、方案可比性原则、财务分析与费用效益分析相结合原则等。

工程经济分析的主要步骤为：明确工作目标→探寻关键要素→穷举备选方案→评价备选方案→决策实施方案。

工程经济活动实施的要素包括：实施主体、实施目标、实施活动的环境、实施效果。

思 考 题

1. 试分析工程技术与经济的关系。
2. 工程经济学的研究对象和特点是什么？
3. 工程经济分析的基本原则有哪些？
4. 工程经济分析的主要步骤有哪些？
5. 工程经济活动实施的要素有哪些？

习 题

一、单项选择题

工程经济学的主要特点不包括（　　）。

A. 综合性   B. 实用性

C. 定量性   D. 抽象性

二、多项选择题

工程经济活动实施涉及的要素有（　　）。

A. 实施主体   B. 实施目标

C. 实施活动的环境   D. 实施效果

E. 实施风险

三、填空题

工程经济学的宗旨是寻求_____与_____的辩证统一。

四、判断题

1. 工程经济分析的基本原则之一是定性分析与定量分析相结合原则，以定性分析为主。

（　　）

2. 在评价投资项目的经济效益时，必须将项目的财务分析与费用效益分析结合起来考虑。

（　　）

2 资金的时间价值

资金时间价值,是指资金在生产和流通过程中随着时间推移而产生的增值。它是在进行经济分析时必须考虑的重要因素。资金时间价值的理论和计算方法是工程经济学的理论基础和有效的经济分析依据。本章主要介绍现金流量的概念及表达方式、资金时间价值的概念、名义利率与实际利率、资金等值计算方法等内容。

2.1 现金流量

工程项目建设和生产运营的目的是投入资本、劳务和技术等生产要素,向社会提供有用的物品或服务。工程经济分析的任务就是根据所考察系统的预期目标和所拥有的资源条件,分析该系统的现金流量情况,对工程项目进行经济评估,或选择合适的技术方案,以获得最佳的经济效果。这就需要用货币来量化工程项目的投入和产出,通过分析比较投入和产出的经济价值来判断工程项目的效益。因此,分析工程项目投入和产出的经济价值是工程经济分析最重要的基础工作,也是正确计算工程项目经济效果评价指标的前提。

2.1.1 现金流量的概念及构成

在进行工程经济分析时,可把所考察的对象视为一个系统,这个系统可以是一个工程项目,也可以是一个企业,而投入的资金、花费的成本和获取的收入均可被看成以货币形式体现的该系统的资金流出或资金流入。这种考察技术方案在整个期间各时点上实际发生的资金流入或资金流出称为现金流量。其中,流出系统的资金称为现金流出,一般表现为该系统的支出;流入系统的资金称为现金流入,一般表现为资金流入;现金流入与现金流出之差称为净现金流量。

现金流量由现金流入、现金流出、净现金流量三部分构成。

1. 现金流入

工程经济分析中,现金流入(Cash Inflow,CI)的形式包括主要产品销售收入、固定资产残值回收、流动资金回收。

2. 现金流出

现金流出(Cash Outflow,CO)的形式主要有固定资产投资、投资利息、流动资金、经营成本、销售税金及附加、所得税、借款本金偿还等。

3. 净现金流量

项目同一时点的现金流入减现金流出等于该时点净现金流量(Net Cash Flow,NCF),

即 $NCF = (CI-CO)_t$。

工程项目的现金流量以工程项目作为一个独立系统,反映项目整个计算期内的实际收入或实际支出的现金活动。

项目计算期也称项目寿命期,是指对拟建项目进行现金流量分析时应确定的项目的服务年限。

2.1.2 现金流量的表达方式

1. 现金流量表

现金流量表是能够直接、清楚地反映出项目在整个计算期内各年现金流量(资金收支)情况的一种表格。现金流量表是评价项目投资方案经济效果的主要依据,利用它可以进行现金流量分析,计算各项静态和动态评价指标。现金流量表的一般形式见表2-1。

表2-1 现金流量表的一般形式

项目	建设期			投产期		达产期							
	1	2	3	4	5	6	7	8	9	10	11	12	13
现金流入(CI)				2 600	2 700	3 100	3 100	3 100	3 100	3 100	3 100	3 100	3 650
(1)销售收入				2 600	2 700	3 100	3 100	3 100	3 100	3 100	3 100	3 100	3 100
(2)固定资产残值回收													260
(3)流动资金回收													290
现金流出(CO)	600	700	300	2 350	2 220	2 800	2 780	2 780	2 780	2 780	2 780	2 780	2 780
(1)总资产	600	700	300	200	40	20							
(2)经营成本				2 100	2 100	2 700	2 700	2 700	2 700	2 700	2 700	2 700	2 700
(3)所得税				50	80	80	80	80	80	80	80	80	80
净现金流量(NCF=CI-CO)	-600	-700	-300	250	480	300	320	320	320	320	320	320	870

由现金流量表可以看出,现金流量表的纵列是现金流量的项目,其编排按现金流入、现金流出、净现金流量等顺序进行;横行是年序,按项目计算期的各个阶段来排列。

整个现金流量表既包含现金流量各项目的基础数据,又包含计算的结果;既可纵向看各年的现金流动情况,又可横向看各个项目的发展变化,具有直观方便、综合性强的特点。

2. 现金流量图

现金流量图,就是一种用时间函数描述现金流量的图形,即把项目经济系统的整个流量绘入一个时间坐标图中,表示出各项资金流入、流出与相应的对应关系。它能表示资金在不同时点上流入与流出的情况。其一般形式如图2-1所示。

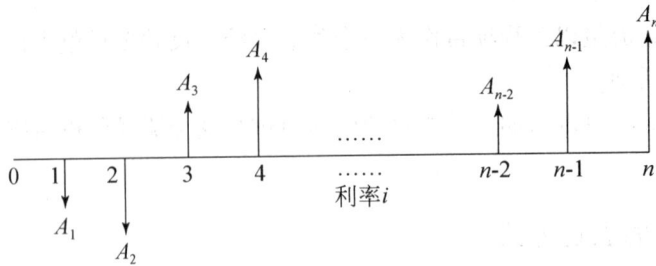

图 2-1　现金流量图的一般形式

现以图 2-1 为例，说明现金流量图的作图方法和规则，具体如下：

（1）水平横轴是时间刻度，向右延伸表示时间进程。横轴上每一刻度表示一个时间单位，可取年、半年、季或月等，0 表示时间序列的起点。

（2）箭线与时间轴的交点即为现金流量发生的时点。当年的年末同时也是下一年的年初。

（3）箭头表示现金流动的方向。向上的箭线表示现金流入，即收益；向下的箭线表示现金流出，即费用或损失。现金的流出与流入是对特定系统而言的，例如收、支对于借、贷双方正好相反。

（4）在现金流量图中，箭线长短与现金流量数值大小本应成比例，但由于经济系统中各时点现金流量的数额常常相差较大而无法成比例绘出，故在现金流量图的绘制中，箭线长短只是示意性地体现各时点现金流量数额的差异，并在各箭线上方（或下方）注明其现金流量的数值。

总而言之，要正确绘制现金流量图，必须把握好现金流量的三要素，即现金流量的大小（资金数额）、方向（资金流入或流出）和作用点（资金发生的时点）。

2.2　资金时间价值的概念及产生原因

2.2.1　资金时间价值的概念

资金时间价值，是资金随时间的推移而产生的增值，其表现出的现象为同样数额的资金在不同时点上具有不同价值。从投资者的角度来看，资金的增值特性使资金具有时间价值；从消费者的角度来看，资金时间价值体现为对放弃现期消费的损失所应做的必要补偿。此外，资金作为被使用的一种稀缺资源，是一种机会成本。

资金时间价值的实质是资金作为生产要素，在扩大再生产及资金流通过程中，随时间的变化而产生增值。资金的增值过程是与生产和流通过程相结合的，离开了生产过程和流通领域，资金是不可能实现增值的。资金在生产过程和流通领域之间不断地周转循环，这种循环过程不仅在时间上是连续的，而且在价值上是不断增值的。因此，整个社会生产既是价值创造过程，又是资金增值过程。

工程项目经济效果评价中常遇到的一些问题都存在时间因素的不可比现象，所以必须研究资金时间价值及其计算。这些问题大体可分为使用寿命不同的方案评价、投资时间不同的方案评价、投产时间不同的方案评价和实现技术方案后各年经营费用不同的方案评价等类型。

2.2.2 资金时间价值产生的原因

资金时间价值是商品经济中的普遍现象。资金之所以具有时间价值，概括来讲，基于以下 3 个原因：

1. 资金增值

投入生产要素（劳动力、资金、生产资料、现金技术、管理、经验等）会使生产增值，因此作为生产要素的资金理应享受增值成果。

2. 承担风险

现在得到的钱比许诺十年末支付的钱保险、可靠。

3. 通货膨胀

通货膨胀作为社会发展的总趋势，导致货币贬值、购买力下降。

2.2.3 影响资金时间价值的主要因素

影响资金时间价值的因素很多，主要有以下几个。

1. 资金数额的大小

一般来讲，在其他条件不变的情况下，资金数量越多，资金时间价值越大。例如，如果银行存款年利率为 3.0%，那么将 1 000 元存入银行，一年后的价值为 1 030 元；将 10 000 元存入银行，一年后的价值为 10 300 元。显然，10 000 元的时间价值比 1 000 元的时间价值大。

2. 利率

一般来讲，在其他条件不变的情况下，利率越大，资金时间价值越大；利率越小，资金时间价值越小。

3. 资金的使用时间

在单位时间的资金增值率一定的条件下，资金使用时间越长，资金时间价值越大；反之，资金时间价值越小。

4. 资金周转的速度

资金周转越快，在一定的时间内等量资金的周转次数越多，资金时间价值越大；反之，资金时间价值越小。

总之，资金时间价值是客观存在的。生产经营的一项基本原则就是充分利用资金时间价值并最大限度地获得资金时间价值。因此，要想获得更多的资金时间价值，就需要加速资金周转，尽早回收资金，并不断从事利润较高的投资活动；任何资金的闲置，都会导致资金时间价值的损失。

2.3 资金时间价值的表现形式

利息是资金时间价值的一种重要表现形式。利息通常作为衡量资金时间价值的绝对尺度，利率作为衡量资金时间价值的相对尺度。

2.3.1 利息和利率

1. 利息

在工程经济学中，利息（Interest）是指占用资金所付出的代价或者放弃使用资金所得到的补偿。例如在借贷过程中，债务人支付给债权人超过原借贷款金额的部分就是利息。利息的计算公式为：

$$I = F - P \tag{2-1}$$

式中：I——利息；

F——本金与利息的总和，又称本利和；

P——本金。

在工程经济分析中，利息常常被看成资金的一种机会成本。这是因为，一笔资金投入到某一工程项目中，就相当于失去了在银行产生利息的机会。从投资者的角度来看，投资就是为了在未来获得更大的回报而对目前的资金进行某种安排。很显然，未来的回报应当超过现在的投资，正是这种预期的价值增长才能刺激人们从事投资。

2. 利率

资金时间价值既体现了投资的回报效果，又可反映放弃资金使用权付出的代价，因此资金时间价值可用收益率（盈利率）表示，也可用利息率（利率）表示。

利率（Interest Rate）是指单位时间内（年、半年、季度、月、周、日等）产生的利息（利润）与本金的比例，通常用百分数表示。利率的计算公式为：

$$i = \frac{I_t}{P} \times 100\% \tag{2-2}$$

式中：i——利率；

I_t——单位时间内的利息；

P——本金。

例如，某人现借得本金 1 000 元，一年后付息 70 元，则这笔借款的年利率为：

$$i = \frac{70}{1\ 000} \times 100\% = 7\%$$

利率是国民经济发展的主要晴雨表之一，其高低由以下几个因素决定：

（1）社会上的平均利润率。在通常情况下，平均利润率是贷款利率的最高界限。如果利率高于平均利润率，借款人投资后无利可图，就不会去借款了。

（2）金融市场上借贷资本的供求情况。在平均利润率不变的情况下，借贷资本供过于求，利率便下降；反之，利率便上升。

（3）投资风险。借出资本要承担一定的风险，而风险的大小也会影响利率的波动。风险越大，利率就越高。

（4）通货膨胀率。通货膨胀对利率的波动有直接影响。资金贬值往往会使实际利率无形中成为负值。

（5）资金回收期限。投资或借款期限长，不可预见因素多，风险大，利率就高；反之，利率就低。

（6）产业对环境的影响程度。产业对环境破坏的程度越高，其规模越需要被限制，对其投资的利率就越高。

3. 利息和利率在工程经济活动中的作用

利息和利率在工程经济活动中的作用表现如下：

（1）利息和利率是以信用方式动员和筹集资金的动力。以信用方式筹集资金的一个重要特点是自愿性，而自愿性的动力在于利息和利率。例如，一个投资者选择投资项目时，首先要考虑的是投资某一项目所得到的利息（或利率）是否比将这笔资金投入其他项目所得的利息（或利率）多。如果多，他就有可能给这个项目投资；反之，他就有可能不投资这个项目。

（2）利息促进企业加强经济核算，节约使用资金。企业借款需要付利息，会增加支出负担，这就促使企业必须精打细算，把借入资金用到刀刃上，减少借入资金的占用以少付利息；同时，利息可以使企业自觉压缩库存限额，减少各个环节所占压的资金。

（3）利息和利率是国家管理经济的重要杠杆。国家在不同的时期制定不同的利率政策，对不同地区、不同部门规定不同的利率标准，就会对整个国民经济产生影响。例如，对于限制发展的部门和企业，利率规定得高一些；对于提倡发展的部门和企业，利率规定得低一些，从而引导部门和企业的生产经营服从国民经济发展的总方向。同样，资金占用时间短，收取利息低；资金占用时间长，收取利息高。对产品适销对路、质量好、信誉高的企业，在资金供应上给予低息支持；反之，收取较高的利息。

（4）利息和利率是金融企业经营发展的重要条件。金融机构作为企业，必须获取利润。由于金融机构的存款利率不同，其差额就成为金融机构的业务收入，此差额扣除业务费用后就是金融机构的利润。以此就可刺激金融企业的经营发展。

4. 计息周期和计息周期数

计算利息的时间单位称为计息周期，用 t 表示，可以为年、半年、季、月、周或天等。

项目整个计算期内计算利息的次数称为计息周期数，随计息周期而呈反比例变化。需要注意的是，利率的计息周期与计息周期数必须对应一致。

2.3.2 单利和复利

1. 单利计息

单利（Simple Interest）计息是仅用本金作为计算利息的基数，不考虑先前计息周期中利息再产生的利息，即利不生利。因此，采用单利计息时每个计息周期的利息额是固定不变的。单利计息时第 n 期期末本利和的计算公式如下：

$$F_n = P + I_n$$
$$= P + P \times i \times n$$
$$= P(1 + i \times n) \tag{2-3}$$

式中：F_n——第 n 期期末的本利和（本金与全部利息之和）；

P——本金；

I_n——第 n 期期末的利息和；

i——利率；

n——计息周期数（资金占用期内计算利息的次数）。

例 2-1　假设以单利计息方式借入 1 000 元，年利率7%，第 4 年年末偿还。请问：各年利息和本利和分别是多少？

解：根据式 2-3 得各年利息和本利和见表 2-2。

表 2-2　单利计息方式利息计算表

年份	年初欠款/元	年末利息/元	年末本利和/元	偿还额/元
第 1 年	1 000	1 000×7%=70	1 070	0
第 2 年	1 070	70	1 140	0
第 3 年	1 140	70	1 210	0
第 4 年	1 210	70	1 280	1 280

注意：单利计息的年利息额仅由本金产生，"利不生利"。在工程经济分析中单利计息使用得较少，通常其只适用于短期投资及不超过一年的短期贷款。

2. 复利计息

复利（Compound Interest）计息是以本金与先前计息周期的累计利息之和为基数计算利息，即利息再生利息。因此，采用复利计息时每个计息周期的利息额都是不断改变的。复利计息时第 n 期期末本利和的计算公式如下：

$$F_n = P(1+i)^n \tag{2-4}$$

对式 2-4 的推导如下：

第一年的本利和：$F_1 = P(1+i)$

第二年的本利和：$F_2 = F_1(1+i) = P(1+i)^2$

第三年的本利和：$F_3 = F_2(1+i) = P(1+i)^2(1+i) = P(1+i)^3$

......

第 n 年的本利和：$F_n = F_{n-1}(1+i) = P(1+i)^{n-1}(1+i) = P(1+i)^n$

例 2-2 假设某开发项目贷款 1 000 万元，年利率 8%，4 年后偿还，分别以单利和复利方式计息。请问：第 4 年年末应还贷款本利和分别是多少？

解： 根据式 2-3 和式 2-4 计算各年利息和本利和的过程见表 2-3。

表 2-3 单利和复利方式利息计算汇总表

计息方式	计息周期数	期初欠款/万元	当期利息/万元	期末本利和/万元
单利计息	1	1 000	1 000×8%=80	1 080
	2	1 080	1 000×8%=80	1 160
	3	1 160	1 000×8%=80	1 240
	4	1 240	1 000×8%=80	1 320
复利计息	1	1 000	1 000×8%=80	1 080
	2	1 080	1 080×8%=86.4	1 166.4
	3	1 166.4	1 166.4×8%=93.3	1 259.7
	4	1 259.7	1 259.7×8%=100.8	1 360.5

从上表可知，4 年后复利计息较单利计息增加利息 40.5 万元，利息的增加率为 12.7%。

总之，单利法仅计算本金的利息，不考虑利息再产生的利息，未能充分考虑资金时间价值；复利法不仅计算本金的利息，而且对先期累计的利息也逐期计息，充分反映了资金时间价值。因此，复利计息比单利计息能够更充分地反映资金时间价值，更加符合经济运行规律。采用复利计息，可使人们增强时间概念，重视时间效用，节约和合理使用资金，降低投资成本。本书后续内容如不加以特殊声明，均采用复利计息。

2.4 资金时间价值的计算

2.4.1 重要概念

在进行资金时间价值计算的过程中首先要明确等值、现值、折现、终值、年金等概念。

1. 等值

等值是指在资金运动过程中，由于资金时间价值，不同时点的资金绝对值不等，但实际价值相等的现象。

2. 现值

现值表示资金发生在某一特定时间序列始点上的价值。在工程经济分析中，现值表示现金流量图中 0 点的投资数额或投资项目的现金流量折算到 0 点时的价值。

3. 折现

折现是指把未来某时点的现金流量折算为起始时点值的过程。折现计算法是评价投资项目经济效果时经常采用的一种基本方法。

4. 终值

终值表示资金发生在某一特定时间序列终点上的价值。其含义是计算期初投入或产出的资金转换为计算期末的期终值，即期末本利和的价值。

5. 年金

年金是指各年等额收入或支付的金额，通常以等额序列表示，即在某一特定时间序列期内，每隔相同时间收支的等额款项。

注意：现值和终值具有相对性，在不同的时间序列中可相互转化。

2.4.2 不同支付形式的复利计算

1. 一次支付形式

一次支付是指在所分析的现金流量序列中，现金流入和现金流出分别在相应时点上只发生一次的支付形式，如图 2-2 所示。一次支付形式又称整付，这种支付形式的复利计算是所有支付形式中复利计算的基础。

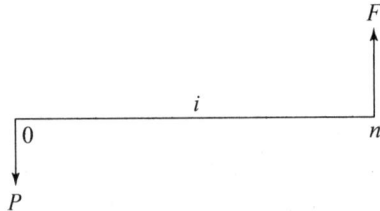

图 2-2 一次支付的现金流量图

图 2-2 中，i 表示计息周期的复利；n 表示计息周期数；P 表示现值（Present Value，或称本金）；F 表示终值（Future Value，或称第 n 期期末的资金值或本利和）。

（1）一次支付终值计算（已知现值 P 求终值 F）。

假设现有一项资金 P，年利率为 i，按复利计算，求第 n 年年末本利和 F 的值，即已知 P、i、n 求 F。其现金流量如图 2-3 所示。

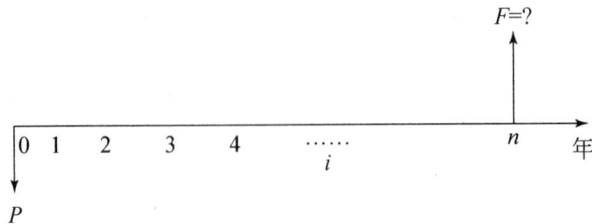

图 2-3 一次支付终值计算的现金流量图

根据复利利息的计算公式得出：

第一期期末本利和：$F_1 = P + Pi = P(1+i)$

第二期期末本利和：$F_2 = F_1 + F_1 i = F_1(1+i) = P(1+i)^2$

第三期期末本利和：$F_3 = F_2 + F_2 i = F_2(1+i) = P(1+i)^3$

依上类推，第 n 期期末本利和为 $F_n = P(1+i)^n$，即

$$F = P(1+i)^n \tag{2-5}$$

式 2-5 称为一次支付终值公式，式中 $(1+i)^n$ 称为一次支付终值系数，用符号 $(F/P, i, n)$ 表示，则式 2-5 又可写成：

$$F = P(F/P, i, n) \tag{2-6}$$

在符号 $(F/P, i, n)$ 中，括号内斜线上的符号表示待求的未知量，斜线下的符号表示已知量。整个符号 $(F/P, i, n)$ 表示在已知现值 P、利率 i 和计息周期数 n 的情况下求解终值 F 的值。为便于计算，可以按照不同利率 i 和计息周期数 n 计算出 $(1+i)^n$ 的值并列于复利系数表（见附录）中。实际作业中，只需要根据复利系数表查出相应的复利系数，再乘以本金，即可快速、准确地得到计算结果。

（2）一次支付现值计算（已知终值 F 求现值 P）。

假设第 n 期期末终值为 F，收益率为 i，按复利计算，求现在投资 P 为多少可满足要求，即已知 F、i、n 求 P。其现金流量如图 2-4 所示。

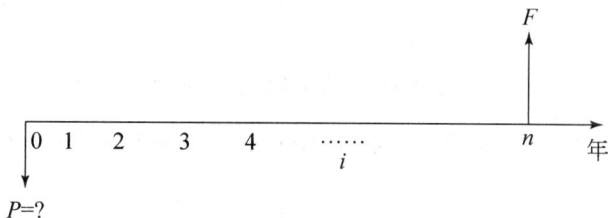

图 2-4　一次支付现值计算的现金流量图

根据式 2-5 即可得到现值 P 的计算公式为：

$$P = \frac{F}{(1+i)^n} = F(1+i)^{-n} \tag{2-7}$$

式 2-7 称为一次支付现值公式，式中 $(1+i)^{-n}$ 称为一次支付现值系数，也可称为贴现系数或折现系数，用符号 $(P/F, i, n)$ 表示，则式 2-7 又可写成：

$$P = F(P/F, i, n) \tag{2-8}$$

折现系数 $(P/F, i, n)$ 也可从复利系数表（附录）中查得。

2. 等额支付形式

（1）等额支付终值计算（已知年金 A 求终值 F）。

假设 n 期内每期期末等额投资为 A，收益率为 i，求第 n 期期末本利和 F 的值。其现金流量如图 2-5 所示。

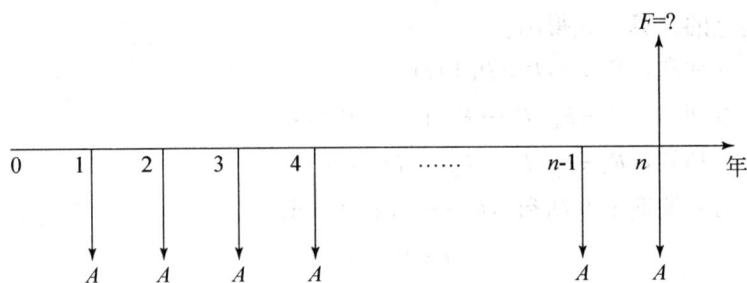

图 2-5　等额支付终值计算的现金流量图

根据式 2-5 计算各期期末终值，然后求和，得

$$F = A(1+i)^{n-1} + A(1+i)^{n-2} + A(1+i)^{n-3} + \cdots + A(1+i)^3 + A(1+i)^2 + A(1+i)^1 + A$$
$$= A[1 + (1+i)^1 + (1+i)^2 + (1+i)^3 + \cdots + (1+i)^{n-3} + (1+i)^{n-2} + (1+i)^{n-1}] \qquad (2-9)$$

式 2-9 中，中括号内各项的首项为 1，公比为 $(1+i)$，共有 n 项等比数列。利用等比数列前 n 项求和公式对式 2-9 进行整理，则有

$$F = A\frac{(1+i)^n - 1}{i} \qquad (2-10)$$

式 2-10 称为等额支付终值计算公式或年金终值公式，式中 $\frac{(1+i)^n - 1}{i}$ 称为等额支付终值系数或年金终值系数，用符号 $(F/A, i, n)$ 表示，则式 2-10 又可写成：

$$F = A(F/A, i, n) \qquad (2-11)$$

年金终值系数 $(F/A, i, n)$ 也可从复利系数表（附录）中查得。

　　例 2-3　若小张 10 年内每年年末投资 10 000 元，年利率 8%。请问：第 10 年年末本利和为多少？

　　解：根据式 2-10，有

$$F = A\frac{(1+i)^n - 1}{i} = 10\,000 \times \frac{(1+8\%)^{10} - 1}{8\%} \approx 10\,000 \times 14.487 = 144\,870 \text{（元）}$$

　　（2）等额支付现值计算（已知年金 A 求现值 P）。

　　假设今后 n 期内，每期期末获得收益 A，利率为 i，求现在投入 P 的值。其现金流量如图 2-6 所示。

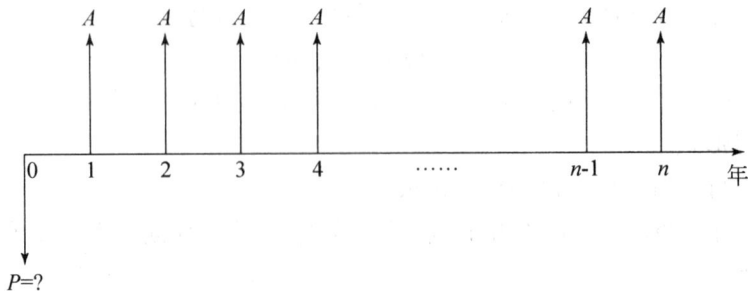

图 2-6　等额支付现值计算的现金流量图

根据式 2-5 和式 2-10，可以推导出现值 P 的计算公式为

$$P=A\frac{(1+i)^n-1}{i(1+i)^n}=\frac{A}{i}\left[1-\frac{1}{(1+i)^n}\right] \tag{2-12}$$

式 2-12 称为等额支付现值计算公式或年金现值公式，其中 $\frac{(1+i)^n-1}{i(1+i)^n}$ 称为等额支付现值系数或年金现值系数，用符号 $(P/A, i, n)$ 表示，则式 2-12 又可写成：

$$P=A(P/A, i, n) \tag{2-13}$$

年金现值系数 $(P/A, i, n)$ 也可从复利系数表（附录）中查得。

显然，当 n 趋于无穷大时，式 2-12 中 $\frac{1}{(1+i)^n}$ 趋于 0，则有

$$P=\frac{A}{i} \tag{2-14}$$

例 2-4 某投资项目，计算期 10 年，每年年末等额收回 200 万元，请问：在利率为 10% 时，开始须一次性投资多少？

解：根据式 2-12，得

$$P=A\frac{(1+i)^n-1}{i(1+i)^n}=200\times\frac{(1+10\%)^{10}-1}{10\%\times(1+10\%)^{10}}\approx200\times6.1446=1228.92（万元）$$

（3）偿债基金计算（已知终值 F 求年金 A）。

假设在第 n 期期末获得收益（偿还资金）F，收益率为 i，求今后 n 期中每期期末应等额投入资金 A 的值。

显然，根据等额支付终值计算公式（式 2-10）进行逆运算得

$$A=F\frac{i}{(1+i)^n-1} \tag{2-15}$$

式 2-15 称为偿债基金公式，其中 $\frac{i}{(1+i)^n-1}$ 称为等额支付偿债基金系数，用符号 $(A/F, i, n)$ 表示，则式 2-15 又可写成：

$$A=F(A/F, i, n) \tag{2-16}$$

等额支付偿债基金系数 $(A/F, i, n)$ 也可从复利系数表（附录）中查得。

（4）资金回收计算（已知现值 P 求年金 A）。

假设现在投资 P，收益率为 i，求今后 n 期内每期期末等额回收 A 的值。

由式 2-12 可知，等额支付资金回收计算是年金现值计算的逆运算，即

$$A=P\frac{i(1+i)^n}{(1+i)^n-1}=Pi+P\frac{i}{(1+i)^n-1} \tag{2-17}$$

式 2-17 称为资金回收公式，其中 $\frac{i(1+i)^n}{(1+i)^n-1}$ 称为等额支付资金回收系数，用符号 $(A/P, i, n)$ 表示，则式 2-17 又可写成：

$$A=P(A/P, i, n) \tag{2-18}$$

等额支付资金回收系数（A/P, i, n）也可从复利系数表（附录）中查得。

3. 等差形式

在某些工程项目经济分析中，其现金流量每年都可能发生一定数量的增加或减少，如机械设备随着其使用期的延伸，维修费将逐年增加。如果现金流量属于逐年等额递增或等额递减的情况，则称为等差形式现金流量。

等差形式现金流量的计算涉及等差终值计算、等差现值计算和等差年金计算。

4. 等比形式

某些工程项目经济分析还有一种情形，其现金流量发生的特点是逐年增加或减少，且相邻年份保持恒定的增加或减少的数值比例关系，即每期期末发生的现金流量是成等比变化的数列，则这种现金流量属于等比形式现金流量。

等比形式现金流量的计算涉及等比现值计算和等比终值计算。

2.5 名义利率与实际利率

在实际经济活动中，计息周期可以是年，也可以是半年、季度、月等。而利率周期通常以年为单位。当实际的计息周期小于一年时，即计息周期与利率周期不一致，就出现了名义利率和实际利率的概念。

2.5.1 名义利率

名义利率（Nominal Interest Rate）是指计息周期利率 i 乘以一年内的计息周期数 m 所得的年利率，又称利率周期利率，用 r 表示，即

$$r=i \cdot m \tag{2-19}$$

若给定利率为年利率，实际计息周期不是一年（一年计息次数 $m \neq 1$），则这种年利率称为年名义利率，简称名义利率。

名义利率并不是实际计息的利率。名义利率的概念缘于上述习惯称谓。此时，每个计息周期的利率为 r/m。对资金计息不以 r 为利率标准，而是在每个计息期间以 r/m 为利率标准计息。

若月利率为1%，则年名义利率为12%。很显然，计算名义利率时忽略了前面各期利息再生的因素，这与单利的计算方式相同。通常所说的年利率都是名义利率。

2.5.2 实际利率

实际利率（Actual Interest Rate）是资金在计息中考虑其时间价值所发生的真实利率。若用计息周期利率来计算年利率，考虑一年内的"利生利"因素，则这时所得的年利率称为年实际利率，简称实际利率或有效利率。

2.5.3　名义利率和实际利率的计算

名义利率对应一年中计息周期的单利计息，实际利率对应一年中计息周期的复利计息。若计息周期利率为 j ，一年中计息周期数为 m ，则名义利率和实际利率计算如下。

1. 单利计息

一年末的本利和为

$$F = P(1+jm)$$

年名义利率为

$$r = \frac{F-P}{P} = \frac{P(1+jm)-P}{P} = jm$$

2. 复利计息

一年末的本利和为

$$F = P(1+j)^m$$

年实际利率为

$$i = \frac{F-P}{P} = \frac{P(1+j)^m - P}{P} = (1+j)^m - 1$$

由 $r=jm$ 得 $j=\dfrac{r}{m}$ ，则年实际利率为

$$i = \left(1+\frac{r}{m}\right)^m - 1 \tag{2-20}$$

若年利率为 12%，按月计息，则月（实际）利率为 12% ÷12 = 1%，即计息周期利率＝年名义利率/一年中计息次数；而年实际利率 $i = (1+1\%)^{12} - 1 = 12.68\%$ 。

现设名义利率分别为 8%、12%，计息周期分别为年、半年、季、月、周、天、趋于零，则计息周期利率和相应的年实际利率见表2-4。

表2-4　实际利率与名义利率的关系示例

计息周期	一年内计息次数	8%		12%	
		计息周期利率	年实际利率	计息周期利率	年实际利率
年	1	8%	8%	12%	12%
半年	2	4%	8.16%	6%	12.36%
季	4	2%	8.24%	3%	12.55%
月	12	0.667%	8.30%	1%	12.68%
周	52	0.154%	8.32%	0.231%	12.73%
天	365	0.022%	8.328%	0.033%	12.747%
趋于零	∞	趋于零	8.329%	趋于零	12.750%

从上表得知，当名义利率一定时，随着年内计息次数 m 的增加，计息周期利率逐渐减小，年实际利率逐渐增加。

实际利率完全反映了资金的年内计息周期时间价值；名义利率不能完全反映资金的年内计息周期时间价值。实际计息周期为年时，实际利率等于名义利率；实际计息周期少于一年时，实际利率大于名义利率。实际计息周期越短，一年内计息次数越多，实际利率与名义利率的差值就越大。

根据式 2-20，当 m 趋于 ∞ （连续复利）时，实际利率 $i=e^r-1$。

2.6 资金等值计算及其应用

资金等值计算是资金时间价值的具体应用，也是工程经济分析的基础。等值计算提供了一个计算某一经济活动有效性或者进行方案比较、优选的可能性。工程经济分析中，方案比较都采用等值概念进行分析、评价和选定，一般是以同一利率为依据的。

影响资金等值的因素主要有 3 个：资金发生时间、金额和利率（或折现率）。

2.6.1 等值计算基本公式

在进行计算时要注意严格按照基本公式的应用条件进行套用。不能直接应用公式时，可以进行适当的变换，使其符合基本公式。在变换过程中，常常用到名义利率和实际利率。

等值计算时，资金数额相同，时间不同，价值不等；资金数额不同，时间相同，价值不等；资金数额相同，时间相同，价值相等；资金数额不同，时间不同，价值可能相等；如果两个现金流量等值，则对任何时刻的价值必然相等。等值计算基本公式及其相互关系如图 2-7 所示。

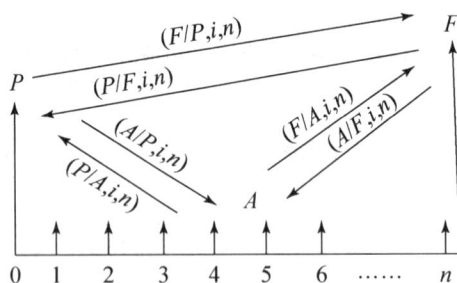

图 2-7　等值计算基本公式及其相互关系示意图

使用等值计算基本公式时须注意满足如下情况：

（1）本期末即下期初；

（2） P 发生在 0 期；

（3） F 发生在第 n 期期末；

（4）各期的等额支付 A 发生在各期期末；

（5）P 发生在等额系列 A 的前一期，等额系列的最后一个 A 与 F 同时发生。

等值计算基本公式反映了复利系数之间的关系，具体如下。

1. 倒数关系

$$(F/P,\ i,\ n)=\frac{1}{(P/F,\ i,\ n)} \tag{2-21}$$

$$(A/P,\ i,\ n)=\frac{1}{(P/A,\ i,\ n)} \tag{2-22}$$

$$(A/F,\ i,\ n)=\frac{1}{(F/A,\ i,\ n)} \tag{2-23}$$

2. 乘积关系

$$(F/A,\ i,\ n)=(P/A,\ i,\ n)\times(F/P,\ i,\ n) \tag{2-24}$$

$$(F/P,\ i,\ n)=(A/P,\ i,\ n)\times(F/A,\ i,\ n) \tag{2-25}$$

3. 其他关系

$$(A/P,\ i,\ n)=(A/F,\ i,\ n)+i \tag{2-26}$$

2.6.2 计息周期小于（或等于）资金收付周期的等值计算

计息周期是指某笔资金计算利息的时间间隔。资金收付周期是指某方案发生现金流量的时间间隔。当计息周期小于（或等于）资金收付周期时，等值计算公式如下。

1. 按收付周期实际利率计算

一般情况下，需要利用式 2-20 计算收付周期实际利率。

2. 按计息周期利率计算

$$F=P\left(F/P,\ \frac{r}{m},\ mn\right) \tag{2-27}$$

$$P=F\left(P/F,\ \frac{r}{m},\ mn\right) \tag{2-28}$$

$$F=A\left(F/A,\ \frac{r}{m},\ mn\right) \tag{2-29}$$

$$P=A\left(P/A,\ \frac{r}{m},\ mn\right) \tag{2-30}$$

$$A=F\left(A/F,\ \frac{r}{m},\ mn\right) \tag{2-31}$$

$$A=P\left(A/P,\ \frac{r}{m},\ mn\right) \tag{2-32}$$

式 2-27 ~ 式 2-32 中各符号含义同前。

例2-5 假设现在存款为 1 000 元，年利率为 8%，半年复利一次。请问：第 5 年年末存款金额为多少？

解：（1）按年实际利率计算，得

$$i_{\text{eff}} = \left(1 + \frac{8\%}{2}\right)^2 - 1 = 8.16\%$$

则

$$F = 1\,000 \times (1 + 8.16\%)^5$$
$$\approx 1\,000 \times 1.480\,24$$
$$= 1\,480.24\ （元）$$

（2）按计息周期利率计算，得

$$F = 1\,000 \times (F/P,\ 8\%/2,\ 2\times5)$$
$$= 1\,000 \times (F/P,\ 4\%,\ 10)$$
$$= 1\,000 \times (1+4\%)^{10}$$
$$\approx 1\,000 \times 1.480\,24$$
$$= 1\,480.24\ （元）$$

例 2-6　假设某人每半年存款 1 000 元，年利率为 10%，每季复利一次。请问：第 5 年年末存款金额为多少？

解：由于本题计息周期小于收付周期，不能直接用计息周期利率计算，只能用收付周期实际利率计算。

先计算计息周期利率，即

$$i = \frac{r}{m} = 10\% \div 4 = 2.5\%$$

再计算半年期实际利率，即

$$i_{\text{eff半}} = (1 + 2.5\%)^2 - 1 \approx 5.06\%$$

则

$$F = 1\,000(F/A,\ 5.06\%,\ 2\times5)$$
$$= 1\,000 \times 12.613$$
$$= 12\,613\ （元）$$

2.6.3　计息周期大于资金收付周期的等值计算

当计息周期大于资金收付周期时，计息周期间的收付常采用下列 3 种方法之一进行处理。

1. 单利计息

在计息周期内的收付均按单利计息。其计算公式为：

$$A_p = \sum A_j [1 + (m_j/N) \times i] \tag{2-33}$$

式中：A_p——第 p 计息周期末净现金流量；

　　　A_j——第 p 计息周期内第 j 期收付金额；

　　　m_j——第 p 计息周期内第 j 期收付金额到达第 p 计息周期末所包含的收付周期数；

N——一个计息周期内收付周期数；

i——计息周期利率。

2. 复利计息

在复利计息的情况下，计息周期利率和收付周期利率分别相当于"实际利率"和"计息周期利率"，计算收付周期利率的方法相当于根据实际利率计算名义利率，正好与式2-20已知名义利率求解实际利率的情况相反，算出名义利率后即可根据计算得到的收付周期利率按普通复利公式进行计算。

3. 不计息

在工程经济分析中，当计息周期内收付不计息时，其支出计入期初，收益计入期末。以存款为例，通常规定存款满足计息周期时才计利息，即在计息期间存入的款项在该期不计息，要到下一期才计利息。因此，在计息期间存入的款项，相当于在下一个计息周期初的存入；在计息期间提取的款项，相当于在前一个计息周期末的支取。

本章小结

拟建项目在整个项目计算期内各个时点上实际发生的现金流入、现金流出叫作现金流量。现金流量的表现形式包括现金流量图和现金流量表。

资金随时间的推移而产生增值。利息是衡量资金增值的尺度。利率是单位时间内（年、半年、季、月、周、日等）所得利息额与本金之比。利率分为单利和复利、名义利率和实际利率等。

等值计算是指在考虑资金时间价值的前提下，将不同时点上发生的数值相等或不等的现金流量等价换算为同一时点上的现金流量，从而满足资金收支在时间上的可比要求。

影响资金等值的因素是：资金发生的时间、金额和利率。

资金时间价值计算包括一次支付形式、等额支付形式、等差形式、等比形式等类型。

思 考 题

1. 现金流量图的三要素是什么？
2. 什么是资金时间价值？为什么要考虑资金时间价值？
3. 单利计息和复利计息的区别是什么？
4. 什么是名义利率和实际利率？两者的区别是什么？

习　题

一、单项选择题

1. 对现金流量图描述正确的是（　　）。

A. 现金流量图表示的是资金在不同时点流入与流出的情况

B. 现金流量图包括三大要素，即大小、流入和时点

C. 现金流量图中一般用正值表示流入（箭头向下），用负值表示流出（箭头向上）

D. 时点是指现金从流入到流出所发生的时间

2. 现金流量图可以全面、直观地反映经济系统的资金运动状态。其中，现金流量的三大要素包括（ ）。

A. 现金流入的大小、方向和时点

B. 现金流量的大小、方向和作用点

C. 投入现金的额度、时间和回收点

D. 现金流出的额度、方向和时点

3. 影响资金时间价值的主要因素不包括（ ）。

A. 资金的使用时间   B. 资金数量

C. 资金投入或回收的性质   D. 利率

4. 关于资金时间价值的论述，下列选项错误的有（ ）。

A. 资金时间价值是资金随着时间推移而产生的一种增值

B. 离开了生产过程和流通领域，资金是不可能增值的

C. 资金作为生产要素，在任何情况下都能产生时间价值

D. 资金时间价值既可代表投资的回报率，又可代表牺牲资金使用权的代价

5. 关于影响资金时间价值的因素，下列说法正确的是（ ）。

A. 资金的数量越大，资金时间价值越小

B. 资金使用时间越长，资金时间价值越小

C. 前期投入的资金越多，资金的负效益越大

D. 资金周转越快，在一定时间内等量资金的时间价值越小

6. 已知项目的计息周期为月，月利率为9‰，则年实际利率为（ ）。

A. 9.0%   B. 9.03%   C. 11.35%   D. 10.8‰

7. 已知项目的计息周期为月，年利率为10%，则项目的年实际利率为（ ）。

A. 8.16%   B. 10.0%   C. 8.3%   D. 10.47%

8. 某工业项目建设期为3年，生产运营期为5年，该项目可能发生的现金流状态见表2-5。投资者最希望的现金流状态是（ ）。

表2-5 单项选择题8表   单位：万元

年初	1	2	3	4	5	6	7	8
A	−100	−100	−100	100	100	100	100	100
B	−80	−50	−200	100	100	100	100	100
C	−50	−50	−200	50	50	100	100	200
D	−50	−50	−200	150	150	50	50	100

9. 期望 5 年内每年年末从银行提款 10 000 元，年利率为 10%，按复利计息，则期初应存入银行（　　）。

  A. 37 910 元   B. 41 700 元   C. 43 550 元   D. 50 000 元

10. 期望 5 年内每年年初从银行提款 10 000 元，年利率为 10%，按复利计息，则期初应存入银行（　　）。

  A. 37 910 元   B. 41 700 元   C. 43 550 元   D. 50 000 元

11. 银行利率为 8%，按复利计息，现存款为 10 000 元，10 年内每年年末的等额提款额为（　　）。

  A. 1 000 元   B. 1 380 元   C. 1 490 元   D. 1 600 元

12. 公式 $A = P(A/P, i, n)$ 中的 P 应发生在（　　）。

  A. 第一年年初 B. 最后一年年末 C. 第一年年末 D. 任意时刻

13. 在 A 与 n 相等时，$(P/A, 20\%, n)$ 和 $(P/A, 30\%, n)$ 这两者的大小为（　　）。

  A. 前者比后者小 B. 前者比后者大 C. 两者相等 D. 不一定

14. 在工程项目的经济分析中，一般应采用（　　）。

  A. 单利计息   B. 连续计息

  C. 复利计息   D. 视情况而选用计息方法

15. 资金等值是指（　　）。

  A. 不同时期、不同数额但"价值等效" B. 发生的时间相同

  C. 使用同一利率   D. 金额相等

16. 关于货币时间价值的说法，正确的是（　　）。

  A. 货币时间价值就是利息

  B. 货币本身能创造价值

  C. 时间本身具有价值

  D. 先到手的资金可以用来投资而产生新的价值

17. 在工程经济分析中，为评价人员提供计算某一经济活动有效性或者进行技术方案比较、优选可能性的重要概念是（　　）。

  A. 现值   B. 终值   C. 等值   D. 利率

18. 下列关于利息的说法，错误的是（　　）。

  A. 利息是资金时间价值的一种重要表现形式

  B. 利息是由贷款发生利润的一种再分配

  C. 利息通常是指占用资金所付的代价或放弃使用资金所得的补偿

  D. 利息是衡量资金时间价值的相对尺度

19. 若名义利率一定，年有效利率与一年中计息周期数 m 的关系为（　　）。

  A. 计息周期增加，年有效利率增加

  B. 计息周期增加，年有效利率减小

C. 计息周期增加，年有效利率不变

D. 以上都不对

二、多项选择题

1. 关于现金流量图绘制的说法，正确的有（　　　）。

A. 对投资人而言，在横轴上方的箭线表示现金流出

B. 横轴表示时间轴，向右延伸表示时间的延续

C. 垂直箭线代表不同时点的现金流量情况

D. 箭线长短应能体现现金流量数值的差异

E. 箭线与时间轴的交点表示现金流量发生的时点

2. 利率是各国发展国民经济的重要杠杆之一。决定利率高低的因素包括（　　　）。

A. 社会平均利润率的高低　　　　　　　　B. 节约使用资金

C. 借出资本风险的大小　　　　　　　　　D. 金融市场上借贷资本的供求情况

E. 通货膨胀

3. 影响资金等值的因素有（　　　）。

A. 利率或折现率　　　　　　　　　　　　B. 利息

C. 资金发生的地点　　　　　　　　　　　D. 资金等值换算方法

E. 资金量的大小

4. 有如图 2-8 所示现金流量，解法正确的有（　　　）。

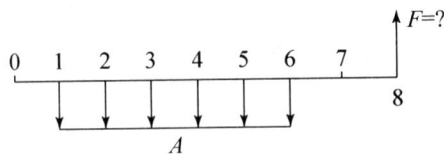

图 2-8　多项选择题 4 图

A. $F = A(P/A, i, 6)(F/P, i, 8)$

B. $F = A(P/A, i, 5)(F/P, i, 7)$

C. $F = A(F/A, i, 6)(F/P, i, 2)$

D. $F = A(F/A, i, 5)(F/P, i, 2)$

E. $F = A(F/A, i, 6)(F/P, i, 1)$

5. 下列等式成立的有（　　　）。

A. $(F/A, i, n) = (P/F, i, n) \times (A/P, i, n)$

B. $(P/F, i, n) = (A/F, i, n) \times (P/A, i, n)$

C. $(A/P, i, n) = (F/P, i, n) \times (A/F, i, n)$

D. $(A/P, i, n) = (P/F, i, n_1) \times (A/F, i, n_2)$，$n_1 + n_2 = n$

E. $(A/F, i, n) = (P/F, i, n) \times (A/P, i, n)$

6. 当利率的时间单位与计息周期不一致时，要区分的两个利息概念是（　　）。

A. 名义利率　　　　　　　　　　　B. 年利率

C. 实际利率　　　　　　　　　　　D. 复利

E. 月利率

三、填空题

1. 每半年末存款5 000元，年利率为6%，每季复利计息一次。则第2年年末存款本息和为_____元。

2. 某投资者希望5年末有10 000元资金，若每年存款金额相等，年利率为10%，则该投资者每年年末需存款_____元。

四、判断题

1. 现金流量的作用点是资金发生的时间点。　　　　　　　　　　　　　（　　）

2. 单利计息未考虑资金时间价值。　　　　　　　　　　　　　　　　　（　　）

五、计算题

1. 现有一项目，其现金流量图如图2-9所示。求：

（1）现值；

（2）终值；

（3）第2年年末的等值。

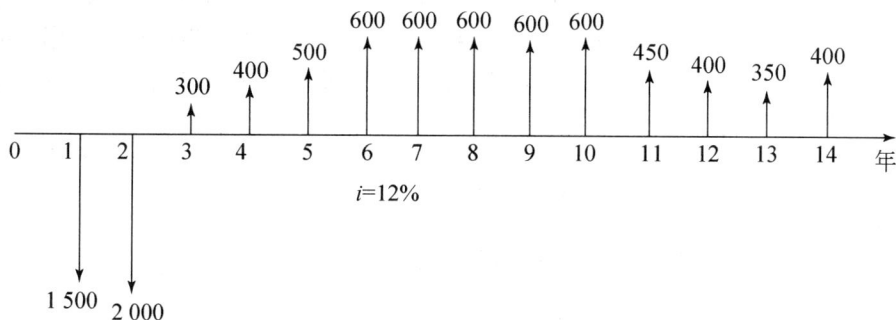

图2-9　计算题1图（单位：万元）

2. 某人每月末存款200元，期限10年，年利率为12%，每半年复利一次。计息周期内存款分别按单利和复利计算，求：第10年年末可得本利和为多少？

3. 某设备价格为60万元，合同签订时支付了10万元，然后采用分期付款方式。第一年年末付款16万元，从第二年起每年的年中及年末各付款6万元。设年利率为12%，每半年复利一次。问：多少年能付清设备价款？

4. 利用复利系数表采用线性插值法确定下列系数值：

（1）（F/A, 10.5%, 8）；　　　（2）（P/A, 9.8%, 7.8）；

（3）（A/F, 8.8%, 10）；　　　（4）（A/P, 12%, 7.8）。

3 工程项目的经济要素——投资、成本、收入与利润

各种经济活动追求的经济目标都是以最少的投入，获取尽可能多的产出。因此，在对工程项目进行技术经济分析时，需要考察涉及项目投入和产出的各种经济要素，包括投资、成本、收入、利润、税金等。这些经济要素是进行工程项目经济评价的重要的基本数据，对这些数据进行准确的预测或估算，是保证工程项目评价质量和科学决策的关键。本章主要介绍投资、成本、收入、利润等经济要素的构成、内容及相关计算方法等内容。

3.1 工程项目投资及构成

工程项目投资一般是指某项工程从筹建开始到全部竣工投产为止所发生的全部资金投入。如图3-1所示，工程项目总投资由建设投资、建设期利息和流动资金三部分组成。其中，建设投资由设备及工器具投资、建筑安装工程投资、工程建设其他投资和预备费（基本预备费和涨价预备费）组成；建设投资和建设期利息组成固定资产投资，项目寿命结束时，固定资产的残余价值（一般指当时市场上可实现的预测价值）对于投资者来说是一项在期末可回收的现金流入。流动资金是指项目投产后，为进行正常生产运营，用于购买原材料、燃料动力、备品备件，支付工资和其他费用，以及被产品、半成品和其存货占用的周转资金。

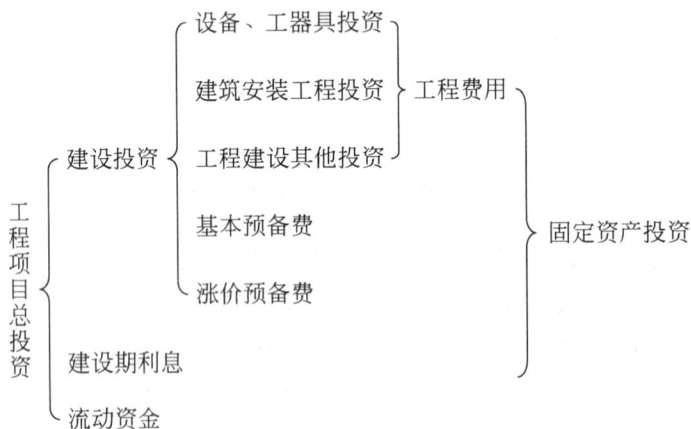

图3-1 工程项目投资构成图

3.1.1　设备、工器具投资

设备、工器具投资由设备购置费和工器具及生产家具购置费组成。在工业建设工程项目中，设备及工器具费用与资本的有机构成相联系，设备及工器具费用占投资费用的比例大小，体现着生产技术的进步和资本有机构成的程度。设备、工器具投资构成如图3-2所示。

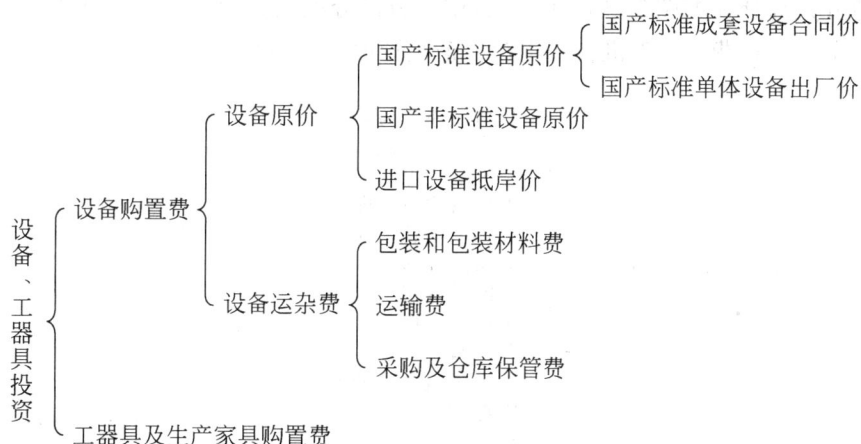

图3-2　设备、工器具投资构成图

1. 设备购置费

设备购置费是指为工程项目建设而购置或自制达到固定资产标准的设备、工具、器具的费用。所谓固定资产标准，是指使用年限在一年以上，单位价值在国家或各主管部门规定的限额以上。新建项目和扩建项目的新建车间购置或自制的全部设备、工具、器具，不论是否达到固定资产标准，都计入设备、工器具投资中。

2. 工器具及生产家具购置费

工器具及生产家具购置费是指新建项目或扩建项目初步设计规定所必须购置的不够固定资产标准的设备、仪器、工卡模具、器具、生产家具和备品备件的费用。

工器具及生产家具购置费的一般计算公式为：

$$工器具及生产家具购置费=设备购置费×定额费率 \quad (3-1)$$

3.1.2　建筑安装工程投资

建筑安装工程投资，是指建设单位用于建筑和安装工程方面的投资，由建筑工程费和安装工程费两部分组成。

（1）建筑工程费是指建设工程所涉及范围内的建筑物、构筑物、场地平整、道路、室外管道铺设、大型土石方工程等的费用。

（2）安装工程费是指主要生产、辅助生产、公用工程等单项工程中需要安装的机械设备、电气设备、专用设备、仪器仪表等设备的安装及配件工程费，以及工艺、供热、供水等各种管道、配件、闸门和供电外线的安装工程费用等。

建筑安装工程投资具体费用构成可以按照造价形成划分，也可以按照费用构成要素划分。

1. 按造价形成划分

按造价形成划分，建筑安装工程投资包括分部分项工程费、措施项目费、其他项目费、规费和税金五大部分（如图 3-3 所示）。其中，分部分项工程费、措施项目费、其他项目费均涉及人工费、材料费、施工机具使用费、企业管理费和利润。

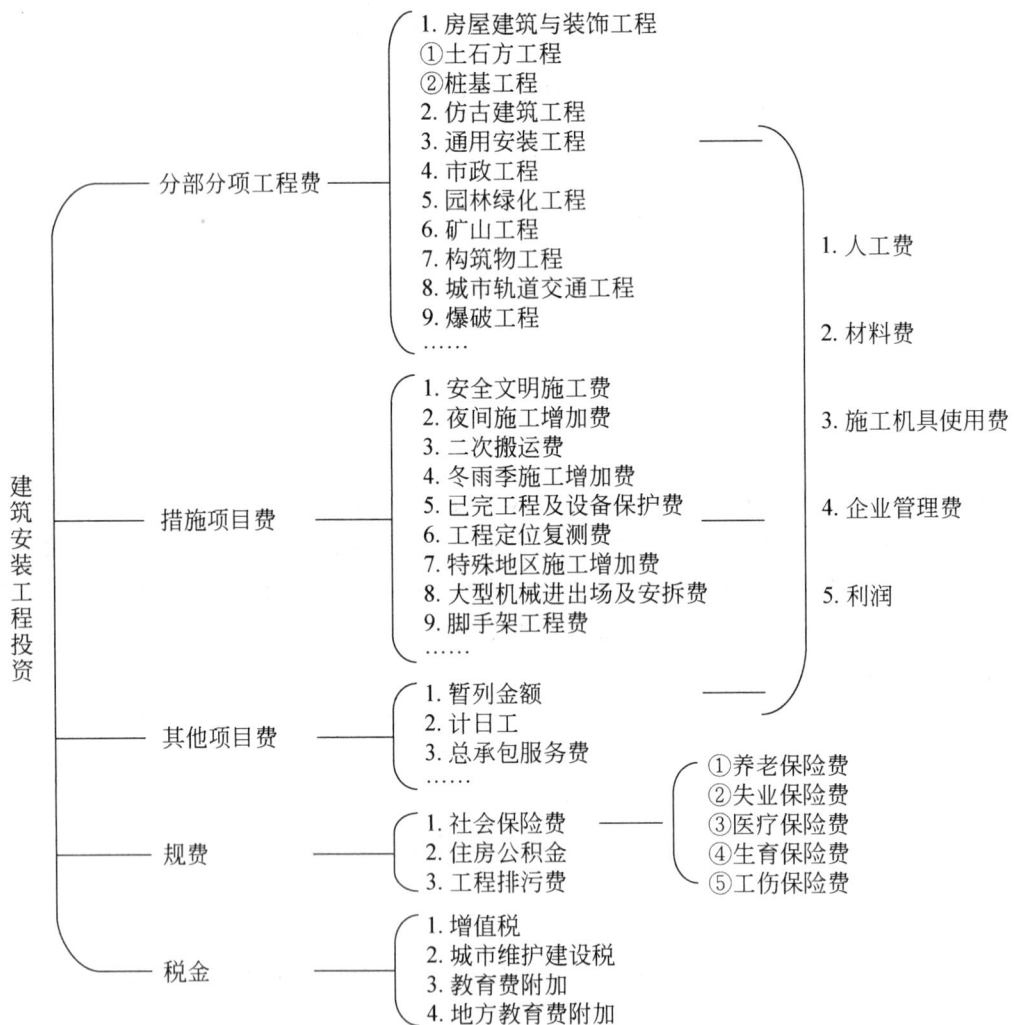

图 3-3 建筑安装工程投资构成图（按造价形成划分）

（1）分部分项工程费是指各专业工程的分部分项工程应予列支的各项费用。

① 专业工程是指按现行国家计量规范划分的房屋建筑与装饰工程、仿古建筑工程、通

用安装工程、市政工程、园林绿化工程、矿山工程、构筑物工程、城市轨道交通工程、爆破工程等各类工程。

② 分部分项工程是指按现行国家计量规范对专业工程划分的项目。例如，房屋建筑与装饰工程又可划分为土石方工程、地基处理与桩基工程、砌筑工程、钢筋与钢筋混凝土工程等。

各类专业工程的分部分项工程划分可参考现行国家或行业计量规范。

（2）措施项目费是指为完成建设工程施工，发生于该工程施工前和施工过程中技术、生活、安全、环境保护等方面的费用。其内容包括：

① 安全文明施工费。

A. 环境保护费，即施工现场为达到环保部门要求所需要的各项费用。

B. 文明施工费，即施工现场文明施工所需要的各项费用。

C. 安全施工费，即施工现场安全施工所需要的各项费用。

D. 临时设施费，即施工企业为进行建设工程施工所必须搭设的生活和生产用的临时建筑物、构筑物和其他临时设施所需要的费用，包括临时设施的搭设费、维修费、拆除费、清理费或摊销等。

② 夜间施工增加费。这是指因夜间施工所发生的夜班补助费，夜间施工降效、夜间施工照明设备摊销及照明用电等费用。

③ 二次搬运费。这是指因施工场地条件限制而发生的材料、构配件、半成品等一次运输不能到达堆放地点，必须进行二次或多次搬运所发生的费用。

④ 冬雨季施工增加费。这是指在冬季或雨季施工需增加的临时设施的费用，以及防滑、排除雨雪、人工及施工机械效率降低等所发生的费用。

⑤ 已完工程及设备保护费。这是指竣工验收前，对已完工程及设备采取的必要保护措施所发生的费用。

⑥ 工程定位复测费。这是指工程施工过程中进行全部施工测量放线和复测工作所发生的费用。

⑦ 特殊地区施工增加费。这是指工程在沙漠或其边缘地区，高海拔、高寒、原始森林等特殊地区施工增加的费用。

⑧ 大型机械设备进出场及安拆费。这是指机械整体或分体自停放场地运至施工现场或由一个施工地点运至另一个施工地点，所发生的进出场运输及转移费用，以及机械在施工现场进行安装、拆卸所需的人工费、材料费、机械费、试运转费和安装所需的辅助设施的费用。

⑨ 脚手架工程费。这是指施工需要的各种脚手架的搭、拆、运输的费用，以及脚手架购置费的摊销（或租赁）费用。

措施项目及其包含的内容详见各类专业工程的现行国家或行业计量规范。

（3）其他项目费，具体包括：

① 暂列金额。这是指建设单位在工程量清单中暂定并包括在工程合同价款中的一笔款项。其用于施工合同签订时尚未确定或者不可预见的所需材料、工程设备、服务的采购，施工中可能发生的工程变更、合同约定调整因素出现时的工程价款调整，以及索赔、现场签订确认等所发生的费用。

② 计日工。这是指在施工过程中，施工企业完成建设单位提出的施工图样以外的零星项目或工作所需要的费用。

③ 总承包服务费。这是指总承包人为配合、协调建设单位进行的专业工程发包，对建设单位自行采购的材料、工程设备等进行保管，以及施工现场管理、竣工资料汇总整理等服务所需要的费用。

（4）规费。规费是指按国家法律、法规规定，由省级政府和省级有关权力部门规定必须缴的或计取的费用，主要包括：

① 社会保险费，包括养老保险费、失业保险费、医疗保险费、生育保险费和工伤保险费。

A. 养老保险费，即企业按照规定标准为职工缴纳的基本养老保险的费用。

B. 失业保险费，即企业按照规定标准为职工缴纳的失业保险的费用。

C. 医疗保险费，即企业按照规定标准为职工缴纳的基本医疗保险的费用。

D. 生育保险费，即企业按照规定标准为职工缴纳的生育保险的费用。

E. 工伤保险费，即企业按照规定标准为职工缴纳的工伤保险的费用。

② 住房公积金，即企业按照规定标准为职工缴纳的住房公积金的费用。

③ 工程排污费，即按规定缴纳的施工现场工程排污的费用。

其他应列而未列入的规费，按实际发生计取。

（5）税金。税金是指国家税法规定的应计入建筑安装工程造价内的增值税、城市维护建设税、教育费附加以及地方教育费附加等。

2. 按费用构成要素划分

按费用构成要素划分，建筑安装工程投资包括人工费、材料费、施工机具使用费、企业管理费、利润、规费和税金七大部分（如图3-4所示），其中人工费、材料费、施工机具使用费、企业管理费和利润包含在分部分项工程费、措施项目费和其他项目费中。

（1）人工费。人工费是指按工资总额构成规定，支付给从事建筑安装工程施工的生产工人和附属生产单位工人的各项费用。人工费包括：

① 计时工资或计件工资，即按计时工资标准和工作时间或对已做工作按计件单价支付给个人的劳动报酬。

② 奖金，即因超额劳动和增收节支而支付给个人的劳动报酬，如节约奖、劳动竞赛奖等。

③ 津贴、补贴，即为了补偿职工特殊或额外的劳动消耗和因其他特殊原因支付给个人

的津贴，以及为了保证职工工资水平不受物价影响支付给个人的物价补贴，如流动施工津贴、特殊地区施工津贴、高温（寒）作业临时津贴、高空津贴等。

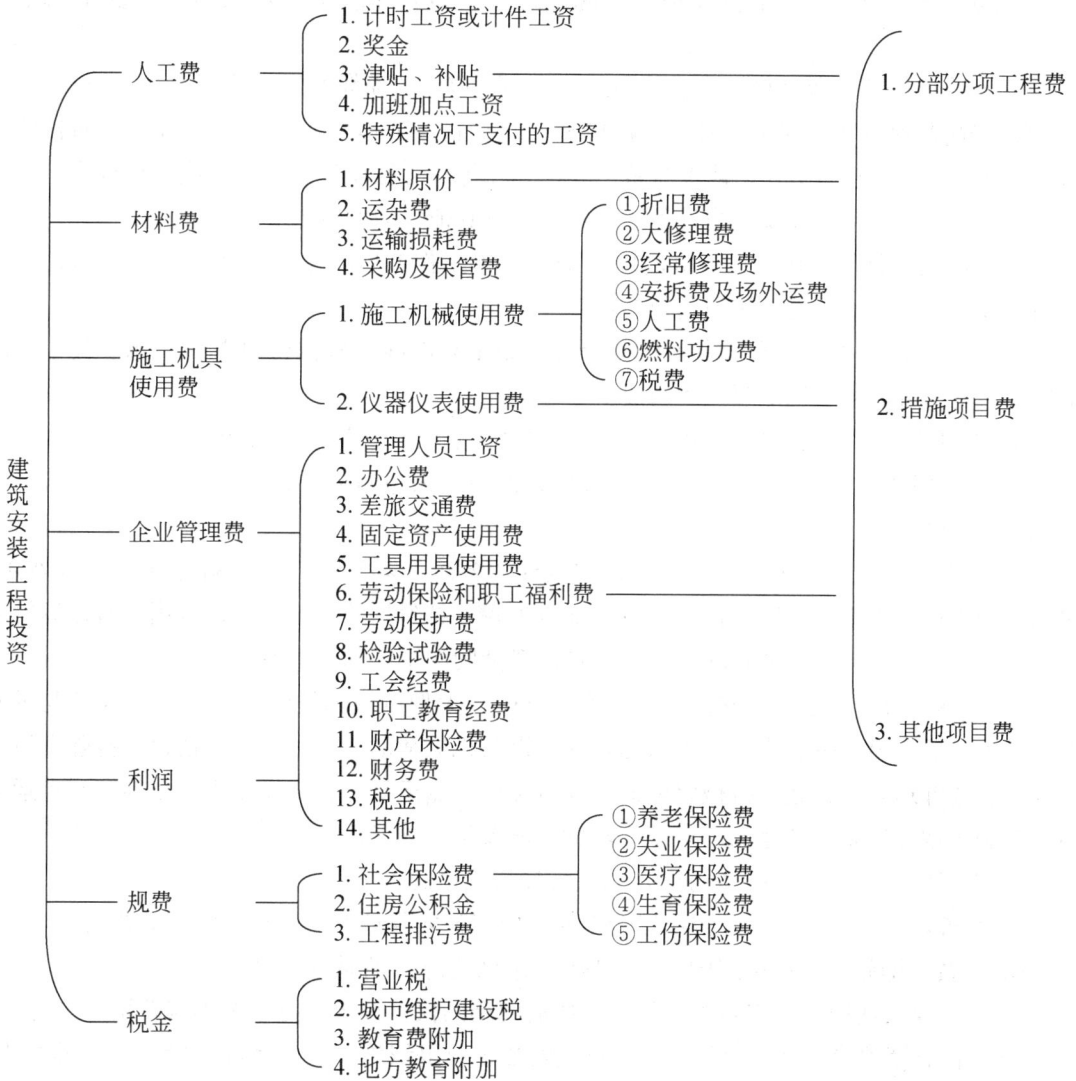

图 3-4　建筑安装工程投资构成图（按费用构成要素划分）

④ 加班加点工资，即按规定支付的在法定节假日工作的加班工资和在法定日工作时间外延时工作的加点工资。

⑤ 特殊情况下支付的工资，即根据国家法律、法规和政策的规定，由于生病、工伤、产假、婚假、丧假、事假、探亲假、定期休假、停工学习、执行国家或社会义务等原因按计时工资标准或计时工资标准的一定比例支付的工资。

（2）材料费。材料费是指施工过程中耗费的原材料、辅助材料、构配件、零件、半成品或成品、工程设备的费用。材料费包括：

① 材料原价，即材料、工程设备的出厂价格或商家供应价格。

② 运杂费，即材料、工程设备自来源地运至工地仓库或指定堆放地点所发生的全部费用。

③ 运输损耗费，即材料在运输装卸过程中不可避免的损耗所发生的费用。

④ 采购及保管费，即组织采购、供应和保管材料、工程设备的过程中所需要的各项费用，包括采购费、仓储费、工地保管费、仓储损耗等。工程设备是指构成或计划构成永久工程一部分的机电设备、金属结构设备、仪器装置及其他类似的设备和装置。

（3）施工机具使用费。施工机具使用费是指施工作业所发生的施工机械、仪器仪表的使用费或租赁费。施工机具使用费包括：

① 施工机械使用费。它以施工机械台班耗用量乘以施工机械台班单价表示。其中，施工机械台班单价应由下列 7 项费用组成：

A. 折旧费，即施工机械在规定的使用年限内，陆续收回其原值的费用。

B. 大修理费，即施工机械按规定的大修理间隔台班进行必要的大修理，以恢复其正常功能所需要的费用。

C. 经常修理费，即施工机械除大修理以外的各级保养和临时故障排除所需的费用，包括为保障机械正常运转所需替换设备与随机配备工具附具的摊销和维护费用，机械运转中日常保养所需润滑与擦拭的材料费用及机械停滞期间的维护和保养费用等。

D. 安拆费及场外运费。安拆费是指施工机械（大型机械除外）在现场进行安装与拆卸所需的人工费、材料费、机械费和试运转费，以及机械辅助设施的折旧、搭设、拆除等所需的费用；场外运费是指施工机械整体或分体自停放地点运至施工现场或由一个施工地点运至另一个施工地点所发生的运输、装卸、辅助材料及架线等费用。

E. 人工费，即机上司机（司炉）和其他操作人员的人工费。

F. 燃料动力费，即施工机械在运转作业中所消耗的各种燃料及水、电等的费用。

G. 税费，即施工机械按照国家规定应缴纳的车船税、保险费及年检费等。

② 仪器仪表使用费。它是指工程施工所需使用的仪器仪表的摊销及维修费用。

（4）企业管理费。企业管理费是指建筑安装企业组织施工生产和经营管理所需的费用。企业管理费包括：

① 管理人员工资，即按规定支付给管理人员的计时工资、奖金、津贴补贴、加班加点工资及特殊情况下支付的工资等。

② 办公费，即企业管理办公所需的文具、纸张、账表、印刷、邮电、书报、办公软件、现场监控、会议、水电和集体取暖降温等的费用。

③ 差旅交通费，即职工因公出差、调动工作的差旅费、住勤补助费，市内交通费和误餐补助费，职工探亲路费，劳动力招募费，职工退休、退职一次性路费，工伤人员就医路费，工地转移费，以及管理部门使用的交通工具的油料、燃料等的费用。

④ 固定资产使用费，即管理和试验部门及附属生产单位使用的属于固定资产的房屋、设备、仪器等的折旧、大修费、维修费或租赁费。

⑤ 工具用具使用费，即企业施工生产和管理使用的不属于固定资产的工具、器具、家具、交通工具、检验工具、试验工具、测绘工具、消防用具等的购置、维修和摊销的费用。

⑥ 劳动保险和职工福利费，即由企业支付的职工退职金、按规定支付给离休干部的经费、集体福利费、夏季防暑降温津贴、冬季取暖补贴、上下班交通补贴等。

⑦ 劳动保护费，即企业按规定发放的劳动保护用品的支出，如工作服、手套、防暑降温饮料的费用，以及在有碍身体健康的环境中施工的保健费用等。

⑧ 检验试验费，即施工企业按照有关标准规定，对建筑以及材料、构件和建筑安装物等进行一般鉴定、检查所发生的费用，包括自设试验室进行试验所耗用的材料等的费用。检验试验费不包括新结构、新材料的试验费，对构件做破坏性试验及其他特殊要求检验试验的费用，以及建设单位委托检测机构进行检测的费用，此类检测发生的费用由建设单位在工程建设其他投资中列支。在对施工企业提供的具有合格证明的材料进行检测但检测结果不合格的情况下，该检测费用由施工企业支付。

⑨ 工会经费，即企业按《中华人民共和国工会法》规定的全部职工工资总额比例计提的工会经费。

⑩ 职工教育经费，即按职工工资总额的规定比例计提，企业为职工进行专业技术和职业技能培训、专业技术人员继续教育、职工职业技能鉴定、职业资格认定，以及根据需要对职工进行各类文化教育所发生的费用。

⑪ 财产保险费，即施工管理所用财产、车辆等的保险费用。

⑫ 财务费，即企业为施工生产筹集资金或提供预付款担保、履约担保、职工工资支付担保等所发生的各种费用。

⑬ 税金，即企业按规定缴纳的房产税、车船税、土地使用税、印花税等。

⑭ 其他，包括技术转让费、技术开发费、投标费、业务招待费、绿化费、广告费、公证费、法律顾问费、审计费、咨询费等。

（5）利润。利润是指施工企业完成所承包工程获得的盈利。

（6）规费。

（7）税金。

3.1.3 工程建设其他投资

工程建设其他投资是指工程项目从筹建到竣工验收交付使用为止的整个建设期间，除建筑安装工程投资、设备及工器具投资以外的，整个建设项目所必需的而又不能包括在单项工程建设投资中的，为保证工程建设顺利完成和交付使用后能够正常发挥效用而发生的一些费用。

工程建设其他投资包括土地使用费、与项目建设有关的其他费用和与未来企业生产经营有关的其他费用（如图 3-5 所示）。

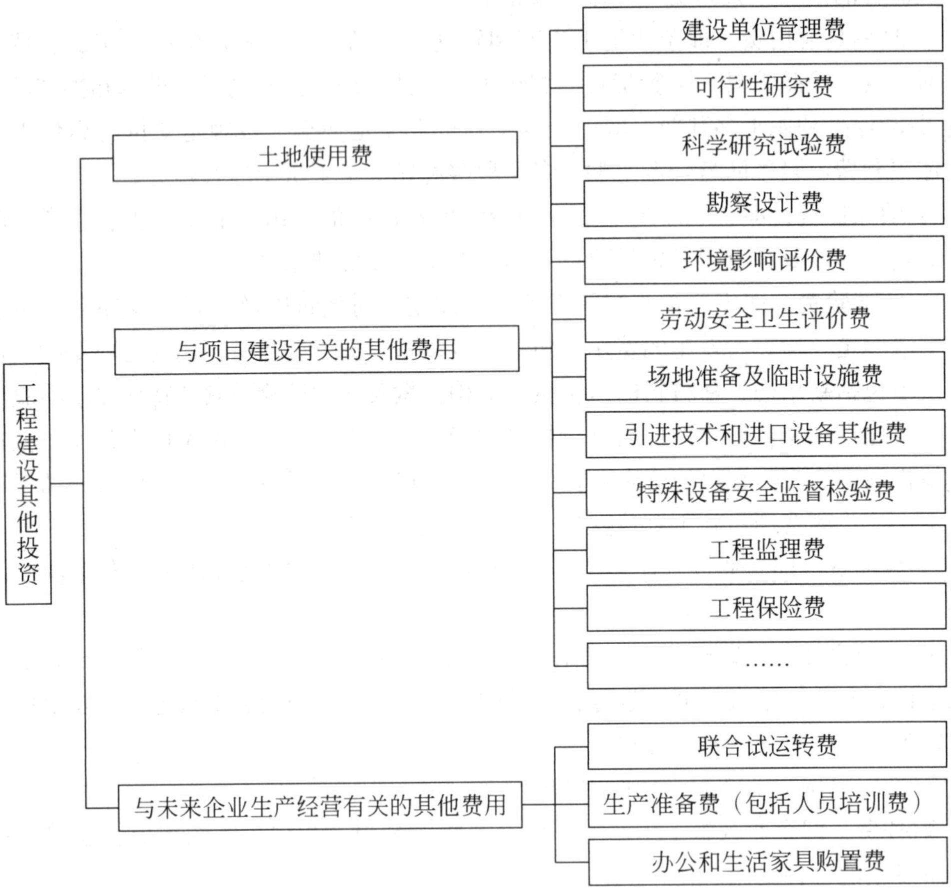

图 3-5　工程建设其他投资构成图

1. 土地使用费

获取国有土地使用权的基本方式有两种：

（1）出让方式。国有土地使用权出让，是指国家将国有土地使用权在一定年限内出让给土地使用者，由土地使用者向国家支付土地使用权出让金的行为。

（2）划拨方式。国有土地使用权划拨，是指县级以上人民政府批准，在土地使用者缴纳补偿、安置等费用后将该幅土地交付其使用，或者将土地使用权无偿交付给土地使用者使用的行为。

土地使用费是指为获得工程项目建设土地的使用权而在建设期内发生的各项费用，包括通过划拨方式取得土地使用权而支付的土地征用及迁移补偿费，或者通过出让方式取得土地使用权而支付的土地使用权出让金。

2. 与项目建设有关的其他费用

与项目建设有关的其他费用主要包括建设管理费（建设单位管理费、工程监理费）、可行性研究费、科学研究试验费、勘察设计费、环境影响评价费、劳动安全卫生评价费、场地准备及临时设施费、引进技术和进口设备其他费、工程保险费、特殊设备安全监督检验费和市政公用设施建设及绿化补偿费等。

3. 与未来企业生产经营有关的其他费用

（1）联合试运转费，是指新建或新增加生产能力的工程项目，在交付生产前按照设计文件规定的工程质量标准和技术要求，对整个生产线或装置进行负荷联合试运转所发生的费用净支出（试运转支出大于收入的差额部分费用）。

（2）生产准备费，是指新建企业或新增加生产能力的企业，为保证竣工交付使用后进行必要的生产准备所发生的费用。这项费用内容包括生产职工培训费，以及生产单位提前进厂参加施工、设备安装、调试和熟悉工艺流程及设备性能等的人员的工资、工资性补贴、职工福利费、差旅交通费、劳动保护费等。

（3）办公和生活家具购置费，是指为保证新建、改建、扩建项目初期正常生产、使用和管理所必须购置的办公和生活家具、用具的费用。

3.1.4 预备费

预备费是指在建设期内因各种不可预见因素变化而预留的可能增加的费用，包括基本预备费和涨价预备费。

1. 基本预备费

基本预备费是指在项目实施中针对可能发生的难以预料的支出而预留的费用，包括工程变更及洽商、地下障碍物处理、一般自然灾害处理等施工过程中可能出现的情况增加的费用。其计算公式为：

基本预备费=（设备及工器具购置费+建筑安装工程费+工程建设其他费）×基本预备费费率

$$(3-2)$$

基本预备费费率一般取 5%~8%。

2. 涨价预备费

对建设工期较长的工程项目，需要考虑在建设期内各种价格变动产生的不可预见的影响，包括人工、材料、机械设备等价格上涨、工程建设其他费用调整以及利率、汇率调整等，为此需要事先预留的费用即为涨价预备费，亦称价差预备费。

涨价预备费以建筑安装工程费、设备及工器具购置费之和为计算基数，其计算方法见第8章式8-8。

3.1.5 建设期利息

建设期利息是指工程项目在建设期内因使用债务资金而支付的利息。建设期利息应按借款要求和条件计算。国内银行借款利息按现行贷款利息标准计算，国外贷款利息依据协议书或贷款意向书确定的利率按复利计算。融资主体在贷款时发生的手续费、承诺费、管理费、信贷保险费等融资费用，原则上应按债权人的要求计算，并计入建设期利息。

建设投资借款的资金来源渠道不同，其建设期利息的计算方法也不同。一般情况下，项目建设期内各种债务资金服从平均分布。在项目的经济分析中，可假定借款在年中支用，即当年借款支用额按半年计息，上年借款按全年计息。

当建设期用自有资金按期支付利息时，直接采用年名义利率按单利计算建设期各年利息。其计算公式为：

$$各年应计利息 = \left(年初借款本金累计 + \frac{本年借款额}{2}\right) \times 年名义利率 \qquad (3-3)$$

当建设期未能付息时，建设期各年利息采用复利方式计算。其计算公式为：

$$各年应计利息 = \left(年初借款本息累计 + \frac{本年借款额}{2}\right) \times 年实际利率 \qquad (3-4)$$

例 3-1 某新建项目，建设期为 3 年，在建设期第一年借款 200 万元，第二年借款 300 万元，第三年借款 200 万元，每年借款平均支用，年实际利率为 5.2%。请用复利法计算建设期借款利息。

解： 建设期各年利息计算如下：

第一年：

年初借款本息和：$P_0 = 0$

本年借款额：$A_1 = 200$ 万元

本年应计利息：$I_1 = 0.5 \times 200 \times 5.2\% = 5.2$（万元）

第二年：

年初借款本息和：$P_1 = 200 + 5.2 = 205.2$（万元）

本年借款额：$A_2 = 300$ 万元

本年应计利息：$I_2 = (205.2 + 0.5 \times 300) \times 5.2\% \approx 18.47$（万元）

第三年：

年初借款本息和：$P_2 = 205.2 + 300 + 18.47 = 523.67$（万元）

本年借款额：$A_3 = 200$ 万元

本年应计利息：$I_3 = (523.67 + 0.5 \times 200) \times 5.2\% \approx 32.43$（万元）

到建设期末累计借款本息和为：

$523.67 + 200 + 32.43 = 756.1$（万元）

其中建设期利息为 56.1 万元。

3.2 工程项目运营期成本费用

工程项目运营期是指竣工投产后，工程投入使用的时期。在运营期内，各年的成本费用由生产成本和期间费用两部分组成。

3.2.1 生产成本

生产成本是指企业生产经营过程中实际消耗的直接材料费、直接工资、其他直接支出和制造费用，亦称制造成本。

1. 直接材料费

直接材料费包括企业生产经营过程中实际消耗的原材料、辅助材料、设备零配件、外购半成品、动力、包装物、低值易耗品及其他直接材料产生的费用。

2. 直接工资

直接工资包括企业直接从事产品生产人员的工资、奖金、津贴和补贴等。

3. 其他直接支出

其他直接支出包括直接从事产品生产人员的福利费等。

4. 制造费用

制造费用是指企业各个生产单位（分厂、车间）为组织和管理生产所发生的各项费用，包括生产单位（分厂、车间）管理人员的工资和福利费、折旧费、维简费、修理费、物料消耗、低值易耗品摊销、劳动保护费、水电费、办公费、差旅费、运输费、保险费、租赁费（不含融资租赁费）、设计制图费、试验检验费、环境保护费以及其他制造费用。

3.2.2 期间费用

期间费用是指本期发生的、与生产经营没有直接关系或关系不密切的管理费用、财务费用和营业费用。期间费用不能直接或间接归属于产品的生产成本，而应该在发生的当期便从当期损益中扣除，即直接计入当期损益。

1. 管理费用

管理费用是指企业行政管理部门为管理和组织经营活动发生的各项费用，包括公司经费、工会经费、职工教育经费、劳动保险费、董事会费、聘请中介机构费、咨询费、顾问费、诉讼费、业务招待费、税金（房产税、车船税、印花税等）、土地使用费（或海域使用费）、技术转让费、无形资产摊销、开办费摊销、研究发展费以及其他管理费用。其中，公司经费包括总部管理人员的工资、福利费和差旅费、办公费、折旧费、修理费、物料消耗、低值易耗品摊销以及公司其他经费。

2. 财务费用

财务费用是指企业为筹集生产经营所需资金而发生的各项费用，包括运营期间的利息支出净额（利息支出减利息收入）、汇兑净损失（汇兑损失减汇兑收益）、调剂外汇手续费、金融机构手续费，以及为筹集生产经营资金发生的其他财务费用。

3. 营业费用

营业费用是指企业在销售产品、提供劳务等日常经营过程中发生的各项费用，包括企业销售产品过程中发生的运输费、装卸费、包装费、保险费、委托代销费、广告费、展览费、租赁费（不包括融资租赁费），以及专设销售机构的销售部门人员工资、职工福利费、差旅费、办公费、折旧费、修理费、物料消耗、低值易耗品摊销和其他经费。

3.2.3 成本费用的计算

在工程经济分析中，年成本费用的计算公式通常为：

年成本费用＝外购原材料成本＋外购燃料动力成本＋工资及福利费＋折旧费＋修理费＋

$$维简费＋摊销费＋利息支出＋其他费用 \tag{3-5}$$

其中，将工资及福利费、折旧费、修理费、摊销费、维简费、利息支出进行归并后分别列出；其他费用是指将制造费用、管理费用、财务费用和营业费用中工资及福利费、折旧费、修理费、摊销费、维简费和利息支出等扣除后的费用。

1. 外购原材料成本

外购原材料是指企业为进行产品生产经营而耗用的一切从外部购进的原料及主要材料、半成品、辅助材料、包装物、修理用备件和低值易耗品等。

外购原材料成本的计算公式为：

$$外购原材料成本＝年产量×单位产品原材料成本 \tag{3-6}$$

上式中，年产量可根据测定的设计生产能力和投产期各年的生产负荷加以确定；单位产品原材料成本是依据原材料消耗定额和单价确定的。

企业生产经营过程中所需要的原材料种类繁多。在计算时，可根据具体情况，选取耗用量较大的、主要的原材料为对象，依据有关规定、原则和经验数据进行估算。

2. 外购燃料动力成本

外购燃料是指企业为进行生产经营而耗用的一切从外部购进的各种燃料。

外购燃料动力成本计算公式为：

$$外购燃料动力成本＝年产量×单位产品燃料动力成本 \tag{3-7}$$

3. 工资及福利费

为便于计算和进行经济分析，可将前述生产成本、管理费用、营业费用各项成本中已包括的工资及福利费项目单独计算。

（1）工资。工资的计算可以采取以下两种方法：

① 按照不同的工资级别对职工进行划分，分别估算同一级别职工的工资，再加以汇总。

② 按整个企业的职工定员数和人均年工资额计算年工资成本总额，其计算公式为：

$$年工资成本总额＝企业职工定员数×人均年工资额 \tag{3-8}$$

（2）福利费。福利费一般按职工工资总额的一定比例提取。其主要包括职工的保险费、医药费、医疗经费、生活困难补助，以及按国家规定开支的其他职工福利支出，不包括职工福利设施的支出。

4. 折旧费

企业的固定资产可以长期参加生产经营而仍保持原有的实物形态，但其价值将随着固定资产在使用中有形的或无形的磨损而逐渐损耗、转移到生产的产品中去，因而便构成了企业的经营成本或费用。企业可把已发生的资本性支出转移到产品成本费用中，然后通过产品的销售，逐步回收初始的投资费用，这样便将计提折旧费作为回收固定资产投资的一种手段。

在固定资产的使用过程中，随着资产损耗而逐渐转移到产品成本费用中的那部分价值即为折旧。影响折旧额的因素主要有 3 个：固定资产账面原值、固定资产的净残值和固定资产的使用年限。

计提折旧的固定资产范围包括：房屋、建筑物；在用的机器设备、仪器仪表、运输车辆、工具器具；季节性停用和在修理停用的设备；以经营租赁方式出租的固定资产；以融资租赁方式租入的固定资产。

固定资产折旧的计算方法可以分为平均折旧法和加速折旧法两大类。

（1）平均折旧法，分为平均年限法和工作量法。

① 平均年限法，又称直线折旧法，是根据固定资产原值、预计净残值率和折旧年限计算折旧。此法适用于房屋、建筑物和经常使用的机械设备折旧计算。

平均年限法折旧计算公式为：

$$年折旧费=\frac{固定资产原值-预计净残值}{折旧年限}=\frac{固定资产原值\times(1-预计净残值率)}{折旧年限} \qquad (3-9)$$

其中，关于固定资产计算折旧的最低年限的规定为：房屋、建筑物的，为 20 年；飞机、火车、轮船、机器、机械和其他生产设备的，为 10 年；与生产经营活动有关的器具、工具、家具等的，为 5 年；飞机、火车、轮船以外的运输工具的，为 4 年；电子设备的，为 3 年。

例 3-2　某企业有一设备，原值为 600 000 元，预计可使用 25 年，按照有关规定，该设备报废时净残值率为 3%。试计算：该设备的月折旧额是多少？

解：$年折旧率=\frac{1-预计净残值率}{规定的折旧年限}\times100\%=\frac{1-3\%}{25}\times100\%\approx3.9\%$

$$月折旧率=\frac{3.9\%}{12}\approx0.32\%$$

$$月折旧额=600\,000\times0.32\%=1\,920（元）$$

② 工作量法，是指按实际工作量计提固定资产折旧额的一种方法。对于不经常使用的大型专用设备、客货运汽车等可分别按照工作小时、行驶里程等计算折旧费，具体如下：

A. 不经常使用的大型专用设备，可根据工作小时计算折旧费。其计算公式为：

$$每工作小时折旧费=\frac{原值\times(1-预计净残值率)}{规定的总工作小时} \qquad (3-10)$$

$$年折旧费=每工作小时折旧费\times年实际工作小时 \qquad (3-11)$$

B. 交通运输企业和其他企业专用车队的客货运汽车，可按照行驶里程计算折旧费。其计算公式为：

$$单位里程折旧费 = \frac{原值 \times (1-预计净残值率)}{规定的总行驶里程} \tag{3-12}$$

$$年折旧费 = 单位里程折旧费 \times 年实际行驶里程 \tag{3-13}$$

例 3-3 某运输企业一载重汽车的原价为 20 万元，预计总行驶里程为 40 万千米，该汽车的残值率为 8%，本月行驶 3 000 千米。试计算：该汽车的本月折旧额是多少？

解：$单位里程折旧费 = \frac{200\ 000 \times (1-8\%)}{400\ 000} = 0.46$（元／千米）

$$本月折旧额 = 3\ 000 \times 0.46 = 1\ 380（元）$$

（2）加速折旧法，又称递减折旧法，是指为使固定资产价值在使用年限内尽早得到补偿，在固定资产使用初期提取折旧较多、在后期提取较少的折旧计算方法。

对于电子仪器、仪表以及配套的计算机等固定资产，当处于较旧状态时，其效用低，产出也小，且维修费较高，所取得的现金流量较小，即固定资产的效用随着其使用寿命的缩短而逐渐降低，相应的折旧费用也应当呈递减的趋势。

加速折旧法主要有双倍余额递减法和年数总和法。

① 双倍余额递减法，是在不考虑固定资产残值的情况下，以固定资产在每一会计期间的期初账面净值，乘以双倍的平均年限法确定的折旧率，从而计算当期应提折旧的方法。其计算公式为：

$$年折旧率 = \frac{2}{折旧年限} \times 100\% \tag{3-14}$$

$$年折旧费 = 年初固定资产账面净值 \times 年折旧率 \tag{3-15}$$

实行双倍余额递减法计算固定资产折旧时，必须注意不能使固定资产账面折余价值降低到其预计净残值之下。因此，在固定资产折旧年限到期前两年内，必须将其净值扣除预计净残值后的净额平均摊销，即最后两年改用平均年限法（直线折旧法）计算折旧。

② 年数总和法，又称合计年限法，是以固定资产原值扣除预计净残值后的余额作为计提折旧的基础，乘以逐年递减的折旧率计提折旧的一种方法。采用年数总和法的关键是每年都要确定一个不同的折旧率。其计算公式为：

$$年折旧率 = \frac{尚可使用年限}{预计使用年限的年数总和} \times 100\% \tag{3-16}$$

或

$$年折旧率 = \frac{折旧年限-已使用年数}{折旧年限 \times (折旧年限+1) \div 2} \times 100\% \tag{3-17}$$

$$年折旧费 = (固定资产原值-预计净残值) \times 年折旧率 \tag{3-18}$$

由上可知，实行加速折旧法计算折旧时，年折旧率随折旧年限增加而递减的折旧方法是年数总和法；折旧基数随折旧年限增加而递减的折旧方法是双倍余额递减法。

例 3-4   某企业一台机器的原值是 60 000 元,预计净残值为 3 000 元,预计使用年限为 5 年。请分别按年数总和法和双倍余额递减法计算其折旧额。

解:采用年数总和法计算的 5 年中各年折旧额见表 3-1。

表 3-1   采用年数总和法计算的各年折旧额

年份	原值-净残值/元	尚可使用年限/年	折旧率	折旧额/元	累计折旧额/元
1	57 000	5	5/15	19 000	19 000
2	57 000	4	4/15	15 200	34 200
3	57 000	3	3/15	11 400	45 600
4	57 000	2	2/15	7 600	53 200
5	57 000	1	1/15	3 800	57 000

采用双倍余额递减法计算的 5 年中各年折旧额见表 3-2。

表 3-2   采用双倍余额递减法计算的各年折旧额

年份	期初账面净值/元	折旧率	折旧额/元	累计折旧/元	期末账面净值/元
1	60 000	40%	24 000	24 000	36 000
2	36 000	40%	14 400	38 400	21 600
3	21 600	40%	8 640	47 040	12 960
4	12 960		4 980	52 020	7 980
5	7 980		4 980	57 000	3 000

注:年折旧率=2÷5=40%。

第 4、5 年改用直线折旧法,即

$$折旧额 = \frac{12\,960 - 3\,000}{2} = 4\,980 \ (元)$$

5. 修理费

修理费包括大修理费用和中小修理费用。在估算修理费时,一般无法确定修理费具体发生的时间和金额,可按照折旧费的一定比例计算。该比例可参照同行业的经验数据确定。

6. 维简费

维简费即维持简单再生产的资金,是指采掘、采伐工业按生产产品数量提取的固定资产更新和技术改造资金。企业发生的维简费直接计入成本,其计算方法和折旧费相同。这类提取维简费的采掘、采伐企业不再计提固定资产折旧。

7. 摊销费

无形资产和递延资产的原始价值要在规定的年限内,按年度或产量转移到产品的成本之中,被转移的无形资产和递延资产的原始价值就称为摊销。

无形资产是指企业能长期使用而没有实物形态的资产,包括专利权、非专利技术、商标权、商誉、著作权和土地使用权等。

递延资产是指应当在运营期内的前几年逐年摊销的各项费用，包括开办费和其他长期待摊费用（以经营租赁方式租入的固定资产改良工程支出等）。其中，开办费是指企业在筹建期间所发生的各种费用，主要包括注册登记和筹建期间起草文件、谈判、考察等发生的各项支出，销售网的建立和广告费用，筹建期间的人员工资、办公费、培训费、差旅费、印刷费、律师费、注册登记费，以及不计入固定资产和无形资产购建成本的汇兑损益和利息等支出。在工程经济分析中，一般将工程建设其他费用中的生产职工培训费、样品样机购置费等计入递延资产价值。

企业通过计提摊销费来回收无形资产及递延资产的资本支出，其计算方法类似于折旧费的平均年限法，但不留残值。

8. 运营期利息

运营期利息是在运营期所发生的建设投资借款利息和流动资金借款利息之和，属于筹集债务资金而发生的费用。

建设投资借款在运营期发生利息的计算公式为：

$$每年支付利息 = 年初本金累计额 \times 年利率 \tag{3-19}$$

为简化计算，还款当年按年末偿还，全年计息。

运营期利息可以计入成本的，因而每年计算的利息不再参与以下各年利息的计算。

9. 其他费用

其他费用是指在制造费用、管理费用、财务费用和营业费用中扣除工资及福利费、折旧费、修理费、摊销费和利息支出后的费用。

在工程经济分析中，其他费用一般可根据成本中的原材料成本、燃料和动力成本、工资及福利费、折旧费、修理费、维简费及摊销费之和的一定百分比计算，并按照同类企业的经验数据加以确定。

将上述各项合计，即得出运营期各年的总成本。

10. 经营成本计算

经营成本是指项目从总成本中扣除折旧费、维简费、摊销费和利息支出以后的成本，即

$$经营成本 = 总成本费用 - 折旧费 - 维简费 - 摊销费 - 利息支出 \tag{3-20}$$

在工程经济分析中，经营成本被应用于现金流量的分析，能反映企业的生产和管理水平。

3.3　营业收入、税金及附加

3.3.1　营业收入

项目建成投产后进入运营期，通过营业收入方可收回投资、补偿成本、上缴税金、偿还债务、保证企业再生产正常进行，具体来说就是以各年销售产品或提供劳务等方式取得的收入。在估算利润总额、增值税及附加时，都要以营业收入作为基础数据。

营业收入的计算公式如下：

$$年营业收入 = 产品销售单价 \times 产品年销售量 \qquad (3-21)$$

在工程经济分析中，产品年销售量应采用科学的预测方法，并结合市场行情调研情况确定。产品销售单价一般可在口岸价格、市场价格和根据预计成本、利润和税金确定的价格中选择。

3.3.2　税金及附加

税金是根据商品或劳务的流转额征收的费用，包括增值税、消费税、城市维护建设税、资源税等。附加是指教育费附加和地方教育费附加，其征收的环节和计费的依据类似于城市维护建设税。所以，在工程经济分析中，一般将附加并入税金项内，视同税金处理，故两者合称为税金及附加。

1. 增值税

增值税是对在我国境内销售货物、进口货物以及提供加工、修理修配劳务的单位和个人，就其取得货物的销售额、进口货物金额、应税劳务收入额计算税款，并实行税款抵扣制的一种流转税。

增值税是按增值额计税的，可按下列公式计算：

$$增值税应纳税额 = 销项税额 - 进项税额 \qquad (3-22)$$

（1）销项税额是指纳税人销售货物或提供应税劳务，按照销售额和增值税税率计算并向购买方收取的增值税额。其计算公式为：

$$销项税额 = 销售额 \times 增值税税率$$
$$= 营业收入（含税销售额）\div(1+增值税税率)\times 增值税税率 \qquad (3-23)$$

（2）进项税额是指纳税人购进货物或接受应税劳务所支付或者负担的增值税额。其计算公式为：

$$进项税额 = 外购原材料、燃料及动力费 \div(1+增值税税率)\times 增值税税率 \qquad (3-24)$$

2. 消费税

消费税是对工业企业生产、委托加工和进口的部分应税消费品按差别税率或税额征收的一种税。消费税一般以应税消费品的生产者为纳税人，于销售时纳税；其应纳税额可采用从量定额和从价定率两种计税方法计算。

（1）以从量定额方法计算应纳税额的公式如下：

$$消费税应纳税额 = 应税消费品销售数量 \times 单位税额 \qquad (3-25)$$

（2）以从价定率方法计算应纳税额的公式如下：

$$消费税应纳税额 = 应税消费品销售额 \times 适用税率$$
$$= 销售收入（含增值税）\div(1+增值税税率)\times 消费税税率$$
$$= 组合计税价格 \times 消费税税率 \qquad (3-26)$$

3. 城市维护建设税

城市维护建设税是以纳税人实际缴纳的流转税额为计税依据征收的一种税，其税款专门用于城市的公用事业和公共设施的维护建设。城市维护建设税按纳税人所在地区实行差别税率，具体如下：

（1）项目所在地为市区的，城市维护建设税税率为7%；

（2）项目所在地为县城、镇的，城市维护建设税税率为5%；

（3）项目所在地为乡村的，城市维护建设税税率为1%。

城市维护建设税以纳税人实际缴纳的增值税、消费税为计税依据，且与这两种税同时缴纳。城市维护建设税的应纳税额计算公式为：

$$城市维护建设税应纳税额 = (增值税实纳税额 + 消费税实纳税额) \times 适用税率 \quad (3-27)$$

4. 教育费附加

教育费附加是为了扶持教育事业发展，扩大教育经费的资金来源而开征的一种附加税。根据有关规定，凡缴纳增值税、消费税的单位和个人，都应缴纳教育费附加。也就是说，教育费附加随消费税和增值税同时缴纳。教育费附加的计征依据是各缴纳人实际缴纳的消费税和增值税的税额，征收税率为3%。其计算公式为：

$$应纳教育费附加额 = (增值税实纳税额 + 消费税实纳税额) \times 3\% \quad (3-28)$$

5. 地方教育费附加

地方教育费附加是为增加地方教育的资金投入，促进各省、自治区、直辖市教育事业发展而开征的一项地方政府性基金。在各省、自治区、直辖市的行政区域内，凡缴纳增值税、消费税的单位和个人，都应按规定缴纳地方教育费附加。地方教育费附加征收额，是以单位和个人实际缴纳的增值税和消费税税额之和为基数，乘以2%的统一税率标准计算而得。其计算公式为：

$$应纳地方教育费附加 = (增值税实纳税额 + 消费税实纳税额) \times 2\% \quad (3-29)$$

6. 资源税

资源税是国家对在我国境内开采应税矿产品或者生产盐的单位和个人征收的一种税，其征收范围包括矿产品（原油、天然气、煤炭、金属矿产品和其他非金属矿产品等）和盐（固体盐、液体盐等）。

资源税实质上是对因资源生成和开发条件的差异而客观形成的级差收入征收的，其应纳税额按照应税产品的课税数量和规定的单位税额计算。其计算公式为：

$$资源税应纳税额 = 应税产品课税数量 \times 单位税额 \quad (3-30)$$

课税数量的确定方法：纳税人开采或者生产应税产品自用的，以自用数量为课税数量；纳税人开采或者生产应税产品用于销售的，以销售数量为课税数量。

3.4 利润

3.4.1 利润总额

企业在一定时期内生产经营各方面取得的效益是通过利润总额反映的。利润总额等于营业利润、投资净收益、补贴收入和营业外收支净额的代数和。其中，营业利润等于主营业务收入减去主营业务成本和主营业务税金及附加，加上其他业务利润，再减去营业费用、管理费用和财务费用后的净额。

在对工程项目进行经济分析时，以项目的主营业务收入为本期的销售（营业）收入，本期发生的总成本等于主营业务成本、营业费用、管理费用和财务费用之和。这样，在估算利润总额时，假定不发生其他业务利润，也不考虑投资净收益、补贴收入和营业外收支净额，则利润总额的估算公式为：

$$利润总额 = 销售（营业）收入 - 税金及附加 - 总成本 \qquad (3-31)$$

根据利润总额可计算所得税和净利润，在此基础上可进行净利润的分配。

3.4.2 所得税

根据《中华人民共和国企业所得税法》的规定，凡在我国境内实行独立经营核算的各类企业或者组织者，其来源于我国境内、境外的生产、经营所得和其他所得，均应依法缴纳企业所得税。企业所得税以应纳税所得额为计税依据。纳税人每一纳税年度的收入总额减除不征税收入、免税收入、各项扣除以及允许弥补的以前年度亏损后的余额，为应纳税所得额。纳税人发生年度亏损的，可用下一纳税年度的所得弥补；下一纳税年度的所得不足以弥补的，可以逐年延续弥补，但是延续弥补期最长不得超过 5 年。

在工程经济分析中，一般是按照利润总额作为企业所得额，乘以 25% 的所得税税率计算所得税，即

$$所得税应纳税额 = 利润总额 \times 25\% \qquad (3-32)$$

3.4.3 净利润分配

净利润是指利润总额扣除所得税后的差额，计算公式为：

$$净利润 = 利润总额 - 所得税 \qquad (3-33)$$

净利润分配顺序通常是首先提取盈余公积金，一种提取方式为法定盈余公积金，即在其金额累计达到注册资本的 50% 以前，按照可供分配的净利润的 10% 提取，达到注册资本的 50% 后可以不再提取；另外一种提取方式为法定公益金，即按可供分配的净利润的 5% 提取。然后向投资者分配利润，即企业应付利润，若企业以前年度未分配利润，可以将其并入本年度向投资者分配。最后，可供分配利润减去盈余公积金和应付利润后的余额，即为未分配的净利润。

营业收入、总成本费用、税金及附加和利润的关系如图 3-6 所示。

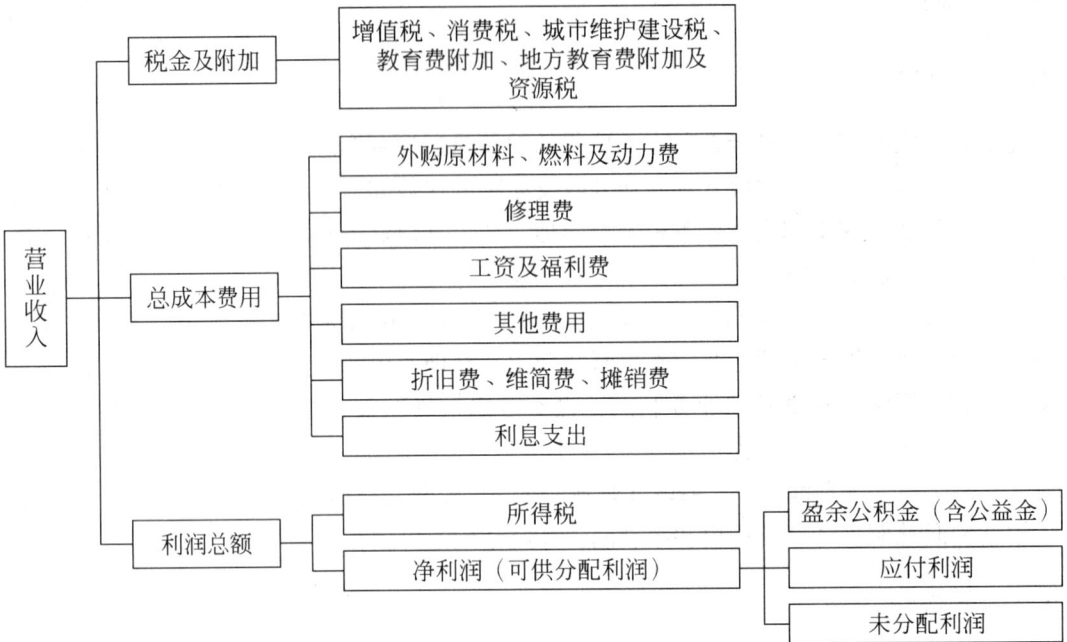

图 3-6　营业收入、总成本费用、税金及附加和利润的关系图

本章小结

建设投资包括工程费用（设备、工器具投资，建筑安装工程投资和工程建设其他投资）和预备费（基本预备费、涨价预备费），其中建筑安装工程投资由人工费、材料费、施工机具使用费、企业管理费、利润、规费和税金组成。

建设期利息是指工程项目在建设期内因使用债务资金而支付的利息。当建设期用自有资金按期支付利息时，直接采用年名义利率按单利计算建设期各年利息；当建设期未能付息时，建设期各年利息采用复利方式计算。

工程项目在运营期内，各年的成本费用由生产成本（直接材料费、直接工资、其他直接支出、制造费用）和期间费用（管理费用、财务费用、营业费用、折旧费、修理费、维简费、摊销费、运营期利息、其他费用）两部分组成。

固定资产折旧计算，一般采用平均折旧法（平均年限法、工作量法）或加速折旧法（双倍余额递减法、年数总和法）。

工程项目的营业收入，是项目投入使用后运营期内各年销售产品或提供劳务等所取得的收入。税金是根据商品或劳务的流转额征收的费用，包括增值税、消费税、城市维护建设税、资源税等。附加是指教育费附加和地方教育费附加。利润总额反映了企业在一定时期内生产经营各方面的效益，等于销售（营业）收入减去增值税金及附加，再减去总成本费用。

企业取得利润后，先向国家缴纳所得税，缴税额为利润总额乘以25%；利润总额减去所得税即为净利润（可供分配的净利润）。

思 考 题

1. 我国现行建筑安装工程投资包括哪些费用？
2. 我国现行的固定资产折旧的计算方法有哪些？分别是如何计算的？
3. 税金及附加具体包含哪些税种？
4. 简述利润总额、净利润的计算方法。
5. 可供分配的净利润如何进行分配？

习 题

一、单项选择题

1. 经营成本的计算公式是（　　）。

A. 经营成本＝总成本－折旧费

B. 经营成本＝总成本－折旧费－摊销费

C. 经营成本＝总成本－折旧费－摊销费－利息支出

D. 经营成本＝总成本－折旧费－摊销费－利息支出－维简费

2. 经营成本是从技术方案本身考察的，在一定期间内由于生产和销售产品及提供服务而实际发生的（　　）。

A. 营业收入　　　　　　B. 现金流入　　　　　　C. 营业支出　　　　　　D. 现金流出

3. 某设备原值130万元，残值10万元，折旧年限5年，每月的折旧额是（　　）。

A. 1万元　　　　　　B. 2万元　　　　　　C. 4万元　　　　　　D. 13万元

4. 某施工企业购买一台新型挖土机械，价格为50万元，预计使用寿命为2 000台班，预计净残值为购买价格的3%，若按工作量法折旧，则该机械每工作台班折旧费应为（　　）。

A. 242.50元　　　　　　B. 237.50元　　　　　　C. 250.00元　　　　　　D. 257.70元

5. 已知某项目的年总成本费用为2 000万元，年销售费用、管理费用合计为总成本费用的15%，年折旧费为200万元，年摊销费为50万元，年利息支出为100万元，则该项目的年经营成本为（　　）。

A. 1 750万元　　　　　　B. 1 650万元　　　　　　C. 1 350万元　　　　　　D. 650万元

6. 在下列关于施工企业利润总额的公式中，正确的是（　　）。

A. 利润总额＝主营业务利润＋其他业务利润－管理费用－财务费用

B. 利润总额＝主营业务利润＋其他业务利润

C. 利润总额＝主营业务利润＋其他业务利润＋投资净收益

D. 利润总额＝营业利润＋投资净收益＋补贴收入＋营业外收入－营业外支出

7. 某施工单位企业当期实现的主营业务收入为 10 000 万元，主营业务成本为 8 000 万元，主营业务税金及附加为 960 万元，其他业务利润为 2 000 万元，营业费用、管理费用和财务费用总计为 1 200 万元，则该企业当期营业利润为（　　　）。

A. 1 840 万元　　　　　　B. 2 800 万元　　　　　　C. 3 040 万元　　　　　　D. 4 000 万元

二、多项选择题

1. 以下属于分部分项工程费的是（　　　）。

A. 桩基工程费　　　　　　　　　　　　B. 冬雨季施工增加费

C. 市政工程费　　　　　　　　　　　　D. 脚手架工程费

E. 城市轨道交通工程费

2. 以下属于规费的是（　　　）。

A. 暂列金额　　　　　　　　　　　　　B. 城市维护建设税

C. 失业保险费　　　　　　　　　　　　D. 住房公积金

E. 工程排污费

3. 下列折旧方法属于加速折旧法的是（　　　）。

A. 直线折旧法　　　　　　　　　　　　B. 年数和折旧法

C. 双倍余额递减法　　　　　　　　　　D. 工作量法

E. 平均年限法

4. 可采用平均年限法计算折旧的资产有（　　　）。

A. 房屋建筑物　　　　　　　　　　　　B. 仪器仪表

C. 机械设备　　　　　　　　　　　　　D. 经常使用的机械设备

E. 工具器具

5. 如果计划在固定资产投入使用的前期提取较多的折旧，后期提取较少的折旧，适合采用的折旧方法有（　　　）。

A. 工作台班法　　　　　　　　　　　　B. 行驶里程法

C. 双倍余额递减法　　　　　　　　　　D. 平均年限法

E. 年数总和法

6. 对工程项目进行经济评价时，若以总成本费用为基础计算经营成本，应从总成本费用中扣除的费用项目有（　　　）。

A. 折旧费用　　　　　　　　　　　　　B. 销售费用

C. 摊销费　　　　　　　　　　　　　　D. 管理费用

E. 利息支出

7. 在工程经济分析中，下列各项中属于经营成本的有（　　　）。

A. 外购原材料、燃料费　　　　　　　　B. 工资及福利费

C. 修理费　　　　　　　　　　　　　　D. 折旧费

E. 利息支出

8. 下列属于资源税征收范围的有（　　　）。

A. 原油   B. 盐

C. 天然气   D. 酒

E. 金属矿产

三、填空题

1. 在运营期内，各年的成本费用由_____和_____两部分组成。

2. 生产成本亦称制造成本，是指企业生产经营过程中实际消耗的_____、_____、_____和_____。

3. 期间费用是指在一定会计期间发生的与生产经营没有直接关系或关系不密切的_____、_____和_____。

4. 某企业2013年新实施技术方案时年总成本费用为300万元，销售费用、管理费用合计为总成本费用的15%，固定资产折旧费为35万元，摊销费为15万元，利息支出为8万元，则该技术方案年经营成本为_____万元。

5. 项目所在地为市区的，城市维护建设税税率为_____。

6. 一般企业提取的盈余公积金分为_____和_____。

四、判断题

1. 工程项目总投资包括建设投资和建设期利息。   （   ）

2. 固定资产的标准是：使用年限在两年以上，单位价值在规定的限额以上。   （   ）

3. 基本预备费是指在项目实施中可能发生的难以预料的支出。   （   ）

4. 涨价预备费以建筑安装工程费为计算基数。   （   ）

5. 当建设期用自有资金按期支付利息时，直接采用年名义利率按复利计算各年建设期利息。   （   ）

6. 工程建设过程中的临时设施费、施工机构迁移费、远征工程增加费、劳保支出等包括在工程建设其他投资中。   （   ）

7. 将折旧费计入成本费用是企业回收固定资产投资的一种手段。   （   ）

8. 房屋、建筑物的折旧年限为20年。   （   ）

9. 飞机、火车、轮船、机器、机械和其他生产设备的折旧年限为15年。   （   ）

10. 与生产经营活动有关的器具、工具、家具等折旧年限为5年。   （   ）

11. 飞机、火车、轮船以外的运输工具折旧年限为4年。   （   ）

12. 电子设备的折旧年限为2年。   （   ）

13. 教育费附加随消费税和增值税同时缴纳，其征收税率为3%。   （   ）

14. 利润总额等于营业利润加上投资净收益、补贴收入和营业外收支净额的代数和。
                                                                        （   ）

15. 营业利润等于主营业务收入减去主营业务成本和主营业务税金及附加，加上其他业务利润，再减去营业费用、管理费用和财务费用后的净额。   （   ）

16. 企业所得税以收入总额为计税依据。 （ 　 ）

五、计算题

1. 设备原值价值为 50 000 元，使用年限为 8 年，残值为 2 000 元，试用双倍余额递减法计算各年的折旧额。

2. 某种设备的原值为 2.8 万元，预计净残值为 0.4 万元，折旧年限确定为 8 年，试采用年数总和法计算各年的折旧额。

3. 某企业一辆汽车的原值为 300 000 元，预计净残值率为 4%，预计行驶里程为 400 000 千米。2018 年 2 月实际行驶里程为 16 000 千米，试计算该汽车 2 月应提的折旧额。

4　工程项目经济评价指标与方案评价

工程项目经济评价是根据国民经济与社会发展以及行业、地区发展规划的要求，在项目初步方案的基础上，采用科学的分析方法，对拟建项目的财务可行性和经济合理性进行分析论证，为拟建项目的科学决策提供经济方面的依据。经济评价是工程经济分析的核心内容。加强工程项目经济评价，提高工程项目决策的科学性和合理性，可为工程项目顺利实施提供保障。本章主要介绍工程项目常用经济评价指标的判别准则和适用范围、基准收益率的概念及影响因素、不同类型工程项目方案经济评价和比选的方法等内容。

4.1　工程项目经济评价指标

能够用来评价工程项目经济性的指标很多，它们分别从不同角度反映工程项目的经济效益状况，又各有其优缺点。由于工程项目的复杂性和评价目标的多样性，在对工程项目方案进行经济评价时，首先应根据评价深度要求、可获得工程项目相关资料的多少等条件，科学、恰当地选用具体评价指标，以保证准确衡量方案的经济效益状况；然后根据需要把多个指标结合起来综合分析，从而使不同指标取长补短，从不同侧面反映工程项目的经济效果，达到全面评价的目的。

4.1.1　工程项目经济评价指标体系分类

1. 按是否考虑资金时间价值分类

在工程项目经济评价中，按计算评价指标时是否考虑资金时间价值，可将评价指标分为静态评价指标和动态评价指标，如图4-1所示。

（1）静态评价指标。静态评价指标是在不考虑资金时间价值的情况下，通过投资、收益、成本和利润等经济要素计算出来的评价指标。静态评价指标计算较为简便，常用于开展项目规划、机会研究和编制项目建议书时进行的概略经济评价，也适用于评价短期投资项目和年收益大致相等的项目。

（2）动态评价指标。动态评价指标是在分析项目或方案的经济效益时，考虑了时间因素对货币价值的影响而计算出来的评价指标。由于能较全面地反映投资方案整个计算期的经济效果，动态评价指标适用于融资前对项目整体效益进行评价，以及评价计算期较长的项目或处在终评阶段的技术方案。

2. 按工程项目经济评价指标的性质分类

在工程项目经济评价中，根据评价指标的性质，可将其分为盈利能力评价指标、清偿能力评价指标和财务生存能力评价指标，如图 4-2 所示。

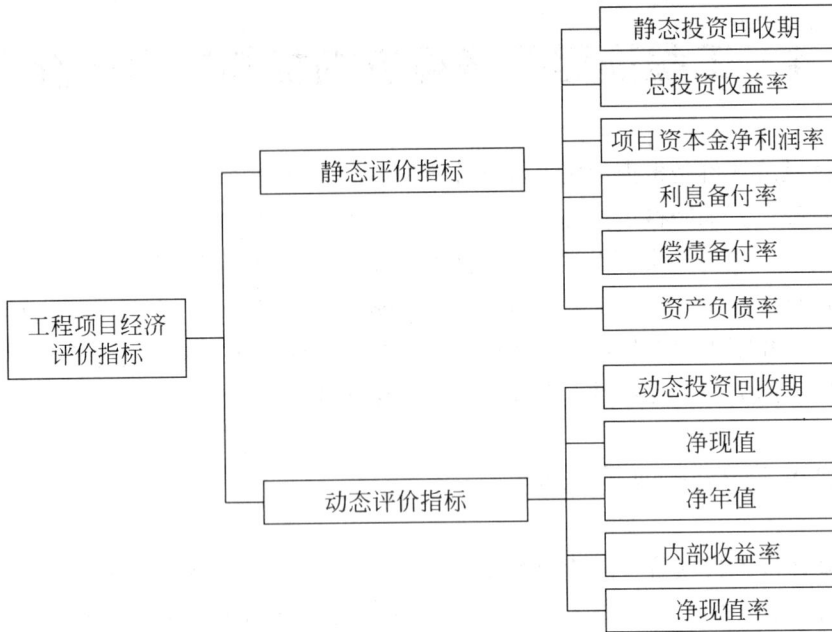

图 4-1　工程项目经济评价指标体系一（按是否考虑资金时间价值分类）

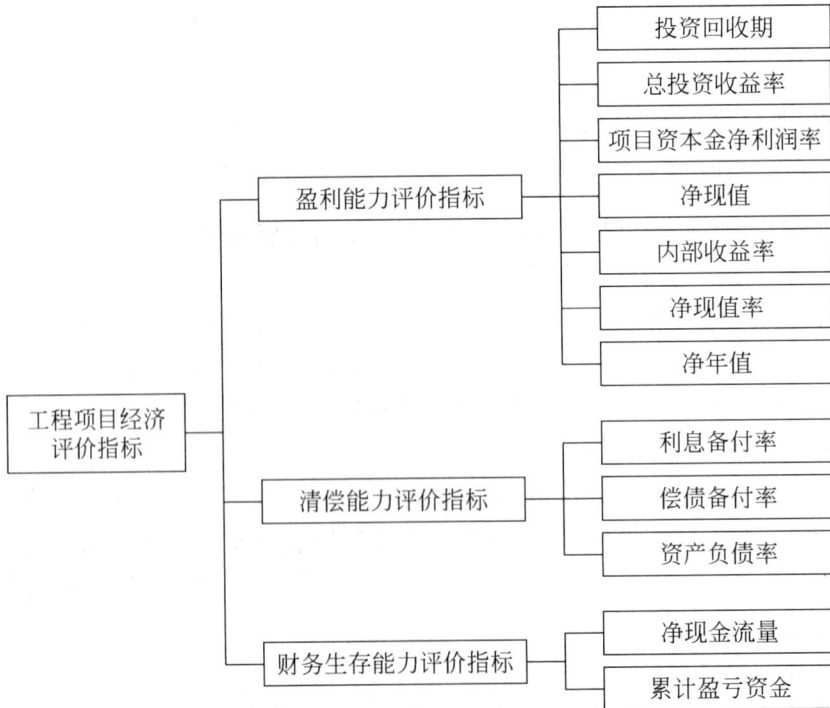

图 4-2　工程项目经济评价指标体系二（按工程项目经济评价指标的性质分类）

4.1.2 工程项目经济评价指标计算

1. 盈利能力评价指标

盈利能力评价指标反映项目或方案所具有的获取回报的能力，主要有投资回收期、总投资收益率、项目资本金净利润率、净现值、内部收益率、净现值率和净年值等。

（1）投资回收期，又叫投资返本期或投资偿还期，是指以项目的净收益（包括利润和折旧）抵偿全部投资（包括固定资产投资和流动资金投资）所需的时间。投资回收期一般以年为计算单位，从项目投建之年算起，如果从投产期初或达产期初算起应予以注明。投资回收期是反映项目财务上投资回收能力的重要指标，是用来考察项目投资盈利水平的经济效益指标。投资回收期有静态和动态之分。

① 静态投资回收期（P_t），是指在不考虑资金时间价值的情况下，以项目投入运营后的净现金流量回收项目总投资所需的时间。

如果投入和产出现金流量均服从年末习惯法，自建设开始年算起，则静态投资回收期（以年表示）的计算公式如下：

$$\sum_{t=0}^{P_t} (CI - CO)_t = 0 \qquad (4-1)$$

式中：P_t——静态投资回收期；

CI——现金流入量；

CO——现金流出量；

$(CI-CO)_t$——第 t 年时点的净现金流量。

静态投资回收期可根据项目现金流量表来计算。其具体计算又可分为以下两种情况：

第一种情况：当项目建成投产后各年的净现金流量均相同时，静态投资回收期的计算公式为：

$$P_t = I/A \qquad (4-2)$$

式中：I——项目总投资；

A——项目投产后各年的净现金流量，即 $A = (CI-CO)_t$。

例4-1 某建设项目估计总投资为 2 800 万元，项目建成后各年净收益为 320 万元。请问：该项目的静态投资回收期是多少？

解： $P_t = 2\,800/320 = 8.75$（年）

第二种情况：当项目建成投产后各年的净现金流量不相同时，静态投资回收期可根据项目投资现金流量表计算累计净现金流量而求得，如图 4-3 所示。也就是在现金流量表中累计净现金流量由负值转向正值之间的年份。其计算公式为：

$$P_t = (累计净现金流量开始出现正值的年份数-1) + \frac{上一年累计净现金流量的绝对值}{出现正值年份的净现金流量}$$

$$(4-3)$$

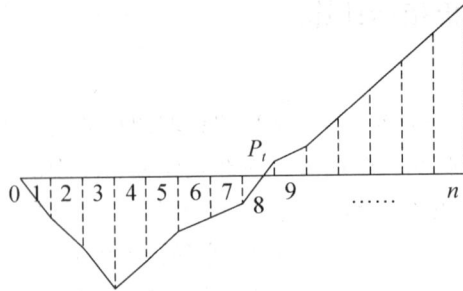

图 4-3 静态投资回收期示意图

例 4-2 某项目财务现金流量表的数据见表 4-1，试计算该项目的静态投资回收期。

表 4-1 某项目财务现金流量表 　　　　　　单位：万元

计算期	0	1	2	3	4	5	6	7	8
1. 现金流入	—	—	—	800	1 200	1 200	1 200	1 200	1 200
2. 现金流出	—	600	900	500	700	700	700	700	700
3. 净现金流量	—	−600	−900	300	500	500	500	500	500
4. 累计净现金流量	—	−600	−1 500	−1 200	−700	−200	300	800	1 300

解： $P_t = (6-1) + \dfrac{|-200|}{500} = 5.4$（年）

项目可行性的判别可根据计算出的静态投资回收期（P_t）与所确定的基准投资回收期（P_C）进行比较确定：

若 $P_t \leq P_C$，表明项目投入的总资金能在规定的时间内收回，则可以考虑接受方案；

若 $P_t > P_C$，则方案是不可行的。

静态投资回收期的优点在于：第一，经济意义明确、直观、计算简便；第二，也是最重要的，该指标不仅在一定程度上反映了投资效果的经济性，而且反映项目的风险大小，便于投资者衡量项目承担风险的能力。项目决策面临着未来的不确定因素的挑战。由于离现时越远，人们所能确知的东西就越少，所以这种不确定性所带来的风险随着时间的延长而增加。为了减少这种风险，就希望投资回收期越短越好。因此，作为能够反映一定经济性和风险性的指标，静态投资回收期在工程项目经济评价中具有独特的地位和作用，被广泛用作工程项目经济评价的辅助性指标。

静态投资回收期的缺点在于：第一，未考虑资金时间价值，无法正确地辨识项目的优劣；第二，只考虑了投资回收之前的效果，未反映回收之后的情况，故不能全面反映项目在寿命期内的真实效益，难以对不同方案的比较选择做出正确判断，具有片面性。

② 动态投资回收期（P_t'），是指在考虑资金时间价值的情况下，按设定的基准收益率用

方案每年的净收益收回全部投资额所需要的时间。计算动态投资回收期时要把投资项目各年的净现金流量按基准收益率折成现值之后，再来推算投资回收期。这是它与静态投资回收期的根本区别。动态投资回收期就是累计现值等于 0 时的年份。

如果投入与产出的现金流量均服从年末习惯法，自建设开始年算起，则动态投资回收期的计算公式为：

$$\sum_{t=1}^{P_t'} (CI - CO)_t (1 + i_C)^{-t} = 0 \tag{4-4}$$

式中：P_t'——动态投资回收期；

　　　i_C——基准收益率。

动态投资回收期更为实用的计算公式是：

$$P_t' = （累计净现金流量现值开始出现正值的年数-1） + \frac{上一年累计净现金流量现值的绝对值}{出现正值年份净现金流量的现值}$$

设基准投资回收期为 P_C'，若 $P_t' < P_C'$，则项目可行；否则，应予拒绝。

例 4-3　某项目财务现金流量表的数据见表 4-2，已知基准收益率 $i_C = 8\%$。试计算该项目的动态投资回收期。

表 4-2　某项目财务现金流量表　　　　　　　单位：万元

计算期	0	1	2	3	4	5	6	7	8
1. 净现金流量	—	−600	−900	300	500	500	500	500	500
2. 净现金流量现值	—	−555.54	−771.57	238.14	367.5	340.3	315.1	291.75	270.15
3. 累计净现金流量现值	—	−555.54	−1 327.11	−1 088.97	−721.47	−381.17	−66.07	225.68	495.83

解： $P_t' = (7-1) + \dfrac{|-66.07|}{291.75} \approx 6.23$ （年）

动态投资回收期虽然考虑了资金时间价值，但并没有解决静态投资回收期的第二个缺点，也仅考虑了投资回收之前的效果，并未反映投资回收期后的经济效果，故也不能全面反映项目在寿命期内的真实效益，难以对不同方案的比较选择做出正确判断，通常只用于项目的辅助性经济评价。

（2）总投资收益率（ROI），是指在工程项目达到设计能力时的一个正常年份的年息税前利润或运营期内年平均息税前利润与项目总投资的比率。

总投资收益率的计算公式为：

$$ROI = \frac{EBIT}{TI} \times 100\% \tag{4-5}$$

式中：ROI——总投资收益率；

　　　$EBIT$——项目达到设计能力后正常年份的年息税前利润或运营期内年平均息税前利润；

TI——项目总投资。

其中，ROI 是静态指标；$EBIT$ 和 TI 都不是现金流量，需分别计算，即

年息税前利润＝年营业收入−年税金及附加−年总成本费用+利息支出

年税金及附加＝年增值税+年消费税+年资源税+年城市维护建设税+教育费附加+地方教育费附加

项目总投资＝建设投资+建设期利息+流动资金

当计算出的总投资收益率高于行业收益率参考值时，即可认为该项目的盈利能力满足要求。

（3）项目资本金净利润率（ROE），是指项目达到设计能力后正常年份的年净利润或运营期内年平均净利润与项目资本金的比率，其表示项目资本金的盈利水平。

项目资本金净利润率的计算公式为：

$$ROE = \frac{NP}{EC} \times 100\% \tag{4-6}$$

式中：ROE——项目资本金净利润率；

NP——项目达到设计能力后正常年份的年净利润或运营期内年平均净利润，等于净现金流量减折旧；

EC——项目资本金，是项目资本金现金流量表的现金流出项，包括原有股东增资扩股、吸收新股东投资、发行股票、政府投资和股东直接投资等。

若计算出的项目资本金净利润率高于行业净利润率参考值，就表明用项目资本金净利润率表示的盈利能力满足要求。

总投资收益率和项目资本金净利润率常用于项目融资后盈利能力的分析。

（4）净现值（NPV），是指按一定的折现率（基准收益率，i_C），将投资项目在分析期内各年的净现金流量折现到计算基准年（通常是投资之初）的现值进行累加得到的值，是反映投资方案在计算期内获利能力的动态评价指标。

净现值的经济含义可以从以下 3 个方面考虑：

① 它表示的是一种净收益（每年资金流入减去资金流出后的净额折现后的总值）；

② 它表示方案较通常的投资机会多获得的收益折算成现时点的价值；

③ 当 $NPV=0$ 时，该方案的投资收益率水平恰好与基准收益率水平相等，该方案的动态投资回收期恰好等于方案计算期。

如果期初投入服从年初习惯法，经营期现金流量服从年末习惯法，则净现值的计算公式为：

$$NPV = \sum_{t=0}^{n} (CI - CO)_t (1 + i_C)^{-t} \tag{4-7}$$

式中：NPV——净现值；

$(CI-CO)_t$——第 t 时点的净现金流量（应注意"+""−"号）；

i_C——基准收益率；

n——方案计算期。

利用净现值（NPV）对单一方案进行可行性判别的准则如下：

① NPV>0，说明该方案在满足基准收益率要求的盈利水平之外还能得到超额收益，故该方案可行，可以接受；

② NPV=0，说明该方案基本能满足基准收益率要求的盈利水平，故该方案勉强可行或有待改进；

③ NPV<0，说明该方案不能满足基准收益率要求的盈利水平，故该方案不可行，应予以拒绝。

对寿命期相同的多个可行的方案进行选优，NPV 最大的方案为最优方案。

净现值指标的优点是：第一，作为动态评价指标，考虑了资金时间价值，全面考虑了投资项目在整个计算期内的现金流量，即包含了项目的更新或追加投资；第二，经济含义明确，能够直接以货币额表示项目的投资效果（净收益），既能用于单一方案费用与效益的比较，又能用于多方案的优劣比较。

净现值指标的不足之处是：第一，使用时要先确定一个符合经济现实的基准收益率，但是基准收益率的确定往往比较复杂，有时还会遇到困难，如指标反映的是整个分析期内的经济状况，不能说明项目运营期间各年的经营成果；第二，进行方案间比选时没有考虑各个方案投资额的大小，所以不能直接反映资金的利用效率；第三，对计算期不同的方案，不满足时间上的可比性原则，不能进行直接比较，必须构造一个共同的分析期才能进行比较选优。

由净现值的计算公式可知，NPV 的大小与项目各年的净现金流量（NCF_t）、项目计算期（n）和所选用的基准收益率有关，即 $NPV=f(NCF_t, n, i_C)$。其中，NCF_t 和 n 受到市场和技术进步的影响；在 NCF_t 和 n 确定的情况下，净现值（NPV）的大小仅与基准收益率（i_C）有关，即得到净现值函数 $NPV(i)=f(i_C)$。净现值函数是指净现值（NPV）与折现率（i）之间的函数关系，其表达式为：

$$NPV(i) = \sum_{t=0}^{n} (CI - CO)_t (1 + i_C)^{-t} \tag{4-8}$$

工程项目经济评价中常规投资项目的净现值曲线在 $i_C>-1$ 范围内，但是对大多数工程项目经济实际问题来说，i_C 的取值为（0，∞）。NPV 与 i_C 之间的关系一般如图 4-4 所示。

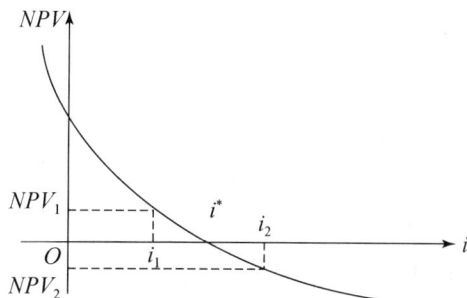

图 4-4　净现值函数曲线

从图 4-4 可以发现，净现值函数一般有如下特点：

① 同一净现金流量的净现值（NPV）随折现率（i）的增大而减少，故基准收益率（i_C）越大，净现值越小，甚至出现 0 或负值。因而在方案选择时，基准收益率（i_C）定得越高，可被接受的方案越少。

② 净现值随折现率的增大可从正值变为负值，因此必然有某一个折现率（i^*）使得项目的净现值 NPV=0，对应图 4-4 就是净现值函数与横轴的交点，而且当 $i<i^*$ 时，NPV（i）>0，当 $i>i^*$ 时，NPV（i）<0。i^* 是一个具有重要经济意义的折现率临界值。

净现值对 i_C 的敏感性是指，当 i_C 从某一值变为另一值时，若按净现值最大的原则优选项目方案，可能出现前后结论相悖的情况。

（5）内部收益率（IRR），又称内部报酬率，是指使投资方案在计算期内各年净现金流量的现值累加值（净现值）等于 0 时的折现率，即 NPV（IRR）= 0 时的折现率。也就是说，在这个折现率水平下，项目现金流入的现值和等于其现金流出的现值和。

对于常规投资项目，内部收益率就是净现值为 0 时的收益率。其数学表达式为：

$$NPV(IRR) = \sum_{t=0}^{n} (CI - CO)_t (1 + IRR)^{-t} = 0 \qquad (4-9)$$

式 4-9 是一个高次方程，直接用式 4-9 求解 IRR 是比较复杂的，直接计算一般借助计算机求解，而在实际应用中通常采用线性插值法求 IRR 的近似解。采用线性插值法求解 IRR 的步骤如下：

① 根据给定的基准收益率 i_C，初估 IRR 的初值。

② 在对 IRR 初估的基础上试算。先假定一个折现率，计算 NPV（i_1）：若 NPV（i_1）>0，说明 IRR> i_1，若 NPV（i_1）<0，说明 IRR< i_1，根据结果把 i_1 修正为 i_2。如此反复试算，逐步逼近，最终可以得到比较接近的两个折现率（i_1 和 i_2），且两个折现率满足 $i_1 < i_2$ 且 $i_2 - i_1 \leq$ 5%，使得 NPV（i_1）>0 和 NPV（i_2）<0。

③ 用线性插值法近似求得内部收益率（IRR），其计算公式为：

$$IRR \approx i_1 + \frac{NPV_1}{NPV_1 + | NPV_2 |} \times (i_2 - i_1) \qquad (4-10)$$

IRR 的近似解和 IRR 的实际数值之间存在 $i^* > IRR$，两者之间存在一定的误差，误差的大小取决于 i_1 和 i_2 的差额（$i_2 - i_1$）。两者越接近，误差越小。所以一般要求 $i_2 - i_1 < 2\%$，最大不超过 5%。

将内部收益率计算出来后，要用其与基准收益率进行比较。其可行性评价依据是：

① IRR≥i_C，表明项目的收益率已达到或超过基准收益率水平，对方案予以接受；

② IRR<i_C，表明项目的收益率不能达到基准收益率水平，对方案予以拒绝。

内部收益率的优点是：其能反映项目投资的使用效率，概念清晰明确；它的大小完全由项目内部的现金流量所确定，无须事先确定基准折现率。

内部收益率在使用中的不足之处在于：当内部收益率用于多方案选优时，最大、最优的准则不总是成立的；只有常规项目存在唯一的符合内部收益率含义的解，非常规项目可能存在多个解或无解的情况。

（6）净现值率（NPVR）。为了考察投资的利用效率，引入净现值率作为评价指标，表示单位投资现值所能带来的净现值。该指标是在NPV的基础上发展起来的辅助性评价指标，不直接考察项目投资额的大小，而考察项目单位投资盈利能力。

净现值率的计算方法是项目净现值与项目全部投资现值之比，其计算式如下：

$$NPVR = \frac{NPV}{I_P} \tag{4-11}$$

$$I_P = \sum_{t=0}^{m} I_t (P/F, \ i_C, \ t) \tag{4-12}$$

式中：I_P——投资现值；

I_t——t 时点投资额；

m——建设期年数。

针对独立型方案进行净现值率评价的准则是：

① $NPVR \geq 0$，项目或方案可行；

② $NPVR < 0$，项目或方案不可行。

在进行多方案净现值率评价时，凡 $NPVR < 0$ 的方案先行淘汰；$NPVR \geq 0$ 的方案中，$NPVR$ 较大的方案为最优方案。但是，由于净现值率一般作为净现值的辅助性评价指标，所以进行多方案比较时，应将净现值率与投资额、净现值结合起来使用，而且在评价时应注意计算投资现值与净现值的折现率须一致。

（7）净年值（NAV），是将方案计算期内各个时点的净现金流量按基准收益率进行折算得到的与其等值的整个寿命期内的等额支付序列年值。

净年值的计算公式为：

$$NAV = \left[\sum_{t=0}^{n} (CI - CO)_t (1 + i_C)^{-t} \right] (A/P, \ i_C, \ n) \tag{4-13}$$

$$NAV = NPV (A/P, \ i_C, \ n) \tag{4-14}$$

式中：$(A/P, \ i, \ n)$ ——资本回收系数。

净年值的数额所表明的是方案在寿命期内每年除了获得按基准收益率应得的收益外所取得的等额超额收益。

对独立型方案或单一方案进行评价时，$NAV \geq 0$，对方案予以接受；$NAV < 0$，对方案予以拒绝。在进行多方案比较时，净年值越大，方案的经济效果越好，满足 $\max \{NAV_j \geq 0\}$ 的方案最优。

由净现值与净年值的计算公式、判别准则比较可知，在同一方案中，两者的大小成倍数关系，即 NPV 是 NAV 的 $(P/A, \ i_C, \ n)$ 倍，所以净年值与净现值在项目评价的结论上总是一致的。因此，就项目的评价结论而言，净年值与净现值是等效评价指标。净现值给出的信息是项目在整个寿命期内获取的超出最低期望盈利的超额收益的现值；与净现值所不同的是，净年值给出的信息是寿命期内每年的等额超额收益。由于信息的含义不同，而且在某些决策的结构形势下，采用净年值比采用净现值更为简便和易于计算，所以净年值指标在经济评价指标体系中也占有相当重要的地位。

2. 清偿能力评价指标

清偿能力评价指标反映方案在运行中清偿债务资本的能力，主要有利息备付率、偿债备付率和资产负债率。

（1）利息备付率（ICR），是指在项目借款偿还期内，各年用于支付利息的息税前利润与当期应付利息费用的比值。它从付息资金来源的充足性角度反映项目偿付债务利息的保障程度。

利息备付率的计算公式为：

$$ICR = \frac{EBIT}{PI} \tag{4-15}$$

式中：ICR——利息备付率；

$EBIT$——息税前利润，息税前利润＝利润总额＋计入总成本费用的利息费用；

PI——当期应付利息，即计入总成本费用的全部应付利息。

利息备付率应分年计算，也可在借款偿还期内按总额计算。利息备付率越高，表明利息偿付的保障程度越高。

利息备付率表示使用项目利润偿付利息的保证倍率。参考国际经验和国内行业的具体情况，根据我国企业历史数据统计分析，利息备付率应大于1，并满足债权人的要求。

（2）偿债备付率（DSCR），是指项目在借款偿还期内，各年可用于还本付息的资金与当期应还本付息金额的比值。

偿债备付率的计算公式为：

$$DSCR = \frac{EBITDA - T_{AX}}{FD} \tag{4-16}$$

式中：$DSCR$——偿债备付率；

$EBITDA$——息税前利润加折旧和摊销；

T_{AX}——企业所得税；

$EBITDA - T_{AX}$——可用于还本付息的资金；

FD——当期应还本付息的金额。

可用于还本付息的资金包括：可用于还款的折旧和摊销、成本中列支的利息费用、可用于还款的所得税后利润等。当期应还本付息的金额包括：当期应还贷款本金及计入成本的全部利息，以及融资租赁的本息和运营期内的短期借款本息。

偿债备付率表示可用于还本付息的资金偿还借款本息的保障程度，是考查和评价项目偿债能力的常用指标。偿债备付率应分年计算，也可在借款偿还期内按总额计算。偿债备付率越高，表明可用于还本付息的资金保障程度越高。理论上，偿债备付率应大于1；如果偿债备付率大于等于2，表明可用于偿还借款本息的资金充盈，说明项目还本付息的偿债能力强。在工程项目经济分析中，应结合债权人要求确定其具体评价标准。

（3）资产负债率（LOAR），是各期期末负债总额除以资产总额的百分比，也就是负债总额与资产总额的比例关系。资产负债率反映在总资产中有多大比例是通过借债来筹资的，也可以衡量企业在清算时保护债权人利益的程度，因此也被称为举债经营比率。

资产负债率的计算公式为：

$$LOAR = \frac{TL}{TA} \times 100\% \tag{4-17}$$

式中：$LOAR$——资产负债率；

TL——期末负债总额；

TA——期末资产总额。

适度的资产负债率，表明企业经营安全、稳健，具有较强的筹资能力，也表明企业和债权人的风险较小。对该指标的分析，应结合国家宏观经济状况、行业发展趋势、企业所处竞争环境等具体条件进行。工程项目经济分析中，在长期债务还清后，可不再计算资产负债率。

3. 财务生存能力评价指标

财务生存能力评价指标反映项目财务现状支持项目运营的能力，其主要有净现金流量和累计盈亏资金。

最后，将上述主要工程项目经济评价指标及其计算方法、判别准则进行汇总，得到表4-3。

表4-3　主要工程项目经济评价指标汇总表

类型	评价指标	计算方法	判别准则
静态指标	总投资收益率	$ROI = \frac{EBIT}{TI} \times 100\%$	$ROI >$ 行业收益率参考值
	项目资本金净利润率	$ROE = \frac{NP}{EC} \times 100\%$	$ROE >$ 行业净利润率参考值
	静态投资回收期	1. $P_t = \frac{TI}{EBIT}$ 2. 列表计算 $P_t = (T-1) + \frac{\text{第（}T-1\text{）年累计净现金流量的绝对值}}{\text{第 }T\text{ 年的净现金流量}}$	$P_t \leq P_C$
	利息备付率	$ICR = \frac{EBIT}{PI}$	$ICR > 1$，并满足债权人要求
	偿债备付率	$DSCR = \frac{EBITDA - T_{AX}}{FD}$	$DSCR > 1$，并满足债权人要求
	资产负债率	$LOAR = \frac{TL}{TA} \times 100\%$	适度为宜（长期债务还清后不再计算）

类型	评价指标	计算方法	判别准则
动态指标	净现值	$NPV = \sum_{t=0}^{n} (CI - CO)_t (1 + i_C)^{-t}$	$NPV \geq 0$
	净现值率	$NPVR = \dfrac{NPV}{I_p}$	$NPVR \geq 0$
	净年值	$NAV = NPV(A/P, i_C, n)$	$NAV \geq 0$
	内部收益率	$NPV(IRR) = \sum_{t=0}^{n} (CI - CO)_t (1 + IRR)^{-t} = 0$	$IRR \geq i_C$

4.2 基准收益率

4.2.1 基准收益率的概念

基准收益率也称基准折现率，是企业、行业或投资者以动态的观点所确定的、可接受的投资项目或技术方案最低标准的收益水平。作为一个重要的经济参数，基准收益率表明投资决策者对项目资金时间价值的估计，是投资应当获得的最低盈利率水平，是评价和判断项目在经济上是否可行的依据。

4.2.2 基准收益率的影响因素

对于国家投资项目，进行经济评价时使用的基准收益率是由国家组织测定并发布的社会基准收益率；对于竞争性项目，进行经济评价时基准收益率的确定一般以行业的平均收益率为基础，同时综合考虑资金成本或机会成本、投资风险、通货膨胀等影响因素。

1. 资金成本或机会成本（i_1）

（1）资金成本，是指为取得资金使用权所支付的费用，主要包括筹资费和资金的使用费。

① 筹资费，是指在筹集资金过程中发生的各种费用，如委托金融机构代理发行股票、债券而支付的注册费和代理费等，向银行贷款而支付的手续费等。

② 资金的使用费，是指因使用资金而向资金提供者支付的报酬，如使用发行股票筹集的资金要向股东支付红利，使用发行债券和银行贷款借入的资金要向债权人支付利息等。

项目投资后所获利润额必须能够补充资金成本，然后才能有利可言。因此，基准收益率最低限度不应小于单位资金成本，否则便无利可图。

（2）机会成本，是指投资者将有限的资金用于拟建项目而放弃的其他投资机会所能获得的最好收益。由于资金有限，当把资金投入拟建项目时，将失去从其他最好的投资项目中获得收益的机会，因此需要考虑机会成本。

显然，基准收益率应不低于单位资金成本和单位投资机会成本中的最大值，这样才能使资金得到最有效的利用。这一要求可用下式表达：

$$i_C \geq i_1 = \max \{ \text{单位资金成本}, \text{单位投资机会成本} \} \tag{4-18}$$

假如工程项目完全由企业自有资金投资建设，可参考行业基准收益率确定项目基准收益率，这时可将单位投资机会成本等同于行业基准收益率；假如投资项目资金来源包括自有资金和贷款时，最低收益率不应低于行业基准收益率与贷款利率的加权平均收益率。如果有多种贷款，贷款利率应为加权平均贷款利率。

2. 投资风险（以风险贴补率 i_2 表示）

投资风险是指实际收益对投资者预期收益的背离，即投资收益的不确定性。风险可能给投资者带来超出预期的收益，也可能给投资者带来超出预期的损失。到底发生什么样的变化难以预料，即投资者要冒着一定风险做出决策。所以，在确定基准收益率时，仅考虑资金成本、机会成本两个因素是不够的，还应考虑风险因素。通常，以一个适当的风险贴补率 i_2 来提高基准收益率 i_C 的值，即以一个较高的收益水平补偿投资者所承担的风险，风险越大，风险贴补率越高。采取提高基准收益率的办法来进行项目经济评价，可限制对风险大、盈利低的项目进行投资。

3. 通货膨胀（以通货膨胀率 i_3 表示）

所谓通货膨胀，是指由货币（这里指纸币）的发行量超过商品流通所需引起的货币贬值和物价上涨的现象。在通货膨胀的影响下投资者必然要求提高收益率水平以补偿因为通货膨胀造成的实际收益损失，所以在确定基准收益率时，应考虑通货膨胀因素的影响，并结合投入产出价格的选用，决定对通货膨胀因素的处理（以通货膨胀率进行修正）。

综合以上分析，基准收益率的确定近似采用如下方法：

若项目的现金流量是按当年价格预测估算的，则应以年通货膨胀率 i_3 修正基准收益率 i_C 的值。这时，基准收益率可近似地用单位投资机会成本、风险贴补率、通货膨胀率之代数和表示，即

$$i_C = (1+i_1)(1+i_2)(1+i_3) - 1 \approx i_1 + i_2 + i_3$$

若项目的现金流量是按基年不变价格预测估算的，预测结果已排除通货膨胀因素的影响，则修正基准收益率 i_C 的值时就不再重复考虑通货膨胀的影响，即

$$i_C = (1+i_1)(1+i_2) - 1 \approx i_1 + i_2$$

上述近似计算的前提条件是 i_1、i_2、i_3 的值较小。

总之，合理确定基准收益率，对于投资决策极为重要。确定基准收益率的基础是资金成本和机会成本，投资风险和通货膨胀则是必须考虑的影响因素。此外，在资金短缺或者项目对生态环境破坏程度较大时，为使有限的资金尽可能发挥最大的效益，减少对环境的负面影响，还应通过提高基准收益率的办法进行项目经济评价，以便筛掉盈利能力较低或对环境不利的项目。

4.3 工程项目方案经济评价

在工程项目经济分析中，所面临的经常是不同项目方案的选择问题。项目方案的比较和选择是通过选择适当的经济评价方法和指标，对根据实际情况所提出的备选方案的经济效益进行比较，最终选出最佳投资方案。

4.3.1 项目方案的类型

对项目方案进行经济评价前必须明确方案类型，即一组备选方案之间所具有的相互关系。这种关系一般有唯一方案和多方案两类，其中多方案又包括独立型、互斥型、互补型、现金流量相关型、组合-互斥型、混合相关型等。

项目方案类型如图 4-5 所示。

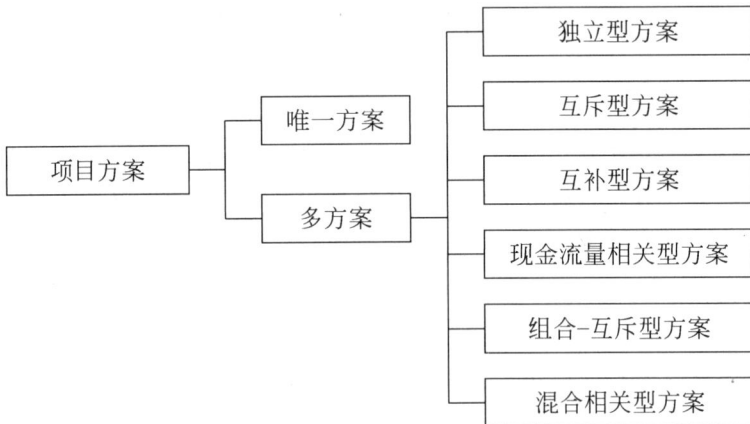

图 4-5　项目方案类型图

1. 独立型方案

独立型方案是指方案的采纳与否只受自身条件的制约。在一系列方案中，某一方案的接受并不影响其他方案的接受，即各个方案彼此之间互不干扰，经济上互不相关。独立型方案的特点是诸方案之间没有排他性，各个方案的现金流量是独立的。显然，唯一方案是独立型方案的特例。

2. 互斥型方案

互斥型方案是指相互关联、相互排斥的方案，即一组方案中各个方案彼此可以相互替代，只要采纳方案组中的某一方案，就会自动排斥这组方案中的其他方案。一般来说，工程技术人员遇到的多为互斥型方案。

在工程项目建设中，可按以下因素对互斥型方案进行分类：

（1）按服务寿命长短不同，投资方案可分为以下3种：

① 相同服务寿命的方案，即参与对比或评价方案的服务寿命均相同。

② 不同服务寿命的方案，即参与对比或评价方案的服务寿命均不相同。

③ 无限长寿命的方案，在工程建设中永久性工程即可视为无限长寿命的工程，如大型水坝、隧道工程等。

（2）按规模不同，投资方案可分为以下两种：

① 相同规模的方案，即参与对比或评价的方案具有相同的产出量或容量，在满足相同功能要求的数量方面具有一致性和可比性。

② 不同规模的方案，即参与对比或评价的方案具有不同的产出量或容量，在满足相同功能要求的数量方面不具有一致性和可比性。

互斥型方案的比选是工程项目经济评价工作的重要组成部分，也是寻求合理决策的必要手段。

3. 互补型方案

互补型方案是指存在技术经济互补关系的一组方案，其中某一方案的接受有助于其他方案的接受。根据各个方案之间相互依存的关系，互补型方案可能是对称的，如建设一座地铁车站，必须同时建设区间隧道和车辆段，它们无论在建成时间、建设规模上都要彼此适应，缺少其中任何一个项目，其他项目就不能正常运行。因此，它们之间是互补型方案，又是对称的。此外，互补型方案还存在大量非对称的经济互补关系，如建造一座酒店的方案 A 和增加一个室内游泳池的方案 B，酒店本身是有用的，增加室内游泳池后酒店的价值提升了，但采用方案 A 并不一定要采用方案 B。

4. 现金流量相关型方案

现金流量相关是指各个方案的现金流量之间相互影响。现金流量相关型方案中各个方案不完全独立，任一方案的取舍都会导致其他方案现金流量的变化。

5. 组合-互斥型方案

在若干可采用的独立型方案中，如果有资源约束条件，比如资金、劳动力、材料、设备及其他资源拥有量等，则只能从中选择一部分方案实施。当受某种资源约束时，独立型方案可以组成各种组合方案，这些组合方案之间是互斥或排他的，即组合-互斥方案。

6. 混合相关型方案

在方案众多的情况下，各个方案之间的相关关系可能有多种类型，这组方案即称为混合相关型方案。

例4-4 小李、小张各有资金3 000 元，分别面临如表4-4 所示投资决策问题。如果资金不用于投资，备选方案是资金闲置、无收益。请问：小李、小张应如何决策？

表 4-4 投资方案类型对比示例

小李借给 A 多少钱的问题			小张借给 A、B、C 中哪一个投资资金的问题		
（互斥型方案评价）			（独立型方案评价）		
方案	借款额	利率	方案	借款额	利率
A1	1 000	10%	A	1 000	10%
A2	2 000	8%	B	2 000	8%
A3	3 000	6%	C	3 000	6%

解：在上述方案选择中，显然，小李会选择 A3 方案，可获最大收益为 3 000×6%=180（元）；小张会选择分别借钱给 A、B，可获最大收益为 1 000×10% +2 000×8%=260（元）。

在进行方案评价前，分清方案属于何种类型是非常重要的。因为方案类型不同，其评价方法、选择和判断的尺度就不同。如果方案类型划分不当，会带来错误的评价结果。在方案经济评价中，以独立型方案和互斥型方案最为常见。

4.3.2 独立型（唯一）方案经济评价

独立型方案评价的实质是判定其"可行"或"不可行"。因此，独立型方案在经济上是否可接受，取决于方案自身的经济性，只需要计算该方案的经济评价指标，并根据判别准则进行检验，即可明确其经济效果是否达到或超过了预定的评价标准。独立型方案的经济评价方法分为静态评价和动态评价。

1. 静态评价

对单一方案进行经济效果静态评价主要是通过计算总投资收益率（R）或静态投资回收期（P），并与确定的行业收益率（R_0）或基准投资回收期（P_C）进行比较，以此判断方案经济效果的优劣。若方案的总投资收益率 $R>R_0$，表明方案在经济上是可行的；或者是方案的静态投资回收期 $P \leqslant P_C$，表明方案投资能在规定的时间内收回，方案是可以考虑接受的。

经济效果静态评价方法，虽然概念清晰，计算简便，但主要缺点是没有考虑资金时间价值、方案未来时期的发展变化情况、投资回收以后方案的收益、方案使用年限终了时的残值、方案在使用过程中更新和追加的投资及其效果等。所以，静态评价方法宜作为方案初评和辅助方法采用。

2. 动态评价

对独立型方案进行经济效果动态评价，主要应用净现值（NPV）或内部收益率（IRR）指标。

应用净现值进行经济效果动态评价时，首先依据现金流量表和确定的基准收益率计算方案的净现值，再根据净现值的评价准则进行判定，即 $NPV \geqslant 0$ 表明方案在经济上是可行的。

应用内部收益率进行经济效果动态评价时，首先依据现金流量表求出 IRR，然后将其与基准收益率 i_C 进行比较，即 $IRR \geqslant i_C$ 表明方案在经济上是可行的。项目的财务内部收益率越大，方案的经济效果越好。

对于常规投资项目来说，若 $NPV \geqslant 0$，则必有 $IRR \geqslant i_C$。

4.3.3　互斥型方案经济评价

所谓方案具有互斥性，就是在若干备选方案中只能选择一个方案实施，选出的方案应是若干备选方案中经济性最优的，这样资金方可发挥最大的效益。互斥型方案经济评价包含两部分内容：一是考察各个方案自身的经济效果，即进行绝对效果检验；二是考察哪个方案的相对经济效果最优，即相对经济效果检验。两种检验的目的和作用不同，通常缺一不可。

在进行互斥型方案相对经济效果评价时，每一个方案都具有同等可供选择的机会，也就是任一方案都必须与其他方案进行比较。其一般步骤是：先按投资大小由低到高对两个方案进行比选，淘汰较差的方案、保留较好的方案，再用较好的方案与其他方案进行比较，直至所有方案都经过比较，最终选出经济性最优的方案。

1. 互斥型方案静态评价

对互斥型方案，常用增量投资收益率法、增量投资回收期法、年折算费用法、综合总费用法等评价方法进行相对经济效果的静态评价。

在对方案进行经济评价时，常常会遇到一种情况：使用新技术、新工艺和新材料的方案，其一次性投资额较大，年经营成本（或生产成本）较低；对比而言，"旧"方案的一次性投资额较低，但年经营成本较高。此时就可用增量投资分析来对方案做出评价，即通过计算增量投资收益率或增量投资回收期，对比两个方案的相对经济效果，据此选择方案。

（1）增量投资收益率法。增量投资收益率，就是增量投资所带来的总成本费用上的节约与增量投资之比。现设 $I_旧$、$I_新$ 分别为旧、新方案的投资额，$C_旧$、$C_新$ 分别为旧、新方案的经营成本。

若 $I_新 > I_旧$，$C_新 < C_旧$，则增量投资收益率 ΔR 为：

$$\Delta R = R_{(新-旧)} = \frac{C_旧 - C_新}{I_新 - I_旧} \times 100\% \tag{4-19}$$

利用增量投资收益率法进行方案经济评价的准则为：

① $R_{(新-旧)}$ 大于或等于基准投资收益率（R_C），表明新方案（投资大的方案）是可行的。

② $R_{(新-旧)}$ 小于基准投资收益率（R_C），表明旧方案（投资小的方案）是可行的。

（2）增量投资回收期法。增量投资回收期，就是用经营成本的节约或增量净现金流量来补偿其增量投资的年限。

当各年经营成本的节约（$C_旧 - C_新$）或增量净现金流量（$A_新 - A_旧$）基本相同时，增量投资回收期 ΔP_t 的计算公式为：

$$\Delta P_t = P_{t(新-旧)} = \frac{I_新 - I_旧}{C_旧 - C_新} = \frac{I_新 - I_旧}{A_新 - A_旧} \tag{4-20}$$

当各年经营成本的节约（$C_旧 - C_新$）或增量净现金流量（$A_新 - A_旧$）差异较大时，增量投资回收期的计算公式为：

$$(I_新 - I_旧) = \sum_{t=1}^{P_{t(新-旧)}} (C_旧 - C_新)_t \qquad (4-21)$$

利用增量投资回收期法进行方案经济评价的准则为：若计算出来的增量投资回收期小于基准投资回收期，则新方案（投资大的方案）是可行的；反之，选旧方案（投资小的方案）。

例 4-5 工程施工原技术方案投资为 100 万元，年经营成本为 40 万元。现有一新技术方案，与原方案应用环境、施工效果相同，需投资 180 万元，年经营成本为 26 万元。设基准投资收益率为 15%，基准投资回收期为 8 年，请问：是否采用新技术方案？

解：解法一：采用增量投资收益率法计算，根据式 4-19，得

$$\Delta R = \frac{C_旧 - C_新}{I_新 - I_旧} \times 100\% = \frac{40-26}{180-100} \times 100\% = 17.5\% > 15\%$$

$\Delta R > R_C$，表明投资较大的新方案经济效果较好，应采用新技术方案。

解法二：采用增量投资回收期法计算，根据式 4-20，得

$$\Delta P_t = \frac{I_新 - I_旧}{C_旧 - C_新} = \frac{180-100}{40-26} \approx 5.7 \ （年）$$

基准投资回收期为 8 年，$\Delta P_t < P_C$，表明投资较大的新方案经济效果较好，应采用新技术方案。

（3）年折算费用法。所谓年折算费用，是将投资额用基准投资回收期分摊到各年，再与各年的年经营成本相加得到的费用和。

年折算费用的计算公式为：

$$Z_j = \frac{I_j}{P_C} + C_j \qquad (4-22)$$

式中：Z_j——第 j 方案的年折算费用；

I_j——第 j 方案的总投资；

P_C——基准投资回收期；

C_j——第 j 方案的年经营成本。

当互斥方案个数较多且产量相同时，可用年折算费用法评价互斥型方案。

在多方案比较时，以方案的年折算费用大小作为评价准则，选择年折算费用最小的方案为最优方案。这与增量投资收益率法的结论是一致的。

（4）综合总费用法。当互斥方案个数较多且产量相同时，也可用综合总费用法评价这些方案。方案的综合总费用是方案的投资与基准投资回收期内年经营成本的总和。综合总费用的计算公式为：

$$S_j = I_j + P_C \times C_j \qquad (4-23)$$

式中：S_j——第 j 方案的综合总费用。

整合式 4-22 和式 4-23 得到

$$S_j = P_C \times Z_j$$

故方案的综合总费用就是基准投资回收期内年折算费用的总和。

因此，利用综合总费用法进行方案经济评价的准则为：综合总费用最小，即 $\min \{S_j\}$，则该方案为最优方案。

例4-6 设基准投资回收期（P_C）为5年，现有可供选择的5个施工技术方案，其基础数据及年折算费用计算结果见表4-5。试用综合总费用法选出最优方案。

表4-5 5个施工技术方案的基础数据及年折算费用 单位：万元

技术方案	投资额（I_j）	年经营成本（C_j）	年折算费用（Z_j）
1	1 000	500	$Z_1 = 500 + 1\,000/5 = 700$
2	1 800	440	$Z_2 = 440 + 1\,800/5 = 800$
3	1 450	480	$Z_3 = 480 + 1\,450/5 = 770$
4	2 400	600	$Z_4 = 600 + 2\,400/5 = 1\,080$
5	2 000	400	$Z_5 = 400 + 2\,000/5 = 800$

解： 从表4-4中的计算结果可以看到：方案1的年折算费用最小，说明其投资效果最好，是最优方案。

根据式4-23计算方案1至方案5的综合总费用分别为：

$$S_1 = 1\,000 + 500 \times 5 = 3\,500 （万元）$$

$$S_2 = 1\,800 + 440 \times 5 = 4\,000 （万元）$$

$$S_3 = 1\,450 + 480 \times 5 = 3\,850 （万元）$$

$$S_4 = 2\,400 + 600 \times 5 = 5\,400 （万元）$$

$$S_5 = 2\,000 + 400 \times 5 = 4\,000 （万元）$$

显然，方案1的综合总费用最小，即方案1为最优方案。

因此，年折算费用法和综合总费用法的比选结论是一致的。

2. 互斥型方案动态评价

动态评价是通过等值计算，将不同时点的净现金流量换算到同一时点上，从而消除方案在时间价值上的不可比性。常用的互斥型方案动态评价方法有净现值法、增量内部收益率法、净年值法、净现值率法等几种。以下按照方案寿命期相同或方案寿命期不同两种情况分别予以介绍。

（1）寿命期相同的互斥型方案动态评价。对于寿命期相同的互斥型方案，通常将方案的寿命期设定为共同的分析期（计算期）。这样，在利用资金等值原理进行经济效果评价时，各个方案在时间上就具有可比性。

① 净现值法或费用现值法。对互斥型方案进行动态评价，首先应进行方案的绝对效果

检验，即分别计算各个方案的净现值（NPV），剔除 NPV<0 的方案；然后进行相对效果检验，即比较所有 NPV≥0 的方案的净现值大小，净现值最大的方案为最佳方案。

利用净现值法评价互斥型方案的判别准则是：净现值不小于 0 且为最大的方案就是最优的可行方案。

在工程经济分析中，对效益相同（或基本相同）但效益无法或很难用货币直接计量的互斥型方案进行比较时，常用费用现值（PC）替代净现值进行评价，费用现值较低的方案为最佳方案。费用现值（PC）的表达式为：

$$PC = \sum_{t=0}^{n} CO_t(1+i_C)^{-t} = \sum_{t=0}^{n} CO_t(P/F, i_C, t) \tag{4-24}$$

净现值法是评价互斥型方案时最常用的方法。在采用不同的评价指标对方案进行比选时，有可能得出不同的结论，这时往往以净现值指标作为最后衡量的标准。

例 4-7 有两个建设投资方案，计算期均为 5 年，设基准收益率为 12%，两个方案的基础数据见表 4-6。试用净现值法对两个方案做出比选。

表 4-6 两个建设投资方案的基础数据   单位：万元

方案	年末	投资额	年经营成本	年收入	年净现金流量
甲	0	3 000			−3 000
	1		400	1 600	1 200
	2		500	1 800	1 300
	3	600	600	3 000	1 800
	4		700	3 200	2 500
	5		700	2 800	2 100
乙	0	4 000			−4 000
	1		700	1 600	900
	2		700	1 800	1 100
	3		800	2 300	1 500
	4		850	2 100	1 250
	5		900	2 100	1 200

解：计算甲、乙两个方案的净现值可得：

$NPV_甲 = -3\ 000 + 1\ 200 \times (P/F, 12\%, 1) + 1\ 300 \times (P/F, 12\%, 2) + 1\ 800 \times (P/F, 12\%, 3) +$

$\qquad 2\ 500 \times (P/F, 12\%, 4) + 2\ 100 \times (P/F, 12\%, 5)$

$\qquad = 3\ 169.37$（万元）

$$NPV_乙 = -4\,000 + 900 \times (P/F,12\%,1) + 1\,100 \times (P/F,12\%,2) + 1\,500 \times (P/F,12\%,3) +$$
$$1\,250 \times (P/F,12\%,4) + 1\,200 \times (P/F,12\%,5)$$
$$= 223.49 \text{（万元）}$$

$NPV_甲 > NPV_乙$，表明甲方案的经济效果较好，应选甲方案。

② 增量内部收益率（ΔIRR）法。应用内部收益率（IRR）对互斥型方案进行评价，不能直接按各个互斥方案的内部收益率（$IRR_j \geq i_C$）的高低来选择方案。这是因为内部收益率不是项目初始投资的收益率，而且内部收益率受现金流量分布的影响很大，净现值相同的两个分布状态不同的现金流量，会得出不同的内部收益率。因此，直接按各个互斥方案的内部收益率的高低来选择方案并不一定能选出净现值（基准收益率下）最大的方案，即 $IRR_{(2)} > IRR_{(1)} \geq i_C$ 并不意味着一定有 $IRR_{(2-1)} = \Delta IRR > i_C$。

增量内部收益率（ΔIRR）是两方案各个年净现金流量的差额的现值之和等于 0 时的折现率，也是两个互斥方案等额年金相等时的折现率。其表达式为：

$$\Delta NPV(\Delta IRR) = \sum_{t=0}^{n} (A_{1t} - A_{2t})(1 + \Delta IRR)^{-t} = 0 \tag{4-25}$$

$$\sum_{t=0}^{n} A_{1t}(1 + \Delta IRR)^{-t} = \sum_{t=0}^{n} A_{2t}(1 + \Delta IRR)^{-t} \tag{4-26}$$

式中：ΔIRR——增量内部收益率；

$A_{1t} = (CI-CO)_{1t}$——初始投资大的方案年净现金流量；

$A_{2t} = (CI-CO)_{2t}$——初始投资小的方案年净现金流量。

采用增量内部收益率法进行互斥型方案经济评价的准则是：

若 $\Delta IRR > i_C$，则投资大的方案较优；

若 $\Delta IRR < i_C$，则投资小的方案较优。

应用增量内部收益率评价互斥型方案经济效果的基本步骤如下：

A. 计算各个备选方案的内部收益率（IRR_j），将其分别与基准收益率（i_C）进行比较，对 $IRR_j < i_C$ 的方案予以淘汰。

B. 按初始投资额由小到大将剩余所有 $IRR_j \geq i_C$ 的方案依次排列。依次用初始投资大的方案的现金流量减去初始投资小的方案的现金流量，所形成的增量投资方案的现金流量是常规投资形式，处理起来较为方便。

C. 按初始投资额由小到大依次计算相邻两个方案的增量内部收益率 ΔIRR。$\Delta IRR > i_C$，说明初始投资大的方案优于初始投资小的方案，保留初始投资大的方案；反之，则保留初始投资小的方案。这就是采用增量内部收益率法进行方案经济评价的准则。这样直至全部方案比较完毕，保留的方案就是最优方案。

例 4-8 某厂房设计有 3 个备选方案，各个方案的期初投资和 8 年间的年净收益见表 4-7。假设基准收益率为 12%，请选择最佳方案。

表 4-7　各个方案的基础数据　　　　　　单位：万元

年末	方案 A	方案 B	方案 C
0	−3 000	−5 800	−4 000
1~8	1 200	1 900	1 400

解：（1）添加方案 0，按照初始投资额从小到大排列各个方案，见表 4-8。

表 4-8　排序后的各个方案的基础数据　　　　单位：万元

年末	方案 0	方案 A	方案 C	方案 B
0	0	−3 000	−4 000	−5 800
1~8	0	1 200	1 400	1 900

（2）方案 A 与方案 0 的比选，即

$$-(3\,000-0)+(1\,200-0)\times(P/A,i,8)=0$$

$$(P/A,i,8)=\frac{3\,000}{1\,200}=2.5$$

查附录，得 $i=35\%$，即 $\Delta IRR_{A-0}=35\%>12\%$，故方案 A 为临时最优方案。

（3）方案 C 与方案 A 的比选，即

$$-(4\,000-3\,000)+(1\,400-1\,200)\times(P/A,i,8)=0$$

$$(P/A,i,8)=\frac{1\,000}{200}=5$$

查附录，有 $(P/A,11\%,8)=5.146\,1$，$(P/A,12\%,8)=4.967\,6$。由直线内插法近似求解可知，$11\%<i<12\%$，即 $\Delta IRR_{C-A}<12\%$，故保留方案 A 为临时最优方案。

（4）方案 B 与方案 A 的比选，即

$$-(5\,800-3\,000)+(1\,900-1\,200)\times(P/A,i,8)=0$$

$$(P/A,i,8)=\frac{2\,800}{700}=4$$

查附录，有 $(P/A,18\%,8)=4.077\,6$，$(P/A,20\%,8)=3.837\,2$。采用直线内插法近似求解，得 $18\%<i<20\%$，即 $i>12\%$。因此，$\Delta IRR_{B-A}>12\%$，故方案 B 为最佳方案。

③ 净年值法或费用年值法。由前述可知，净年值与净现值是等价的（或等效的）。同样地，在进行互斥型方案的经济评价时，只需按方案净年值的大小直接进行比较即可得出最优可行方案。在具体应用净年值评价互斥型方案时，常根据应用条件的不同，分为净年值法与费用年值法两种情况：

第一种情况，当给出"+""−"现金流量时，分别计算各个方案的净年值。凡净年值小于 0 的方案，先行淘汰；在余下方案中，净年值大者为优。若各个方案的净年值均为"−"，且必须从中选择一个方案时，择其绝对值最小者。

第二种情况，当各个方案所产生的效益相同，或者当各个方案所产生的效益无法或很难用货币直接计量时，可以用等额费用年值（AC）替代净年值（NAV）进行评价，费用年值（AC）较低的方案为最佳。其表达式为：

$$AC = \sum_{t=C}^{n} CO_t(P/F, i_C, t)(A/P, i_C, n) \qquad (4-27)$$

采用费用年值法或净年值法进行评价所得出的结论是完全一致的。因此，在实际的互斥型方案的经济效果评价中，视互斥型方案的实际情况任意选择其中一种方法即可。

例4-9　某企业拟扩建一条新产品生产线，有三个不同的设计方案，其计算期为5年，$i_C=12\%$，有关数据见表4-9。试采用净年值法比较哪个方案为优。

表4-9　各个方案的基础数据

单位：万元

方案	投资	年经营成本	年收入	年净现金流量
A	200	88	160	72
B	240	120	240	120
C	320	90	220	130

解：

$$NAV_A = -200 \times (A/P, 12\%, 5) + 72 = 16.52（万元）$$

$$NAV_B = -240 \times (A/P, 12\%, 5) + 120 = 53.42（万元）$$

$$NAV_C = -320 \times (A/P, 12\%, 5) + 130 = 41.23（万元）$$

显然，$NAV_B > NAV_C > NAV_A > 0$，即方案 B 最优。

由于方案的净年值与净现值之间的关系为 $NAV = NPV \cdot (A/P, i_C, n)$，对于计算期相同的互斥型方案，$(A/P, i_C, n)$ 是一个常数，则 NPV 最大的方案必然 NAV 最大，即分别用净现值法和净年值法比选互斥型方案得到的结论应是一致的，因此一般采用净现值法。净年值法的优势主要体现在计算期不等的互斥型方案的比选中。

例4-10　某建设项目有两个可供选择的节能设备方案 A 和 B，均能满足相同的工作要求，计算期均为 8 年，其不同点见表4-10。设基准收益率为 12%，试用费用现值比选两个方案。

表4-10　两个方案的基础数据

单位：元

项目	方案 A	方案 B
购置费	2 000	5 000
残值	300	0
年运行费	1 600	1 000

解：（1）根据表4-10的数据绘出两个方案的现金流量图，如图4-6所示。

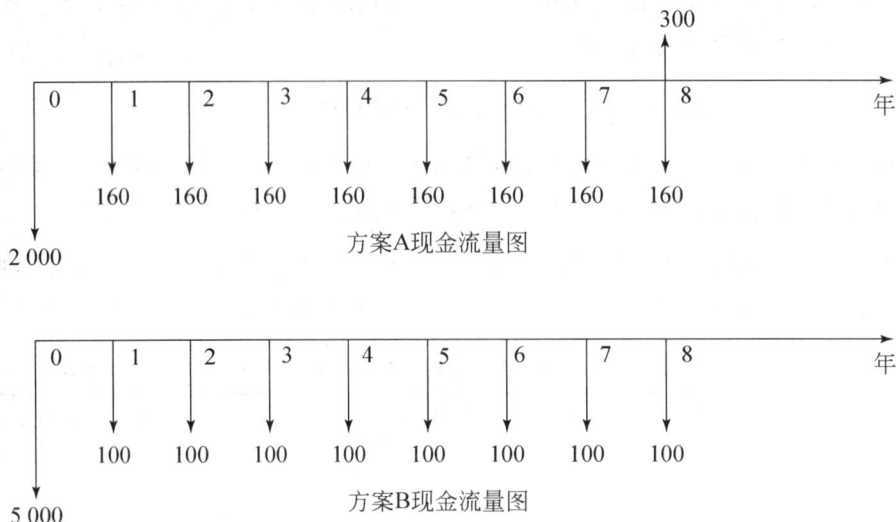

方案A现金流量图

方案B现金流量图

图4-6　两个方案的现金流量图（单位：元）

（2）类似净现值，求解费用现值。

$$PC_A = 2\ 000 + 1\ 600 \times (P/A, 12\%, 8) - 300 \times (P/F, 12\%, 8) = 9\ 826.99(\text{元})$$

$$PC_B = 5\ 000 + 1\ 000 \times (P/A, 12\%, 8) = 9\ 967.6(\text{元})$$

因为 $PC_A < PC_B$，所以方案 A 较经济。

例4-11　试用费用年值对例4-10中的两个方案进行比选。

解：类似净年值，求解费用年值。

$$AC_A = 2\ 000 \times (A/P, 12\%, 8) + 1\ 600 - 300 \times (A/F, 12\%, 8) = 1\ 978.21(\text{元})$$

$$AC_B = 5\ 000 \times (A/P, 12\%, 8) + 1\ 000 = 2\ 006.5(\text{元})$$

因为 $AC_A < AC_B$，所以方案 A 较经济。

④ 净现值率（NPVR）法。净现值率表示的是项目方案单位投资所获得的超额净效益的大小，适用于评价那些盈利较少、但投资更少、经济效果更好的方案。显然，此法可避免单纯以净现值最大为标准，而趋向选择投资大、盈利多的方案。因此，用净现值率法评价方案所得的结论与用净现值法评价方案所得的结论并不总是一致的。

在互斥型方案经济效果的实际评价中，当资金无限制时，用净现值法评价；当资金有限制时，可以考虑用净现值率（NPVR）法进行辅助评价。

用 NPVR 评价互斥型方案，当对比方案的投资额不同，且有明显的资金总量限制时，先行淘汰 NPVR<0 的方案，对余下的 NPVR≥0 的方案，选 NPVR 较大的方案。

（2）寿命期不同的互斥型方案动态评价。对寿命期不同的互斥型方案进行比选，同样要求各个方案间具有可比性。满足这一要求就需要解决两个方面的问题：一是设定一个合理的共同分析期；二是给寿命期不等于分析期的方案选择合理的方案接续假定或者残值回收假定。

保证时间可比性的方法有多种，最常用的有净年值法、最小公倍数法、研究期法、无限计算期法等。

① 净年值法。净年值法是指将投资方案在计算期的收入及支出按一定的折现率换算为等值年值，用以评价或选择方案的一种方法。采用此方法进行寿命不等的互斥型方案经济效果评价时，实际上隐含着这样一个假定：各个备选方案在其寿命结束时均可按原方案重复实施或以与原方案经济效果水平相同的方案继续实施。由于年值以"年"为时间单位比较各个方案的经济效果，如果不考虑通货膨胀和技术进步的影响，无论方案重复多少次，其净年值不变。因此，净年值法更适合用于评价具有不同计算期的互斥型方案的经济效果。

设有 m 个互斥方案，其寿命期分别为 n_1，n_2，n_3，…，n_m，方案 j（$j=1$，2，…，m）在其寿命期内的净年值为：

$$NAV_j = NPV_j(A/P, i_C, n_j) = \left[\sum_{t=0}^{n_j} (CI_j - CO_j)_t (P/F, i_C, t) \right] (A/P, i_C, n_j) \quad (4-28)$$

采用净年值法进行计算期不同的互斥型方案经济评价的判据：净年值最大且非负的方案为最优可行方案。

由于可不考虑计算期的不同，所以在对寿命期不等的互斥型方案进行比选时，净年值法是比增量内部收益率法和净现值法更为简便的方法。

② 最小公倍数法。最小公倍数法是以各个备选方案计算期的最小公倍数作为方案选优的共同计算期，并假设各个备选方案在其计算期结束后，均可按与原方案计算期内完全相同的现金流量系列周而复始地循环执行下去直到共同的计算期。在确定计算期的最小公倍数的基础上计算各个方案的净现值，以净现值最大且非负的方案为最优方案。

利用最小公倍数法能够有效地解决寿命期不等的方案之间净现值的可比性问题。但是，这种方法所依赖的方案可重复实施的假定不是在任何情况下都适用的。例如，对于某些不可再生资源开发型项目，在进行计算期不等的互斥型方案选优时，方案可重复实施的假定就不成立。这种情况下就不能用最小公倍数法确定计算期。另外，有些互斥型方案按最小公倍数法求得的计算期过长，甚至远远超过所需的项目寿命期或计算期的上限，这就降低了所计算方案经济效果评价指标的可靠性和真实性，故这种情况也不适合采用最小公倍数法。再者，最小公倍数法尽管计算简便，但它不适用于技术更新快的产品和设备方案的比较，因为在没有到达公共的计算期之前，某些方案存在的合理性就已经成了问题。

例 4-12 现有两种采暖设备，某建设项目可任选一种采用。若基准收益率为 12%，其余相关资料见表 4-11，试用最小公倍数法选择最佳设备。

表 4-11　两种采暖设备的基础数据

项目	设备 A	设备 B
初始投资/元	3 000	6 000

项目	设备 A	设备 B
残值回收/元	100	500
年现金流出/元	2 500	2 000
年现金流入/元	4 000	4 400
寿命期/年	4	8

解：求出两种设备的年净现金流量。

$$A 设备年净现金流量 = 4\ 000 - 2\ 500 = 1\ 500（元）$$
$$B 设备年净现金流量 = 4\ 400 - 2\ 000 = 2\ 400（元）$$

两种设备寿命期的最小公倍数为 8 年。在 8 年间，设备 A 重复实施 2 次，设备 B 实施 1 次。图 4-7、图 4-8 分别为两种设备最小公倍数的现金流量图。

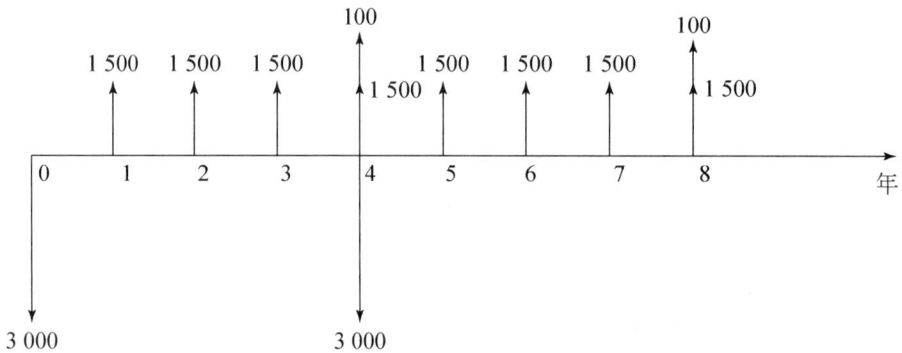

图 4-7 设备 A 现金流量图（单位：元）

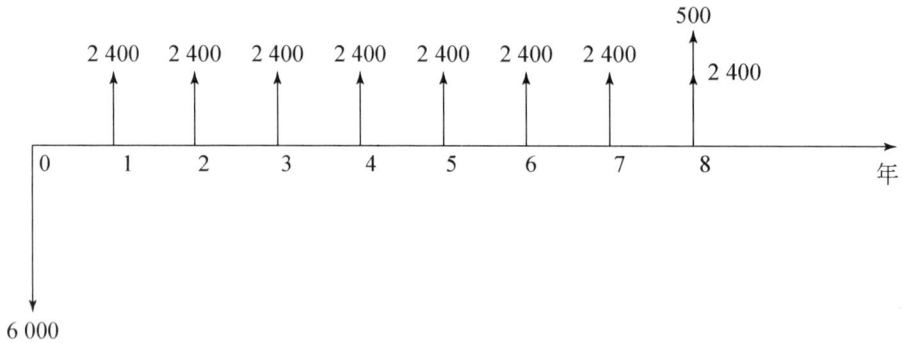

图 4-8 设备 B 现金流量图（单位：元）

$$NPV_A = -3\ 000 + 1\ 500 \times (P/A, 12\%, 8) + (100 - 3\ 000)(P/F, 12\%, 4) + 100(P/F, 12\%, 8)$$
$$= 2\ 648.84（元）$$
$$NPV_B = -6\ 000 + 2\ 400 \times (P/A, 12\%, 8) + 500(P/F, 12\%, 8)$$
$$= 6\ 124.19（元）$$

由于 $NPV_B>NPV_A$ 且大于 0，所以应采用设备 B。

③ 研究期法。最小公倍数法、净年值法的实质都是延长寿命以达到可比性要求，这通常被认为是合理的。但在某些情况下这种做法并不符合实际，因为技术进步往往导致完全重复是不经济的，甚至在实践中是完全不可能的。因此，一种比较可行的办法就是研究期法，即按某一共同的研究期将各个备选方案的年值折现以得到用于方案比选的现值的方法。对研究期 N 的取值没有特殊的规定，其一般不大于最长的方案寿命期，不小于最短的方案寿命期。显然，以各个方案中寿命期最短者为研究期时计算最为简便，而且可以完全避免可重复性假设。

设方案 (j=1，2，3，…，m) 的寿命期为 n，研究期为 N，按研究期法，方案 j 净现值的计算公式为：

$$NPV_j = \left[\sum_{t=0}^{n_j} (CI_j - CO_j)_t(P/F, i_c, t) \right](A/P, i_c, n_j)(P/A, i_c, N) \quad (4-29)$$

④ 无限计算期法。如果评价方案计算期的最小公倍数很大，计算非常烦琐，如铁路、桥梁、水库大坝等基础设施项目的计算期可能达百年以上，运营期内年现金流量也大致重复发生，则可取无限计算期法计算净现值或费用现值，按照其相应的评价准则即可选择最优方案，即

$$NPV = NAV(P/A, i_c, n) = NAV \frac{(1+i)^n - 1}{i(1+i)^n}$$

当 n 趋于无穷大，即工程项目计算期为无限大时，有

$$NPV = \frac{NAV}{i} \quad (4-30)$$

例 4-13 某城镇拟修建一座跨河桥，在效用相同的前提下，现有两个方案可供选择：索桥方案 A，初始投资 4 000 万元，年维修费 2 万元，每 8 年翻修一次需 6 万元；桁架桥方案 B，初始投资 2 500 万元，年维修费 0.9 万，每 3 年油漆一次需 2 万元，每 8 年大修一次需 9 万元。设基准收益率为 8%，试对两个方案做出经济评价。

解：将两个方案视为 $n \to \infty$，按照无限计算期法分别采用费用现值或费用年值指标进行比选。

解法一：比较费用现值 (PC)。

$$PC_A = 4\ 000 + \frac{2}{8\%} + \frac{6 \times (A/F,\ 8\%,\ 8)}{8\%} = 4\ 032.05\ （万元）$$

$$PC_B = 2\ 500 + \frac{0.9}{8\%} + \frac{2 \times (A/F,\ 8\%,\ 3)}{8\%} + \frac{9 \times (A/F,\ 8\%,\ 8)}{8\%} = 2\ 529.53\ （万元）$$

由于 $PC_B<PC_A$，所以应采用方案 B。

解法二：比较费用年值 (AC)。

$$AC_A = 4\ 000 \times 8\% + 2 + 6 \times (A/F,8\%,8) = 322.56（万元）$$

$$AC_B = 2\ 500 \times 8\% + 0.9 + 2 \times (A/F,8\%,3) + 9 \times (A/F,8\%,8) = 202.36（万元）$$

由于 $AC_B < AC_A$，所以应采用方案 B。

最后，将实际工程中将用到的各种互斥型方案经济评价方法进行汇总，得到表 4-12。

表 4-12　互斥型方案经济评价方法汇总表

评价类型		评价指标	计算公式	方案可行性研究的评价标准
静态评价		增量投资收益率（ΔR）	$\Delta R = R_{(新-旧)} = \dfrac{C_{旧} - C_{新}}{I_{新} - I_{旧}} \times 100\%$	$R_{(新-旧)} \geq R_C$，优选投资大的新方案；$R_{(新-旧)} < R_C$，优选投资小的旧方案
		增量投资回收期（ΔP_t）	$\Delta P_t = P_{t(新-旧)} = \dfrac{I_{新} - I_{旧}}{C_{旧} - C_{新}}$	$P_{t(新-旧)} < P_C$，优选投资大的新方案；$P_{t(新-旧)} > P_C$，优选投资小的旧方案
		年折算费用（Z）	$Z_j = \dfrac{I_j}{P_C} + C_j$	$\min\{Z_j\}$ 为最优方案
		综合总费用（S）	$S_j = I_j + P_C \times C_j$	$\min\{S_j\}$ 为最优方案
动态评价	计算期相同的互斥型方案	净现值（NPV）	$NPV = \sum\limits_{t=0}^{n} (CI - CO)_t (1 + i_C)^{-t}$	$NPV_j > 0$ 且 $\max\{NPV_j\}$ 为最优方案
		净年值（NAV）	$NAV = NPV(A/P, i_C, n)$	$NAV_j > 0$ 且 $\max\{NAV_j\}$ 为最优方案
		增量内部收益率（ΔIRR）	$\Delta NPV(\Delta IRR) = \sum\limits_{t=0}^{n} (A_{1t} - A_{2t})(1 + \Delta IRR)^{-t} = 0$	$\Delta IRR > i_C$，优选投资较大的方案；$\Delta IRR < i_C$，优选投资较小的方案
		费用现值（PC）	$PC = \sum\limits_{t=0}^{n} (CI - CO)_t (1 + i_C)^{-t}$	$\min\{PC_j\}$ 为最优方案
		费用年值（AC）	$AC = PC(A/P, i_C, n)$	$\min\{AC_j\}$ 为最优方案
	计算期不同的互斥型方案	净年值（NAV）	$NAV = NPV(A/P, i_C, n)$	$NAV_j > 0$ 且 $\max\{NAV_j\}$ 为最优方案
		费用年值（AC）	$AC = PC \times (A/P, i_C, n)$	$\min\{AC_j\}$ 为最优方案
		净现值（NPV）	$NPV = \sum\limits_{t=0}^{n} (CI - CO)_t (1 + i_C)^{-t}$ N 须取各个方案寿命期最小公倍数或相同研究期	$NPV_j > 0$ 且 $\max\{NPV_j\}$ 为最优方案
	计算期无限的互斥型方案	净现值（NPV）	$NPV = \sum\limits_{t=0}^{n} (CI - CO)_t (1 + i_C)^{-t}$ 当 $n \to \infty$ 时，$NPV = NAV/i_C$	$NPV_j > 0$ 且 $\max\{NPV_j\}$ 为最优方案
		净年值（NAV）	$NAV = NPV \times i_C$	$NAV_j > 0$ 且 $\max\{NAV_j\}$ 为最优方案
		费用现值（PC）	$PC = -NPV$	$\min\{PC_j\}$ 为最优方案
		费用年值（AC）	$AC = PC \times i_C$	$\min\{AC_j\}$ 为最优方案

4.3.4　有投资金额限制的独立型方案（组合–互斥型方案）评价

在受到项目投资金额限制的情形下，所选择的独立型方案要尽可能充分利用有限的资金进行组合比选，即形成组合–互斥型方案，从而获得最佳的经济利益。针对这类方案的评价方法包括组合互斥化法和净现值率排序法等。

1. 组合互斥化法

利用组合互斥化法评价独立型方案的具体步骤是：

（1）列出独立型方案的所有可能组合（包括各个独立的方案），形成组合–互斥型方案；

（2）按照初始投资额从小到大的顺序将所有组合方案进行排列；

（3）淘汰总投资额超过投资资金限额的组合方案；

（4）剩余的组合方案依据所包含的各个独立的方案的现金流量进行叠加，形成组合方案的现金流量；

（5）对上述剩余的组合方案按照互斥型方案的评价方法确定最优的组合方案，一般以净现值作为评价指标，净现值最大的组合方案为最优。

在投资金额受限的条件下，采用组合互斥化法进行方案评比，无论出现什么情况均能保证获得最佳组合方案；但是组合方案数目较多时，其计算过程比较烦琐，工作量也较大。

2. 净现值率排序法

利用净现值率排序法评价独立型方案的具体步骤是：

（1）计算各个独立的方案的净现值，淘汰净现值小于 0 的方案；

（2）分别计算剩余的独立的方案的净现值率；

（3）按照净现值率从大到小的顺序依次选取各个方案进行组合，直至所组合方案的投资额之和达到或最大限度地接近投资额为止。

净现值率排序法的基本思想是单位投资的净现值越大，在一定投资限额内所能获得的净现值总额就越大。尽管此法计算较为简便，但由于每个独立的方案只能作为整体被接受或淘汰，最终结果可能会出现选定的若干方案没有充分利用资金条件（达到或最大限度地接近投资限额）的情况，因此不能确保获得最优组合方案。

本章小结

工程经济效果评价指标按是否考虑资金时间价值，可分为静态评价指标和动态评价指标。静态评价指标主要包括总投资收益率、静态投资回收期、项目资本金净利润率、利息备付率、偿债备付率和资产负债率等。动态评价指标主要包括净现值、净现值率、净年值、内部收益率和动态投资回收期等。经济评价指标按照性质不同，还分为盈利能力评价指标、清偿能力评价指标和财务生存能力评价指标。

基准收益率是企业、行业或投资者确定的投资项目最低标准收益水平。对于国家投资项目，按照国家组织测定并发布的社会基准收益率进行经济评价；对于竞争性项目，确定基准收益率一般以行业的平均收益率为基础，并综合考虑资金成本或机会成本、投资风险、通货膨胀以及资金限制等影响因素。

工程项目方案经济评价的方法分为静态评价方法和动态评价方法，进行评价前首先应明确工程项目方案所属的类型。对于唯一方案可以直接采用相关经济评价指标及其评价准则进行分析，对于互斥型（包括组合-互斥型）等多方案的评价需根据具体情况（静态评价或动态评价、寿命期相同或不同等特定条件）选择适宜的评价方法。一般情况下，工程项目方案经济评价以动态评价方法为主，以较全面地反映投资方案整个计算期的经济效果。

思考题

1. 盈利能力评价指标和清偿能力评价指标分别有哪些？
2. 基准收益率的影响因素有哪些？
3. 简要说明投资方案类型有哪几种。

习 题

一、单项选择题

1. 某技术方案的现金流量为常规现金流量，当基准收益率为 8% 时，净现值为 400 万元。若基准收益率变为 10%，则该技术方案的净现值将（　　）。

A. 等于 400 万元　　　　　　　　　　　B. 大于 400 万元

C. 小于 400 万元　　　　　　　　　　　D. 不确定

2. 将技术方案经济效果评价分为静态分析和动态分析的依据是（　　）。

A. 评价方法是否考虑主观因素　　　　　B. 评价指标是否能够量化

C. 评价方法是否考虑时间因素　　　　　D. 经济效果评价是否考虑融资的影响

3. 某建设项目总投资为 3 500 万元，估计以后每年的平均净收益为 500 万元，则该项目的静态回收期为（　　）。

A.6 年　　　　　　B.7 年　　　　　　C.8 年　　　　　　D.9 年

4. 内部收益率是考查投资项目盈利能力的主要指标。对于具有常规现金流量的投资项目，下列关于其内部收益率的表述中正确的是（　　）。

A. 利用内插法求得的内部收益率近似解要大于该指标的精确解

B. 内部收益率是使投资方案在计算期内各年净现金流量累计为 0 时的折现率

C. 内部收益率受项目初始投资规模和项目计算期内各年净收益大小的影响

D. 内部收益率反映项目自身的盈利能力，它是项目初期投资的收益率

5. 某工业项目建设投资额为 8 250 万元（不含建设期贷款利息），建设期贷款利息为 1 200 万元，全部流动资金为 700 万元，项目投产后正常年份的息税前利润为 500 万元，则该项目的总投资收益率为（　　）。

A. 5. 22%　　　　　　B. 5. 67%　　　　　　C. 5. 64%　　　　　　D. 4. 93%

6. 某投资方案的建设投资（含建设期利息）为 8 000 万元，流动资金为 1 000 万元，正常生产年份的净收益为 1 200 万元，正常生产年份的贷款利息为 100 万元，则投资方案的总投资收益率为（　　）。

　A. 13. 33%　　　　　　B. 14. 44%　　　　　　C. 15. 00%　　　　　　D. 16. 25%

7. 某技术方案的建设投资为 25 000 万元，流动资金为 5 000 万元，资本金为 15 000 万元。其试运行阶段的年平均净利润为 3 000 万元，运营阶段的年平均净利润为 4 500 万元，则项目资本金净利润率（ROE）为（　　）。

　A. 10%　　　　　　　B. 15%　　　　　　　C. 20%　　　　　　　D. 30%

8. 某技术方案总投资为 1 500 万元，其中资本金为 1 000 万元。运营期年平均利息为 18 万元，年平均所得税为 40. 5 万元。若项目总投资收益率为 12%，则项目资本金净利润率为（　　）。

　A. 16. 20%　　　　　　B. 13. 95%　　　　　　C. 12. 15%　　　　　　D. 12. 00%

9. 如果财务内部收益率大于基准收益率，则（　　）。

　A. 财务净现值大于 0　　　　　　　　　　B. 财务净现值小于 0

　C. 财务净现值等于 0　　　　　　　　　　D. 不确定

10. 若分析投资大小对方案资金回收能力的影响，可选用的分析指标是（　　）。

　A. 投资收益率　　　　　　　　　　　　　B. 投资回收期

　C. 财务净现值　　　　　　　　　　　　　D. 财务内部收益率

11. 下列关于技术方案净现值与基准收益率的说法，正确的是（　　）。

　A. 基准收益率越大，净现值越小

　B. 基准收益率越大，净现值越大

　C. 基准收益率越小，净现值越小

　D. 两者之间没有关系

12. 某常规投资方案，NPV（$i_1 = 14\%$）= 160，NPV（$i_2 = 16\%$）= −90，则此方案的 IRR 的取值范围为（　　）。

　A. <14%　　　　　　　　　　　　　　　　B. 14% ~ 15%

　C. 15% ~ 16%　　　　　　　　　　　　　　D. >16%

13. 某常规技术方案，NPV（16%）= 160 万元，NPV（18%）= −80 万元，则此方案的 IRR 最可能为（　　）。

　A. 15. 98%　　　　　　B. 16. 21%　　　　　　C. 17. 33%　　　　　　D. 18. 21%

14. 关于技术方案内部收益率与基准收益率，下列说法正确的是（　　）。

　A. 基准收益率越大，内部收益率越小

　B. 基准收益率越大，内部收益率越大

　C. 基准收益率越小，内部收益率越小

　D. 两者之间没有关系

15. 如果技术方案在经济上可行，则有（   ）。

A. 净现值<0，内部收益率>基准收益率

B. 净现值<0，内部收益率<基准收益率

C. 净现值≥0，内部收益率≥基准收益率

D. 净现值≥0，内部收益率<基准收益率

16. 项目资本金净利润率是指投资方案建成投产并达到设计生产能力后一个正常生产年份的（   ）的比率。

A. 年净利润与建设投资   B. 年息税前利润与项目总投资

C. 利润总额与建设投资   D. 年净利润与技术方案资本金

17. 某技术方案的总投资为 1 500 万元，其中债务资金为 700 万元，技术方案在正常年份的年利润总额为 400 万元，所得税为 100 万元，年折旧费为 80 万元，则该方案的资本金净利润率为（   ）。

A. 26.7%   B. 37.5%   C. 42.9%   D. 47.5%

18. 将计算出的静态投资回收期 P_t 与所确定的基准投资回收期 P_C 进行比较，若技术方案可以考虑接受，则（   ）。

A. $P_t > P_C$ B. $P_t \leqslant P_C$

C. $P_t \geqslant 0$ D. $P_t < 0$

19. 技术方案除了满足基准收益率要求的盈利之外，还能得到超额收益的条件是（   ）。

A. $FNPV > 0$ B. $FNPV < 0$

C. $FNPV \neq 0$ D. $FNPV = 0$

20. 若 A、B 两个具有常规现金流量的方案互斥，其财务净现值 $FNPV(i)_A > FNPV(i)_B$，则（   ）。

A. $FIRR_A > FIRR_B$ B. $FIRR_A = FIRR_B$

C. $FIRR_A < FIRR_B$ D. $FIRR_A$ 与 $FIRR_B$ 的关系不确定

21. 下列各项指标中，技术方案动态分析不涉及的是（   ）。

A. 财务内部收益率   B. 基准收益率

C. 财务净现值   D. 投资收益率

22. 关于技术方案经济效果评价指标，下列说法错误的是（   ）。

A. 动态分析指标考虑了资金时间价值

B. 静态分析指标没有考虑资金时间价值

C. 动态分析指标反映了技术方案的盈利能力

D. 动态分析指标中最常用的指标是动态投资回收期

23. ROE 和 ROI 两个指标主要用于（   ）。

A. 融资前分析中的静态分析   B. 融资后分析中的动态分析

C. 融资前分析中的动态分析   D. 融资后分析中的静态分析

24. 投资收益率是指（   ）。

A. 年销售收入与技术方案投资额的比率

B. 年平均净收益额与技术方案投资额的比率

C. 年销售收入与技术方案固定资产投资额的比率

D. 年净收益额与技术方案固定资产投资额的比率

25. 利息备付率计算公式中的分子，是项目在借款偿还期内各年可用于支付利息的（   ）。

A. 息税前利润   B. 息税后利润

C. 总收入   D. 利润总额

26. 利息备付率表示使用项目（   ）偿付利息的保证倍率。

A. 支付税金后的利润

B. 支付税金前且支付利息后的利润

C. 支付利息和税金前的利润

D. 支付税金和利息后的利润

27. 下列关于偿债备付率的表述中，正确的有（   ）。

A. 可用于偿还利息的资金与当期应付利息的比值

B. 可用于还本付息的资金与当期应付利息的比值

C. 可用于偿还利息的资金与当期应还本付息金额的比值

D. 可用于还本付息的资金与当期应还本付息金额的比值

28. 某技术方案的初期投资额为 1 500 万元，此后每年年末的净现金流量为 400 万元。若基准收益率为 15%，方案的寿命期为 15 年，则该技术方案的财务净现值为（   ）。

A. 739 万元   B. 839 万元

C. 939 万元   D. 1 200 万元

29. 如果技术方案在经济上是可以接受的，其财务内部收益率应（   ）。

A. 小于基准收益率   B. 小于银行贷款利率

C. 大于基准收益率   D. 大于银行贷款利率

30. 下列关于投资者自动测定技术方案基准收益率的说法，错误的是（   ）。

A. 基准收益率应不低于单位资金成本

B. 基准收益率应不低于 min{单位资金成本,单位投资机会成本}

C. 基准收益率应不低于单位投资机会成本

D. 确定基准收益率必须考虑投资风险和通货膨胀因素

31. 对于常规的技术方案，基准收益率越小，则（   ）。

A. 财务净现值越小   B. 财务净现值越大

C. 财务内部收益率越小   D. 财务内部收益率越大

32. 对于一个特定的技术方案，若基准收益率变大，则（   ）。

A. 财务净现值与财务内部收益率均减小

B. 财务净现值与财务内部收益率均增大

C. 财务净现值增大，财务内部收益率减小

D. 财务净现值减小，财务内部收益率不变

33. 在进行技术方案经济效果评价时，为了限制对风险大、盈利低的技术方案进行投资，可以采取的措施是（　　）。

A. 提高基准收益率　　　　　　　　　　　　B. 提高财务内部收益率

C. 降低基准收益率　　　　　　　　　　　　D. 降低财务内部收益率

34. 某项目财务净现值（$FNPV$）与收益率（i）之间的关系如图 4-9 所示。若基准收益率为 6.6%，则该项目的内部收益率和财务净现值分别是（　　）。

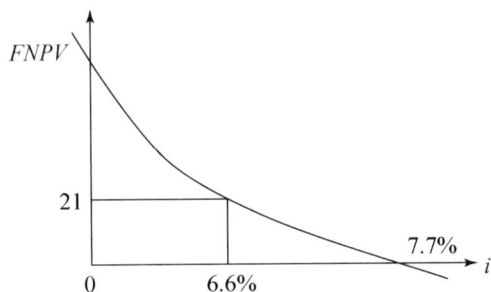

图 4-9　单项选择题 34 图

A. 3.0%，21 万元　　　　　　　　　　　　B. 3.0%，69 万元

C. 7.7%，21 万元　　　　　　　　　　　　D. 7.7%，69 万元

35. 下列关于财务内部收益率的说法，正确的是（　　）。

A. 财务内部收益率大于基准收益率时，技术方案在经济上可以接受

B. 财务内部收益率是一个事先确定的基准折现率

C. 财务内部收益率受项目外部参数的影响较大

D. 对独立型方案分别采用财务内部收益率与财务净现值进行评价，所得结论通常不
　　一致

36. 下列关于财务内部收益率的说法，正确的是（　　）。

A. 财务内部收益率与财务净现值成反比

B. 若财务内部收益率小于等于基准收益率，则技术方案在经济上可以接受

C. 对某一技术方案，可能不存在财务内部收益率

D. 财务内部收益率受众多外部参数的影响

37. 某项目的基准收益率 $i_C = 14\%$，其净现值 $NPV = 18.8$ 万元。现为了计算其内部收益率，分别用 $i_1 = 13\%$，$i_2 = 16\%$，$i_3 = 17\%$ 进行试算，得出 $NPV_1 = 33.2$ 万元，$NPV_2 = 6.1$ 万元，$NPV_3 = -10.8$ 万元。则采用内插法求得的最接近精确解的内部收益率为（　　）。

A. 15.31%　　　　　　　　　　　　　　　　B. 15.51%

C. 15.53%   D. 15.91%

38. 某项目有 4 种方案，各个方案的投资、现金流量及有关评价指标见表 4-13。若已知基准收益率为 18%，则经过比较最优方案为（   ）。

表 4-13   单项选择题 38 表

方案	投资额/万元	IRR	ΔIRR
A	250	20%	
B	350	24%	$\Delta IRR_{B-A}=20.0\%$
C	400	18%	$\Delta IRR_{C-B}=5.3\%$
D	500	26%	$\Delta IRR_{D-B}=31.0\%$

A. 方案 A   B. 方案 B   C. 方案 C   D. 方案 D

39. 采用增量内部收益率法进行经济评价的准则是（   ）。

A. 若 $\Delta IRR>i_C$，则投资大的方案较优；

B. 若 $\Delta IRR<i_C$，则投资大的方案较优；

C. 若 $\Delta IRR=i_C$，则投资大的方案较优；

D. 若 $\Delta IRR=i_C$，则投资小的方案较优；

40. 某项目的现金流量为第 1 年年末投资 400 万元，第 2 年年末至第 10 年年末收入均为 120 万元，基准收益率为 8%，则该项目的净现值及是否可行的结论为（   ）。

A. -351 万元，不可行   B. -323.7 万元，不可行

C. 323.7 万元，可行   D. 379.3 万元，可行

41. 某企业拟新建一项目，有两个备选技术方案均可行。甲方案投资 5 000 万元，计算期为 15 年，净现值为 200 万元。乙方案投资 8 000 万元，计算期为 20 年，净现值为 300 万元。则对两个方案比选的说法，正确的是（   ）。

A. 若采用净现值法评价，甲、乙两个方案必须构造一个相同的分析期限才能比选

B. 甲方案投资少于乙方案，净现值大于 0，故甲方案较优

C. 乙方案净现值大于甲方案，且都大于 0，故乙方案较优

D. 甲方案计算期短，说明甲方案的投资回收速度快于乙方案

二、多项选择题

1. 对建设项目进行经济效果评价时，可以采用静态评价指标进行评价的情形有（   ）。

A. 项目年收益大致相等   B. 项目寿命期较短

C. 评价精度要求较高   D. 可以不考虑资金时间价值

E. 项目现金流量变动大

2. 建设项目盈利能力分析中，动态评价指标有（   ）。

A. 内部收益率   B. 净现值

C. 净现值率　　　　　　　　　　　　D. 动态投资回收期

E. 投资收益率

3. 在技术方案经济效果评价中反映盈利能力的静态指标是（　　）。

A. 利息备付率　　　　　　　　　　　B. 静态投资回收期

C. 净现值　　　　　　　　　　　　　D. 总投资收益率

E. 项目资本金净利润率

4. 进行项目偿债备付率分析时，可用于还本付息的资金包括（　　）。

A. 折旧费　　　　　　　　　　　　　B. 福利费

C. 摊销费　　　　　　　　　　　　　D. 未付工资

E. 成本中列支的利息

5. 项目基准收益率的确定一般应综合考虑（　　）。

A. 产出水平　　　　　　　　　　　　B. 资金成本

C. 机会成本　　　　　　　　　　　　D. 投资风险

E. 通货膨胀

6. 计算期不同的互斥型方案动态评价的方法有（　　）等几种。

A. 研究期法　　　　　　　　　　　　B. 动态投资回收期法

C. 增量内部收益率法　　　　　　　　D. 净现值率法

E. 净年值法

三、填空题

1. 某工程一次性投资 100 万元，随后 4 年每年等额收回 40 万元。已知基准贴现率为 8%，则该工程的净现值是_____万元。

2. 当贴现率为 15% 时，某项目的净现值是 340 万元；当贴现率为 18% 时，其净现值是 -30 万元，则其内部收益率是_____。

3. 互斥型方案常用_____、_____、_____、_____等评价方法进行相对经济效果的静态评价。

四、判断题

1. 净现值和净将来值作为项目的经济评价判据是等价的。　　　　　　　（　　）

2. 财务净现值是反映项目在计算期内获利能力的动态评价指标。　　　（　　）

3. 财务净现值等于总投资现值乘以净现值率。　　　　　　　　　　　（　　）

4. 财务净现值大于 0，表明项目的获利能力超过设定的收益率。　　　（　　）

5. 如果方案的静态投资回收期大于方案的寿命，则方案不可以接受。　（　　）

6. 如果方案的静态投资回收期大于方案的寿命，则方案盈利。　　　　（　　）

7. 通常情况下，方案的静态投资回收期小于方案的动态投资回收期。　（　　）

8. 基准收益率应由国家统一规定，投资者不得擅自确定。　　　　　　（　　）

9. 资金成本和机会成本是确定基准收益率的基础。　　　　　　　　　（　　）

10. 选用的基准收益率不应考虑通货膨胀的影响。（　　）

11. 选用的基准收益率应考虑投资风险的影响。（　　）

12. 一个项目的净现值是指项目按照财务内部收益率，将各年的净现金流量折现到建设起点的现值之和。（　　）

13. 确定基准收益率的基础是资金成本和机会成本，而投资风险和通货膨胀是必须考虑的影响因素。（　　）

14. 在采用研究期法对寿命不同的互斥型方案进行比选时，为简便起见，往往选取方案的算术平均计算期作为各个方案共同的计算期。（　　）

15. 增量投资收益率，就是增量投资所带来的总成本费用上的节约与增量投资之比。（　　）

16. $R_{(新-旧)}$ 小于基准投资收益率，表明新方案（投资大的方案）可行。（　　）

17. 在多方案比较时，以方案的年折算费用大小作为评价准则，年折算费用最大的方案为最优方案。（　　）

18. 采用净现值评价互斥型方案的判据是：净现值不小于0且为最大的方案是最优可行方案。（　　）

19. 在对寿命期不同的互斥型方案进行比选时，净年值法是比增量内部收益率法和净现值法更为简便的方法。（　　）

五、计算题

1. 某方案的现金流量见表4-14，基准收益率为12%。试计算：

（1）投资回收期；

（2）净现值；

（3）内部收益率。

表4-14　计算题1表

时点	0	1	2	3	4	5	6
现金流量/万元	-3 000	600	700	800	850	950	1 000

2. 某项目拟订一个15年规划，分三期建成，期初投资5万元，5年后投资5万元，10年后投资5万元。每年的保养费均发生在年末，前5年每年0.1万元，次5年每年0.2万元，最后5年每年0.3万元，15年年末残值为0.8万元。试用10%的基准收益率计算该规划的费用现值和费用年值。

3. 某施工机械有两种不同型号，其有关数据见表4-15，利率为12%。试问：购买哪种机械比较经济？

表4-15 计算题3表

方案	初始投资/元	年经营收入/元	年经营费/元	残值/元	寿命/年
A	15 000	80 000	6 500	2 500	10
B	10 000	80 000	9 000	1 000	8

4. 有4个独立型方案,其数据见表4-16。若预算资金为40万元,各个方案寿命期均为10年,基准收益率为12%,请问:应选择哪些方案?

表4-16 计算题4表

方案	A	B	C	D
初始投资/万元	19	18	17	22
年净收益/万元	8	7	6.5	8.5

5. 有6个方案的数据见表4-17,设定资金限额为40万元,基准收益率为12%,寿命期为6年。现已知A_1、A_2互斥,B_1、B_2互斥,C_1、C_2互斥;B_1、B_2从属于A_1,C_1从属于A_2,C_2从属于B_1。试选择最优的投资组合方案。

表4-17 计算题5表

方案	A_1	A_2	B_1	B_2	C_1	C_2
初始投资/万元	18	22	11	9	10	8
年净收益/万元	6	7	5	4	5	4

5 工程项目不确定性分析与风险分析

工程项目经济评价所需的数据（投资、营业收入、经营成本等），主要通过预测和估计取得，而且随着时间的推移，项目所处环境也在不断变化，这就导致工程项目经济评价存在一定的风险和不确定性。为了避免投资决策失误，减少投资者所承担的风险，必须对投资项目的不确定性和可能面临的风险进行分析。本章主要介绍不确定性分析的概念、主要方法（盈亏平衡分析和敏感性分析）以及风险分析相关知识等内容。

5.1 不确定性分析概述

5.1.1 不确定性分析的概念

不确定性分析是指考察不确定因素对拟实施工程项目或技术方案的经济效果的影响程度，以完善经济评价结论，为正确决策服务的一项重要工作。在对拟实施的项目或方案作出最终决策之前，均应进行不确定性分析。

通常情况下，在对项目或方案进行经济评价时，不仅要利用静态的预测数据来分析技术方案的经济效果，即开展确定性分析，还要考虑这些预测数据的动态变化对技术方案经济效果的影响，即开展不确定性分析，以评价技术方案抵御风险的能力。通过不确定性分析，可识别出对技术方案经济效果影响较大的那些不确定因素。在考虑到不确定因素对技术方案的不良影响后，其实际经济效果仍不低于预期效果，说明该技术方案在经济上是可行的。因此，不确定性分析不仅有助于提高投资决策的可靠性，而且有助于提高投资方案的风险防范能力。

不确定性与风险的区别在于：风险是指不利事件发生的可能性，其中不利事件发生的概率是可以计量的；而不确定性是难以计量的，事先只知道所实施活动的所有可能后果，而不知道这些后果出现的可能性，或者后果及出现的可能性均不知道，只能对两者做一些粗略的估计。

5.1.2 不确定性产生的原因

由于外部环境的变化，建立在分析人员预测基础之上而展开的工程项目或技术方案经济效果评价，难免会与实际情况存在偏差。带有不确定性的事件或活动在未来可能发生，也可能不发生。因此，项目或方案经济效果评价总是存在许多不确定性。

不确定性产生的原因主要是信息不完备。概括起来，导致不确定性产生的原因具体有：

（1）所依据的基本数据不全面或者存在统计偏差；

（2）预测的假设不合理，预测方法存在局限性；

（3）未来经济形势发生变化，如通货膨胀、市场供求结构发生变化；

（4）生产工艺或技术的发展和变化；

（5）其他外部影响因素，如政策、法律、法规、规范等的颁布与调整，政治经济形势的变化等。

无论什么原因导致的不确定性，均会对项目或方案的经济效果产生一定的甚至是难以预料的影响。

5.1.3　不确定性分析的方法

开展不确定性分析，应根据拟实施工程项目或技术方案的具体情况，分析各种内外部条件的变化或者测算数据的误差对其经济效果的影响程度，以估计可能承担的不确定性的风险及其承受能力，确定工程项目或技术方案在经济上的可靠性，并采取相应的对策力争把风险降到最小。

常见的不确定性分析的方法有盈亏平衡分析和敏感性分析。

1. 盈亏平衡分析

盈亏平衡分析只适用于财务评价。通过运用此方法，可以掌握不确定因素对项目盈亏的影响程度，计算实现技术方案盈亏平衡的各种不确定因素的临界值，反映技术方案实施的风险大小及技术方案承担风险的能力，为决策提供科学依据。

2. 敏感性分析

敏感性分析可同时用于财务评价和国民经济评价。敏感性分析是分析各种不确定因素在发生增减变化时，对技术方案经济效果评价指标的影响，并计算敏感度系数和临界点，找出影响技术方案经济效益的最敏感因素。

在具体应用时，要综合考虑技术方案的类型、特点，决策者的要求，相应的人力、财力，以及技术方案对经济效果的影响程度等，如此才能选择具体的分析方法。

5.2　盈亏平衡分析

各种不确定因素（投资、成本、产品价格、销售量等）的变化会影响投资方案的经济效果，当这些因素的变化达到某一临界值时，就会影响方案的取舍。盈亏平衡分析的目的就是找出这种临界值，判断投资方案对不确定因素变化的承受能力，为投资决策提供依据。

5.2.1　盈亏平衡分析的概念

盈亏平衡分析又称量本利分析，是根据投资方案正常生产年份的产品产量（销售量）、固定成本、变动成本、税金等，研究工程项目产量、成本、利润之间变化与平衡关系的方法。盈亏平衡分析的核心问题是确定盈亏平衡点（Break Even Point，BEP）。当投资方案的收益与成本相等时，就到达了盈亏平衡点，即盈利与亏损的转折点。确定盈亏平衡点需要构建盈亏平衡模型。盈亏平衡模型是指技术方案处于盈亏平衡临界状态时产销量、成本及利润三者之间的函数关系。

盈亏平衡分析是通过计算技术方案达产年的盈亏平衡点，分析技术方案成本与收入的平衡关系，判断技术方案对不确定因素导致产销量变化的适应能力和抗风险能力。也就是说，通过对项目投产获得盈亏平衡点（或称保本点）的预测分析，可以观察该项目可承受多大的风险而不至于发生亏损的经济界限。在投资分析中，最常见的盈亏平衡分析是研究产销量、成本和利润之间的关系。但盈亏平衡分析法的实际用途远比这些广泛，不仅可对单个方案进行分析，而且可用于对多个方案进行比较。

技术方案盈亏平衡点（BEP）的表达形式有多种：可以用绝对值表示，如以实物产销量、单位产品售价、单位产品的可变成本、年固定总成本和销售收入等表示的盈亏平衡点；也可以用相对值表示，如以生产能力利用率表示的盈亏平衡点。其中，以产销量和生产能力利用率表示的盈亏平衡点应用得最广泛。盈亏平衡点一般采用公式计算，也可利用盈亏平衡图求得。

根据生产成本及销售收入与产销量之间是否呈线性关系，盈亏平衡分析又可进一步分为线性盈亏平衡分析和非线性盈亏平衡分析。本教程只介绍线性盈亏平衡分析。

5.2.2 线性盈亏平衡分析

1. 总成本、固定成本与可变成本

根据成本与产量的关系可将技术方案总成本分解为固定成本、可变成本和半可变（或半固定）成本。正确区分固定成本和可变成本，对于构建盈亏平衡分析模型来说至关重要，它直接决定着盈亏平衡点的正确性与否，进而影响着投资者的决策科学性。

（1）固定成本，是指在技术方案一定的产量范围内不受产品产量影响的成本，即不随产品产量的增减发生变化的各项成本费用，如工资及福利费（计件工资除外）、折旧费、修理费、无形资产及其他资产摊销费、其他费用。

（2）可变成本，是指随技术方案产品产量的增减而成正比变化的各项成本，如原材料费、燃料、动力费、包装费和计件工资等。

（3）半可变（或半固定）成本，是指介于固定成本和可变成本之间，随技术方案产量增长而增长，但不成正比变化的成本，如与生产批量有关的某些消耗性材料费用、工模具费及运输费等。半可变成本随产量变动一般表现为阶梯形曲线。

半可变（或半固定）成本通常在总成本中所占比例很小。因此，在技术方案经济效果分析中，为便于计算和分析，可以根据行业特点将产品半可变（或半固定）成本进一步分解成固定成本和可变成本。总成本与固定成本、可变成本的关系如下：

$$C = C_F + C_u Q \tag{5-1}$$

式中：C——总成本；

C_F——固定成本；

C_u——单位产品变动成本；

Q——产量或工程量。

另外，长期借款利息应视为固定成本；流动资金借款和短期借款利息可能部分与产品产量相关，其利息可视为半可变（或半固定）成本，但为简化计算，一般也将其作为固定成本。

2. 销售收入与税金及附加

（1）销售收入。技术方案的销售收入与产品销量的关系有两种：

① 该技术方案的生产销售活动不会明显地影响市场供求状况。假定其他市场条件不变，产品价格不会随该技术方案产品销量的变化而变化，可以被看作一个常数，销售收入与销量呈线性关系。

② 该技术方案的生产销售活动将明显地影响市场供求状况。随着该技术方案产品销量的增加，产品价格有所下降，这时销售收入与销量之间不再是线性关系。

为简化计算，本书所介绍内容仅考虑销售收入与销量呈线性关系这种情况。

（2）税金及附加。由于单位产品的税金及附加是随产品的销售单价变化而变化的，为便于分析，将销售收入与税金及附加合并考虑。

经简化后，技术方案的销售收入是销量的线性函数，即

$$S = PQ - T_u Q \tag{5-2}$$

式中：S——销售收入；

P——单位产品售价；

T_u——单位产品税金及附加；

Q——产销量。

3. 量本利模型

企业的经营活动，通常以生产数量为起点，以利润为目标。在一定期间把成本总额分解简化成固定成本和变动成本两部分后，再同时考虑收入和利润，使成本、产销量和利润的关系统一于一个数学模型中。这个数学模型称为量本利模型，其表达形式为：

$$B = S - C \tag{5-3}$$

式中：B——利润；

S——销售收入；

C——总成本。

为简化数学模型，对线性盈亏平衡分析做了如下假设：

（1）生产量等于销售量，即当年生产的产品（或提供的服务）当年销售出去。

（2）产销量变化，单位可变成本不变，总生产成本是产销量的线性函数。

（3）产销量变化，销售单价不变，销售收入是产销量的线性函数。

（4）只生产单一产品，或者生产多种产品，但可以换算为单一产品计算，不同产品的生产负荷率的变化应保持一致。

根据上述假设，将式5-1、式5-2代入式5-3，可得：

$$B = PQ - C_u Q - C_F - T_u Q \qquad (5-4)$$

式中：B——利润；

　　　Q——产销量，即生产量等于销售量；

　　　C_F——固定成本；

　　　C_u——单位产品变动成本；

　　　P——单位产品售价；

　　　T_u——单位产品税金及附加。

量本利曲线图如图5-1所示。由图可知，销售收入线与总成本线的交点就是盈亏平衡点（BEP），也叫保本点。盈亏平衡点表明技术方案在此产销量下总销售收入与总成本相等，既没有利润，也不发生亏损。在此基础上，增加产销量，销售收入超过总成本，收入线与成本线之间的距离为利润值，形成盈利区；反之，形成亏损区。用图示表达量本利的相互关系，不仅形象直观，一目了然，而且容易理解。

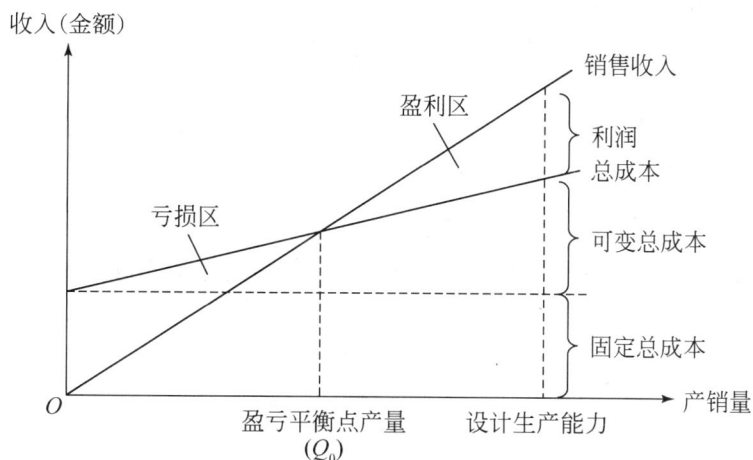

图5-1　量本利曲线图

4. 产销量盈亏平衡分析的方法

由量本利曲线图可见，当企业在小于 Q_0 的产销量下组织生产时，技术方案亏损；在大于 Q_0 的产销量下组织生产时，技术方案盈利。显然，产销量 Q_0 是盈亏平衡点（BEP）的一个重要表达。

就单一产品技术方案来说，盈亏平衡点的计算并不困难，一般是从销售收入等于总成本费用即盈亏平衡方程式中导出。设式5-4中利润 $B = 0$，即可导出以产销量表示的盈亏平衡点（BEP_Q），其计算式如下：

$$BEP_Q = \frac{C_F}{P - C_u - T_u} \qquad (5-5)$$

式中：BEP_Q——盈亏平衡点时的产销量；

C_F——固定成本；

C_u——单位产品变动成本；

P——单位产品销售价格；

T_u——单位产品税金及附加。

由于单位产品税金及附加常常是单位产品销售价格与税金及附加的税率的乘积，故式5-5又可表示为：

$$BEP_Q = \frac{C_F}{P(1-r) - C_u} \qquad (5-6)$$

式中：r——税金及附加的税率。

例 5-1 某制造业项目年设计生产能力为 6 万台，年固定成本为 1 000 万元，产品单台销售价格为 800 元，单台产品可变成本为 350 元，单台产品销售税金及附加为 120 元。试求盈亏平衡点的产销量。

解：根据式 5-5 可得：

$$BEP_Q = \frac{C_F}{P - C_u - T_u} = \frac{10\,000\,000}{800 - 350 - 120} \approx 30\,303 \text{（台）}$$

计算结果表明，当技术方案产销量低于 30 303 台时，技术方案亏损；当技术方案产销量大于 30 303 台时，技术方案盈利。

5. 生产能力利用率盈亏平衡分析的方法

生产能力利用率表示的盈亏平衡点 $[BEP(\%)]$，是指盈亏平衡点产销量占技术方案正常产销量的比重，即

$$BEP(\%) = \frac{BEP_Q}{Q_d} \times 100\% \qquad (5-7)$$

式中：$BEP(\%)$——盈亏平衡点时的生产能力利用率；

BEP_Q——盈亏平衡点时的产销量；

Q_d——正常产销量或技术方案设计生产能力。

所谓正常产销量，是指正常市场和正常开工情况下，技术方案的产销数量。在技术方案评价中，一般用设计生产能力表示正常产销量。

通过式 5-7 可得：

$$BEP_Q = BEP(\%) \cdot Q_d \qquad (5-8)$$

即产销量表示的盈亏平衡点等于生产能力利用率表示的盈亏平衡点乘以设计生产能力。

例 5-2 某建设项目年设计生产能力为 6 万台，年固定成本为 1 000 万元，产品单台销售价格为 800 元，单台产品可变成本为 350 元，单台产品销售税金及附加为 120 元。

试计算生产能力利用率表示的盈亏平衡点。

解：根据式 5-5 和式 5-7 可得：

$$BEP(\%)=\frac{C_F}{(P-C_u-T_u)\cdot Q_d}\times100\%=\frac{10\,000\,000}{(800-350-120)\times60\,000}\times100\%\approx50.51\%$$

计算结果表明：当技术方案生产能力利用率低于 50.51% 时，技术方案亏损；当技术方案生产能力利用率大于 50.51% 时，技术方案盈利。

例 5-3 A 公司生产某种工业零部件，设计年产销量为 30 000 件，每件售价为 400 元，单位产品的可变成本为 120 元，单位产品税金及附加为 60 元，年固定成本为 440 万元。请问：

（1）该公司不亏不盈时的最低年产销量是多少？

（2）达到设计能力时盈利是多少？

（3）年利润为 100 万元时的年产销量是多少？

（4）生产能力利用率是多少？

解：（1）计算该公司不亏不盈时的最低年产销量。根据式 5-5 可得：

$$BEP_Q=\frac{C_F}{P-C_u-T_u}=\frac{4\,400\,000}{400-120-60}=20\,000\text{（件）}$$

计算结果表明，当该公司生产零部件产销量低于 20 000 件时，公司亏损；当公司产销量大于 20 000 件时，公司盈利。

（2）计算达到设计能力时的盈利。根据式 5-4 可得该公司的利润：

$$\begin{aligned}B&=PQ-C_uQ-C_F-T_uQ\\&=400\times30\,000-120\times30\,000-4\,400\,000-60\times30\,000\\&=2\,200\,000\text{（元）}\\&=220\text{（万元）}\end{aligned}$$

（3）计算年利润为 100 万元时的年产销量。根据式 5-4 可得：

$$Q=\frac{B+C_F}{P-C_u-T_u}=\frac{1\,000\,000+4\,400\,000}{400-120-60}\approx24\,545\text{（件）}$$

（4）计算生产能力利用率。根据式 5-7 可得

$$BEP(\%)=\frac{BEP_Q}{Q_d}\times100\%=\frac{20\,000}{30\,000}\times100\%\approx66.67\%$$

盈亏平衡点反映了技术方案对市场变化的适应能力和抗风险能力。从量本利曲线图中可以看到，盈亏平衡点越低，达到此点的盈亏平衡产销量越少，技术方案投产后盈利的可能性越大，适应市场变化的能力越强，抗风险能力也越强。

盈亏平衡分析虽然能够从市场适应性方面说明技术方案风险的大小，但并不能揭示产生技术方案风险的根源。因此，还需采用其他方法来帮助达到这个目的。

5.3 敏感性分析

5.3.1 敏感性分析的概念

敏感性分析是投资项目经济评价中常见的一种不确定性分析方法。所谓敏感性,是指参数的变化对投资项目经济效果的影响程度。在经济效果评价中,各类因素的变化对经济指标的影响程度是不同的。有些因素,可能仅发生较小幅度的变化就能引起经济效果评价指标发生较大的变动;而另有一些因素,即使发生了较大幅度的变化,对经济效果评价指标的影响也不是很大。前一类因素被称为敏感因素,后一类因素被称为非敏感因素。决策者有必要把握敏感因素,以便于分析方案的风险大小。

所谓敏感性分析,是指通过分析不确定因素的变化对项目经济效益评价指标的影响,找出敏感因素,估计项目效益对其敏感程度,并分析该因素达到临界值时项目的承受能力,为进一步的风险分析做铺垫。

根据每次所考虑的发生变化的不确定因素的数量不同,敏感性分析分为单因素敏感性分析和多因素敏感性分析。单因素敏感性分析是对单一不确定因素变化对技术方案经济效果的影响进行分析,即假设各个不确定因素之间相互独立,每次只考察一个因素的变动,其他因素保持不变,从而分析这个可变因素对经济效果评价指标的影响程度和敏感程度。为了找出关键的敏感因素,通常只进行单因素敏感性分析。多因素敏感性分析是假设两个或两个以上互相独立的不确定因素同时变化,分析这些变化的因素对经济效果评价指标的影响程度和敏感程度。

5.3.2 敏感性分析的目的

敏感性分析的目的主要有以下 3 个:

(1) 确定不确定因素对技术方案经济效果的影响(最有利影响和最不利影响的变化范围),以便对不确定因素实施有效控制。

(2) 分辨敏感性大的方案和敏感性小的方案,以便选出敏感性小(风险小)的方案。

(3) 找出敏感性大的因素,向决策者提出是否需要进一步搜集资料进行研究,以提高经济分析的可靠性。

5.3.3 敏感性分析的步骤

1. 选择不确定因素

需要分析的不确定因素主要有:产品售价、产品产量、原材料、燃料或动力等价格、可变成本、固定资产投资、建设期贷款利率及外汇汇率等。影响技术方案经济效果的因素众多,不可能也没有必要对全部不确定因素逐项进行分析。因此,在选定需要分析的不确定因素时,可从以下两个方面考虑。

第一，选择的因素要与确定的评价指标相联系。否则，当不确定因素变化一定幅度时，并不能反映评价指标的相应变化，达不到敏感性分析的目的。比如折现率因素对静态评价指标不起作用。

第二，根据方案的具体情况，选择在确定性分析中采用的预测准确性把握不大的数据或未来变化的可能性较大且其变化会比较强烈地影响评价指标的数据，作为主要的不确定因素。例如，生活必需品如果处于成熟阶段，产品售价直接影响其竞争力，能否以较低的价格销售，主要取决于方案的变动成本，因此需要将变动成本作为主要的不确定因素加以分析。而高档消费品的销售受市场供求关系变化的影响较大，这种变化不是方案本身所能控制的，因此销售量是主要的不确定因素。

2. 确定进行敏感性分析的经济效果评价指标

衡量工程项目经济效果的指标较多，敏感性分析一般只对几个重要的指标进行分析，如净现值、内部收益率、投资回收期等。由于敏感性分析是在确定性经济评价的基础上进行的，故用于敏感性分析的指标应与经济评价所采用的指标相一致。各种经济效果评价指标都有其特定的含义，分析和评价所反映的问题也有所不同。对于某个特定方案的经济分析而言，不可能也不需要运用所有的经济效果评价指标作为敏感性分析指标，而应根据方案资金来源的特点，选择一种或两种指标作为敏感性分析指标。确定敏感性分析指标可以遵循以下两个原则。

第一，敏感性分析指标与经济效果评价指标具有的特定含义有关。如果主要分析方案状态和不确定因素变化对方案投资回收快慢的影响，则可选用投资回收期作为敏感性分析指标；如果主要分析产品价格波动对方案超额净收益的影响，则可选用净现值作为敏感性分析指标；如果主要分析投资大小对方案资金回收能力的影响，则可选用内部收益率作为敏感性分析指标。

第二，敏感性分析指标与方案评价的要求深度和方案的特点有关。如果在方案机会研究阶段，深入要求不高，可选用静态评价指标；如果在详细可行性研究阶段，则需选用动态评价指标。

3. 计算因不确定因素变动引起的评价指标变动的值

假设其他设定的不确定因素不变，一次仅变动一个不确定因素，则要重复计算各种可能的不确定因素的变化对评价指标影响的具体数值；然后采用敏感性分析表和敏感性分析图的形式，把不确定因素的变动与评价指标的对应数量关系反映出来，以便于测定敏感因素。计算因不确定因素变动引起的评价指标变动的值的具体步骤如下：

首先，对所选定的不确定因素，应根据实际情况设定这些因素的变动幅度，其他因素固定不变。对不确定因素，可以按照一定的变化幅度（±5%、±10%、±15%、±20% 等，对于建设工期可采用延长或压缩一段时间的方法）来改变它的数值。

其次，计算不确定因素每次变动对技术方案经济效果评价指标的影响。对每一因素的每一变动，均重复前述计算。

最后，把因素变动及相应指标变动结果用敏感性分析表和敏感性分析图的形式表示出来，以便于测定敏感因素。

敏感性分析表示例见表5-1。

表5-1　敏感性分析表示例（单因素变化对净现值的影响）

变化幅度 项目	−20%	−10%	0	10%	20%	平均+1%	平均−1%
投资额	361.21	241.21	121.21	1.21	−118.79	−9.90%	9.90%
产品价格	−308.91	−93.85	121.21	336.28	551.34	17.75%	−17.75%
经营成本	293.26	207.24	121.21	35.19	−50.83	−7.10%	7.10%

敏感性分析表的缺点是不能连续表示变量之间的关系，因此人们又设计了敏感性分析图，其示例如图5-2所示。

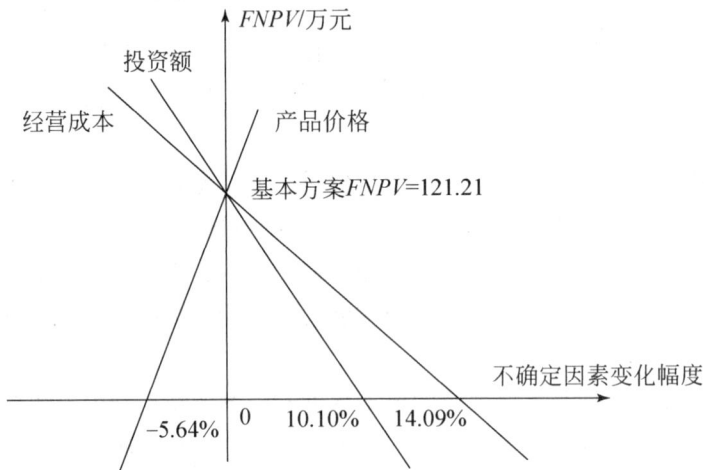

图5-2　敏感性分析图示例（单因素敏感性分析）

图5-2中，横轴代表各个不确定因素变化幅度，纵轴代表评价指标。根据原来的评价指标值和不确定因素变动后的评价指标值，画出直线。这条直线反映不确定因素不同变化水平所对应的评价指标值。每一条直线的斜率反映技术方案经济效果评价指标对该不确定因素的敏感程度，斜率越大，敏感度越高。一张图可以同时反映多个因素的敏感性分析结果。

4. 计算敏感度系数并对敏感因素进行排序

测定某特定因素敏感与否，第一种方式是相对测定法，即计算敏感度系数并对敏感因素进行排序。设定要分析的因素均从基准开始变动，且各个因素每次变动的幅度相同，比较在同一幅度下各个因素的变化对经济效果评价指标的影响。这样就可以判断出各个因素的敏感程度。

敏感度系数表示技术方案经济效果评价指标对不确定因素的敏感程度。其计算公式为：

$$S_{AF} = \frac{\Delta A/A}{\Delta F/F}$$ (5-9)

式中：S_{AF}——敏感度系数；

$\Delta F/F$——不确定因素 F 的变化率，用百分比表示；

$\Delta A/A$——不确定因素 F 发生 ΔF 变化时，评价指标 A 的相应变化率，用百分比表示。

$S_{AF}>0$，表示评价指标与不确定因素同方向变化；$S_{AF}<0$，表示评价指标与不确定因素反方向变化。$|S_{AF}|$ 越大，表明评价指标 A 对于不确定因素 F 越敏感；反之，则不敏感。据此可以找出哪些因素是最关键的因素。

敏感度系数提供了各个不确定因素变化率与评价指标变化率之间的比例，但不能直接显示变化后评价指标的值。为了弥补这种不足，有时候需要编制敏感性分析表，列示各个因素变化率及相应的评价指标值。

5. 计算变动因素的临界点

测定某特定因素敏感与否，第二种方式是绝对测定法，即设定因素均向降低投资效果的方向变动，并设该因素达到的可能的"最坏"值，然后计算在此条件下的经济效果评价指标，查看其是否已达到使项目在经济上不可取的程度，如果项目已不能接受，则该因素就是敏感因素。绝对测定法的一个变通方式是先设定有关经济效果评价指标为其"临界值"，然后求待分析因素的最大允许变动幅度，并与其可能出现的最大变动幅度相比较。如果某因素可能出现的变动幅度超过最大允许变动幅度，则表明该因素是方案的敏感因素。例如，单因素敏感性分析临界点示意图如图 5-3 所示。

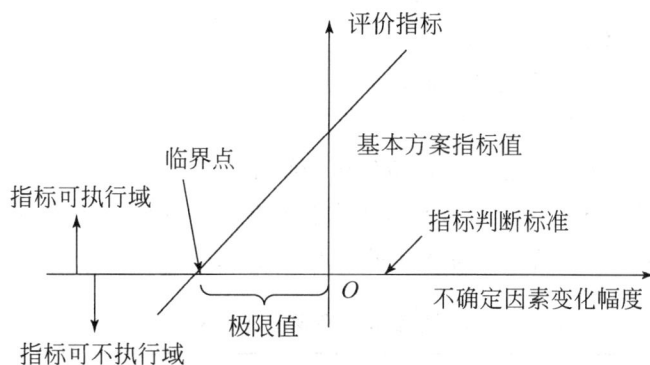

图 5-3 单因素敏感性分析临界点示意图

根据项目经济目标（经济净现值或经济内部收益率等）所作的敏感性分析叫作经济敏感性分析。而根据项目财务目标所作的敏感性分析叫作财务敏感性分析。

6. 选择方案

根据敏感因素对技术项目方案评价指标的影响程度，结合确定性分析的结果做进一步的综合评价，寻求对主要不确定因素变化不敏感的可选方案。

在技术项目方案的分析比较中，对主要不确定因素变化不敏感的方案，其抵抗风险的能力比较强，获得满意经济效益的潜力比较大，优于敏感方案，应优先考虑接受。有时，还可以根据敏感性分析的结果，采取必要的相应对策。

例5-4 某投资方案设计年生产能力为10万台，计划项目投产时总投资为1 000万元，其中建设投资为950万元，流动资金为50万元；预计产品价格为35元/台；销售税金及附加为销售收入的10%；年经营成本为100万元；方案寿命为10年；到期时预计固定资产余值为20万元，基准折现率为10%。试就投资额、单位产品价格、经营成本等影响因素对该投资方案做敏感性分析。

解：按照题义所绘制的现金流量图如图5-4所示。

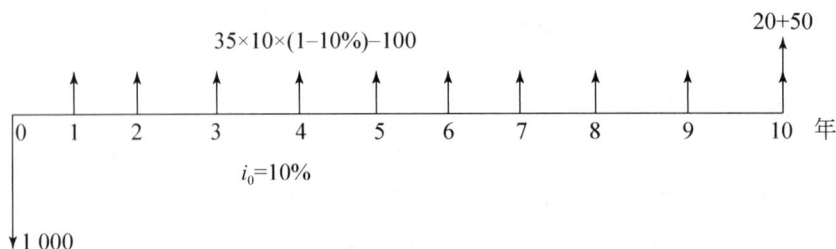

图5-4 现金流量图（金额单位：万元）

选择净现值（NPV）为敏感性分析的对象，根据净现值的计算公式，计算出项目在初始条件下的净现值：

$$NPV = -1\,000+[35\times10\times(1-10\%)-100]\times(P/A,10\%,10)+(20+50)\times(P/F,10\%,10)$$
$$= 348.07(万元)$$

由于NPV>0，故该项目是可行的。

下面来对项目进行敏感性分析。

（1）取定三个因素：投资额、产品价格和经营成本。

（2）令三个因素逐一在初始值的基础上按±10%、±20%的变化幅度变动。分别计算相对应的净现值的变化情况，得出结果见表5-2。

表5-2 单因素变化对净现值（NPV）的影响

变化幅度 / 项目	−20%	−10%	0	10%	20%	平均+1%	平均−1%
投资额	558.07	448.07	348.07	248.07	148.07	−2.23%	2.23%
产品价格	−39.04	154.52	348.07	541.63	735.18	−5.56%	5.56%
经营成本	470.97	409.52	348.07	286.63	225.18	−1.77%	1.77%

由此可见，按净现值（NPV）对各个因素的敏感程度来排序，依次是产品价格、投资额、经营成本，即最敏感的因素是产品价格。

需要说明的是：虽然单因素敏感性分析对于技术方案分析中不确定因素的处理是一种简便易行、具有实用价值的方法，但是它以假定其他因素不变为前提，这种假定条件在实际经济活动中是很难实现的。这是因为各种因素的变动都存在相关性，一个因素的变动往往引起其他因素随之变动。比如，产品价格的变化可能引起需求量的变化，从而引起市场销售量的变化。所以，在分析技术方案经济效果受多种因素同时变化的影响时，要用多因素敏感性分析，使之更接近实际过程。多因素敏感性分析由于要考虑可能发生的各种因素不同变动情况的多种组合，因此计算起来要比单因素敏感性分析复杂得多。

综上所述，敏感性分析在一定程度上对不确定因素的变动对技术方案经济效果的影响作了定量的描述，有助于搞清技术方案对不确定因素的不利变动所能容许的风险程度，有助于鉴别何者是敏感因素，从而能够及早转移对那些无足轻重的变动因素的注意力，把进一步深入调查研究的重点集中在那些敏感因素上，或者针对敏感因素制定管理和应变对策，以达到尽量减少风险、增加决策可靠性的目的。

但是，敏感性分析也有局限性。它主要依靠分析人员凭借主观经验来分析判断，难免存在片面性。在技术方案的计算期内，各个不确定因素相应发生变动幅度的概率不会相同，这就意味着技术方案承受风险的大小不同。而敏感性分析在分析某一因素的变动时，并不能说明不确定因素发生变动的可能性是大还是小。对于此类问题，还要借助概率分析等方法。

5.4　风险分析

5.4.1　风险的含义

风险是对经济主体的预期目标产生不利影响的可能性。

理解风险的含义，可以把握以下几个要点：

（1）风险是一种不确定性。如果对预期目标的不利影响必定发生或必定不发生，人们就可以通过计划或成本预算的方式予以明确，风险也就不存在了。只有当人们对这种不利影响及产生的结果无法事先预料时，风险才有可能存在。所以说，不确定性是风险存在的必要条件。

（2）风险是潜在的损失或损害。风险是一种不利的影响，风险总是与潜在的损失或损害联系在一起。如果没有损失或损害，就无所谓风险，甚至这种影响反而是机会。

（3）风险是实际结果与预期目标的差异。风险带来的损失或损害是相对于人们的预期目标而言的，不一定是绝对的损失或损害。例如，如果某人的投资收益率目标是15%，而投资的内部收益率估计在10%~20%。虽然最低收益率大于零，但小于目标收益率，故存在风险，因为实际收益率有可能低于15%的目标收益率。

（4）风险一定涉及选择。说到风险，必然与选择有关。没有选择，风险就无从谈起。

（5）风险是相对于经济主体而言的。风险成立的前提是存在承担实际结果的经济主体（个人或组织），如果某位投资者对投资的结果不承担任何责任，则对他来说就不存在风险。

5.4.2　风险的分类

按照风险与不确定性的关系、风险与时间的关系和风险与行为人的关系，可以对风险进行如下分类（如图5-5所示）。

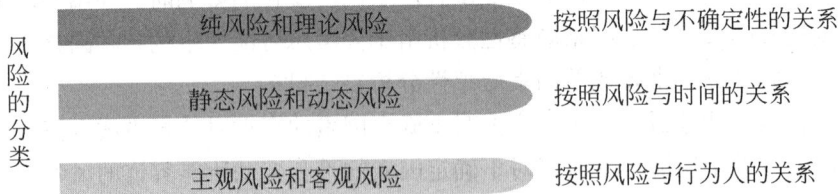

图 5-5　风险的分类

1. 纯风险和理论风险

按照风险与不确定性的关系，可以将风险分为纯风险和理论风险。

（1）纯风险是指不确定性中没有任何收益的可能，只有损失的可能的风险。例如，由地震或台风造成的对财产的破坏，以及由事故或疾病造成的意外伤亡，此类风险仅存在损失的可能性。

（2）理论风险是指不确定性中同时存在收益和损失的不确定性风险。例如，研发高新技术产品和从事金融理财等活动往往包含理论风险。

2. 静态风险和动态风险

按照风险与时间的关系，可以将风险分为静态风险和动态风险。

（1）静态风险，是指社会经济处于稳定状态时的风险，如由火灾、暴雨、洪水等随机事件造成的不确定性。

（2）动态风险，是指由于社会经济随时间变化而产生的风险，如由经济政策的调整、城乡规划方案的改变、科技创新与进步等带来的风险。

静态风险和动态风险并不是各自独立的，较大的动态风险有可能提高某些类型的静态风险。例如，与洪涝等自然灾害有关的损失导致的不确定性，这种风险通常被认为是静态的。然而，越来越多的证据显示，伴随日益加速的工业化进程出现的二氧化碳过度排放，造成温室效应影响，可能正在影响全球的天气状况，从而提高了静态风险发生的可能性。

3. 主观风险和客观风险

按照风险与行为人的关系，可以将风险分为主观风险和客观风险。

主观风险来源于行为人的思维状态和对行为后果的看法，这种不确定性本质上是心理上的不确定性，其有助于解释为什么人们面临相同的客观风险却得出不同结论的这一行为。客观风险与主观风险的最大区别在于，它可通过统计规律更精确地对风险进行观察和测量。显然，仅知道客观风险的程度是远远不够的，还必须了解一个人对风险的态度。

5.4.3 工程项目风险的主要类型

1. 市场风险

市场风险是指由市场需求量、占有率，以及企业竞争格局、经济政策、法律法规等方面的变化导致市场行情可能发生不利的变化，从而使工程项目经济效果或企业发展目标达不到预期的水平，即由市场供求和价格的不确定性导致损失的可能性，如营业收入、利润或市场占有率等低于期望水平。对于大多数工程项目而言，市场风险是最直接的也是最主要的风险。

2. 技术风险

工程项目在建设和运营阶段一般都涉及各种高新技术的应用。由于种种原因，实际的应用效果可能达不到原先预期的水平，从而也就可能使工程项目的目标无法实现。这就形成了高新技术应用风险。此外，工程项目以外的技术进步会使工程项目的相对技术水平降低，从而影响工程项目的竞争力和经济效果。这就构成了技术进步风险。

因此，技术风险是指高新技术的应用和技术进步使工程项目的建设目标发生损失的可能性。

3. 财产风险

工程项目在建设和运营过程中可能遇到的各种突发事件，如地震、洪水、火灾、飓风、暴雨、偷窃、爆炸、暴乱等，都属于财产风险的来源。此外，与财产风险相关的可能损失还包括停产停业停工等的损失、采取补救措施的费用和不能履行合同对他人造成的损失等。

这些与工程项目建设有关的企业和个人所拥有、租赁或使用的财产，面临的可能被破坏、被损毁以及被盗窃的风险即为财产风险。

4. 信用风险

在工程项目的建设和运营过程中，合同行为具有普遍性和强制性等特点。例如工程承发包合同、分包合同、设备材料采购合同、贷款合同、租赁合同、销售合同等，这些合同规范和约束了诸多合作方的行为，是保障工程项目顺利进行的基础。但如果有行为主体单方面无故违反承诺，或钻合同的空子损害另一方当事人的利益，则必将使工程项目受到损失。这种由于有关行为主体不能做到重合同、守信用而导致目标损失的可能性就是信用风险。

5.4.4 风险分析及其步骤

风险分析是一项有目的的管理活动，只有目标明确，才能起到有效的作用；否则，风险分析就会流于形式，没有实际意义，其效果也无从评价。

对于建设工程项目而言，其风险分析的目标通常涉及以下几个方面：

（1）实际投资不超过计划投资；

（2）实际工期不超过计划工期；

（3）实际质量满足预期的质量要求；

（4）建设过程安全。

1. 风险识别

风险识别就是在风险事故发生之前，人们运用各种方法系统地、连续地对建设项目潜在的风险因素进行比较、分类、归纳，并分析风险事故发生的原因及过程，是进行风险管理的第一步。敏感性分析是初步识别风险因素的重要手段。风险识别是风险分析和管理的一项基础性工作，其主要任务是明确风险存在的可能性，为风险估计、风险评价和风险应对奠定基础。

风险识别具有个别性、主观性、复杂性、不确定性及预期效益损失等特性。实际作业中，应抓住风险最基本的特征，即不确定性和预期效益损失。

风险识别的一般步骤是：

（1）明确所要实现的目标；

（2）找出影响目标值的全部因素；

（3）分析各个因素对目标的相对影响程度；

（4）根据各个因素向不利方向变化的可能性进行分析、判断，并确定主要风险因素。

工程项目投资规模大、建设周期长、涉及因素多，因此，也可以按工程项目的不同阶段进行风险识别。而且，随着工程项目寿命期的推移，一种风险的重要性会下降，另一种风险的重要性则会上升。

工程项目风险识别的原则有：

（1）由粗及细，由细及粗。由粗及细是指对风险因素进行全面分析，并通过多种途径对工程风险进行分解，逐渐细化，以获得对工程风险的广泛认识，从而得到工程初始风险清单。由细及粗是指从工程初始风险清单的众多风险中，根据同类工程项目建设的经验以及对拟建工程项目建设具体情况的分析和风险调查，确定那些对工程项目建设目标实现有较大影响的工程风险，作为主要风险。

（2）严格界定风险内涵并考虑风险因素之间的相关性。对各种风险的内涵要严加界定，不能出现重复和交叉现象。另外，还要尽可能考虑各种风险因素之间的主次关系、因果关系、互斥关系、正相关关系等相关性。

（3）先怀疑，后排除。对于所遇到的问题都要考虑其是否存在不确定性，不要轻易否定或排除某些风险，要通过认真分析进行确认或排除。

（4）排除与确认并重。对于肯定可以排除和肯定可以确认的风险，应尽早予以排除和确认；对于一时既不能排除又不能确认的风险，再作进一步的分析，然后予以排除或确认；对于肯定不能排除但又不能肯定予以确认的风险，按确认考虑。

（5）必要时可做实验论证。对于某些按常规方式难以判定其是否存在，也难以确定其对工程项目建设目标影响程度的风险，尤其是技术方面的风险，必要时可做实验论证，如抗震实验、风洞实验等。

2. 风险估计

风险估计就是在对风险进行定性识别后，通过定量分析的方法测度风险发生的可能性及对项目的影响程度。风险估计主要是确定风险因素的概率分布，以及工程项目经济评价指标的概率、期望值和偏差。

风险估计可分为主观概率估计和客观概率估计。一般而言，风险事件的概率分布应由历史资料确定，是对大量历史进行统计分析得到的，即客观概率。当没有足够的历史资料确定风险事件的概率分布时，由决策人自己或专家凭经验进行估计或借助咨询机构得出的概率分布为主观概率。因为风险分析是在拟建工程项目实施之前进行的，所以不可能拥有大量准确的项目客观信息。因此，在风险分析中，风险估计主要是主观概率估计。实际上，主观概率也是人们在长期实践基础上得出的，并非纯主观的随意猜想。

3. 风险评价

风险评价就是根据风险识别和风险估计的结果，按照项目风险判别标准，找出影响项目成败的关键风险因素。

项目风险大小的评价标准应根据风险因素发生的可能性及其造成的损失来确定，一般采用评价指标的概率分布或累计概率、期望值、标准差作为判别标准，也可采用综合风险等级作为判别标准。

（1）以评价指标作为判别标准。

① 财务（经济）内部收益率不小于基准收益率（社会折现率）的累计概率值越大，风险越小；标准差越小，风险越小。

② 财务（经济）净现值不小于0的累计概率值越大，风险越小；标准差越小，风险越小。

（2）以综合风险等级作为判别标准。根据风险因素发生的可能性及其造成损失的程度，建立综合风险等级矩阵，将综合风险分为风险很强的 K（Kill）级、风险强的 M（Modify）级、风险较强的 T（Trigger）级、风险适度的 R（Review and Reconsider）级和风险弱的 I（Ignore）级（见表5-3）。

表5-3　综合风险等级矩阵

综合风险等级		风险影响的程度			
		严重	较大	适度	低
风险的可能性	高	K	M	R	R
	较高	M	M	R	R
	适度	T	T	R	I
	低	T	T	R	I

4. 风险决策

风险决策就是人们为了实现项目的建设目标，在占有一定信息的基础上，从若干可能实施的方案（或技术、措施、行动）中，根据项目的建设环境，采用一定的理论和方法，经过对各个方案系统的分析、评价和判断，选出满意的方案的过程。风险估计的重点是估算出方案经济效益指标的期望值和标准差，以及经济效益指标的实际值发生在某一区间的可能性，风险决策则着眼于风险条件下方案取舍的基本原则和多方案比较方法。

（1）项目风险决策的要素。项目风险决策一般具有下列要素：

① 决策人：这包括项目经理、项目班子或项目一般管理人员，取决于决策的对象和对项目管理人员的授权。

② 决策目标：这是指决策行动所影响的项目范围和期望达到的成果。

③ 决策信息：及时提供完备的、可靠的和与决策目标相关的项目信息是决策行动的前提条件，也是做出科学决策的基础。

④ 决策准则：这是指选择项目实施方案所依据的原则。

⑤ 决策成果：这是指采取决策行动后，项目所发生的变化。其变化可能是某一方面的，也可能是多方面的。

（2）项目风险决策的原则。风险决策人应遵循以下决策原则：

① 优势原则。在两个可选方案中，如果无论什么条件下方案 A 总是优于方案 B，则称方案 A 为优势方案，方案 B 为劣势方案，应排除方案 B。应用优势原则一般不能决定最佳方案，但可以减少可选方案的数量，缩小决策范围。

② 期望值原则。如果选用的经济评价指标为收益指标，则应选择期望值大的方案；如果选用的是成本费用指标，则应选择期望值小的方案。

③ 最小方差原则。方差反映了实际发生的方案可能偏离其期望值的程度。在同等条件下，方差越小，意味着项目的风险越小，稳定性和可靠性越高，应优先选择。根据期望值原则和最小方差原则进行选择的结果往往出现矛盾。在这种情况下，方案的最终选择与决策者有关。风险承受能力强的决策者倾向于乐观的选择（根据期望值），而风险承受能力弱的决策者倾向于更安全的方案（根据方差）。

④ 最大可能性原则。若某一状态发生的概率显著大于其他状态，则可根据该状态下各个方案的技术经济指标进行决策，而不用考虑其他状态。只有当某一状态发生的概率大大高于其他状态，且各个方案在不同状态下的损益值差别不是很大时，方可应用最大可能性原则。

⑤ 满意度原则。在工程实践中，由于决策人理性的有限性和时空的限制性，既不能找到一切方案，也不能比较一切方案，并非人们不喜欢"最优"，而是取得"最优"的代价太高。因此，最优准则只存在于纯粹的逻辑推理中。在工程实践中，只能遵循满意度准则进行决策，即制定一个足够满意的目标值，将各种可选方案在不同状态下的损益值与此目标值相比较，进而做出决策。

5. 风险应对

风险应对就是对已经识别的风险进行定性、定量分析和进行风险排序，制定相应的应对措施和整体策略。

风险应对应具有针对性、可行性、经济性，并贯穿于工程项目经济评价的全过程。

风险应对的主要措施包括：强调多方案比选；对潜在风险因素提出必要的研究与实验课题；对投资估算与财务（经济）分析预留充分的余地；对建设或生产经营期的潜在风险可建议采取回避、转移、分担和自担措施。

结合综合风险等级的分析结果，综合风险应对方案可分为表5-4所示几种。

表5-4　综合风险应对方案

综合风险等级	风险的可能性	应对方案
K	风险很强	放弃项目
M	风险强	通过改变或采取补偿措施等修正拟议中的方案
T	风险较强	设定某些指标的临界值，一旦指标达到临界值，就要变更设计或对负面影响采取补偿措施
R（I）	风险适度（较小）	风险弱，可忽略

基于表5-4，风险应对具有风险回避、损失控制、风险转移和风险保留4种基本方法。

（1）风险回避。风险回避是投资主体有意识地放弃风险的行为，可完全避免特定的损失风险。简单的风险回避是一种最消极的风险处理办法，因为投资者在放弃风险行为的同时，往往也放弃了潜在的目标收益。所以，一般只有在这些情况下才会采用这种方法：投资主体对风险极端厌恶；投资主体面临K级风险；投资主体无能力消除或转移风险；投资主体有可实现目标的风险更低的其他方案；投资主体无能力承担该风险或承担风险得不到足够的补偿。

（2）损失控制。损失控制不是放弃风险，而是制订计划和采取措施减少实际损失或者降低损失的可能性。损失控制包括事前、事中和事后三个阶段。事前控制的目的主要是降低损失的概率；事中控制和事后控制主要是为了减少实际发生的损失。

（3）风险转移。风险转移是指通过契约将本身面临的风险转移给受让人承担的行为，其主要形式是合同和保险。通过签订合同，可以将部分或全部风险转移给一个或多个其他参与者。保险是使用最广泛的风险转移方式。一般当出现R级风险时，风险转移有可能大幅度降低经济主体所承担的风险程度。

（4）风险保留。风险保留，又称风险自留，即风险承担。当存在R级或I级风险时，经济主体可采用此方法；也就是说如果损失发生，经济主体以当时可利用的人和资金进行支付。风险保留包括无计划自留、有计划自我保险。

①无计划自留。无计划自留并不是在损失前做出资金安排，而是在风险损失发生后从收入中支付。当经济主体没有意识到风险并认为损失不会发生时，或显著低估意识到的风险造成的最大可能损失时，就会采取无计划自留方式承担风险。一般来说，无计划自留应当谨慎使用，这是因为如果实际总损失远远大于预计损失，往往难以应对。

② 有计划自我保险。有计划自我保险是指在可能的损失发生前,通过做出各种资金安排以确保损失出现后能及时获得资金以补偿损失。其主要通过建立风险预留基金的方式来实现。

本章小结

不确定性分析是指研究和分析当影响技术方案经济效果的各项主要因素发生变化时,拟实施技术方案的经济效果会发生什么样的变化,以便为正确决策服务的一项工作。常见的不确定性分析方法有盈亏平衡分析法和敏感性分析法。

盈亏平衡分析的基本方法是建立成本与产量、营业收入与产量之间的函数关系,通过对这两个函数及其图形的分析,找出盈亏平衡点,从而反映技术方案对市场变化的适应能力和抗风险能力。

敏感性分析是通过研究工程项目主要不确定因素(投资、成本、价格和工期等)发生变化时,项目经济效果评价指标(净现值、内部收益率、投资回收期等)发生的相应变化,找出项目的敏感因素,确定其敏感程度,并分析该因素达到临界值时项目的承受能力。敏感性分析的步骤:选择不确定因素、确定进行敏感性分析的经济效果评价指标、计算因不确定因素变动引起的评价指标变动的值、计算敏感度系数并对敏感因素进行排序、计算变动因素的临界点、选择方案。

风险是对经济主体的预期目标产生不利影响的可能性。工程项目风险的主要类型包括市场风险、技术风险、财产风险、信用风险等。风险分析的步骤包括风险识别、风险估计、风险评价、风险决策和风险应对,其中风险应对包括风险回避、损失控制、风险转移和风险保留4种基本方法。

思 考 题

1. 盈亏平衡点越高越好还是越低越好?为什么?盈亏平衡点的生产能力利用率说明什么问题?

2. 简述敏感性分析的目的及步骤。

3. 风险应对的方法有哪些?

4. 简述风险分析与不确定性分析的区别与联系。

习 题

一、单项选择题

1. 根据图5-6所示单因素敏感性分析图,投资额、产品价格、经营成本3个不确定因素对方案的影响程度由高到低依次为( )。

A. 投资额→经营成本→产品价格   B. 产品价格→投资额→经营成本

C. 投资额→产品价格→经营成本   D. 经营成本→投资额→产品价格

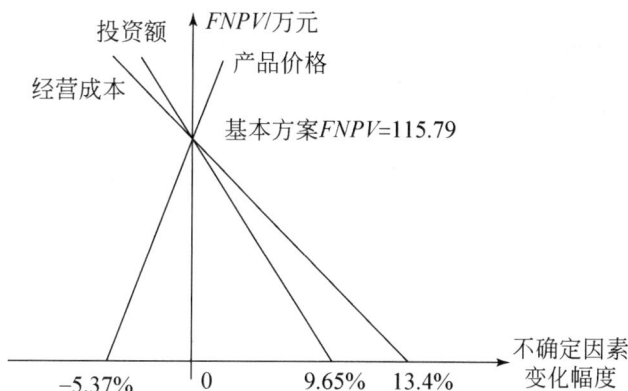

图5-6 单项选择题1图

2. 对某技术方案进行单因素敏感性分析。当预计投产后的单位产品销售价格为1 000元时，该技术方案财务内部收益率为15%；当预计单位产品销售价格为800元时，该技术方案财务内部收益率为12%；当预计单位产品销售价格为700元时，该技术方案财务内部收益率为9%；当预计单位产品销售价格为500元时，该技术方案财务内部收益率为0。如果基准收益率为9%，则该技术方案预计投产后单位产品销售价格下降的临界点为（　　）。

A. 1 000元   B. 800元   C. 700元   D. 500元

3. 对某技术方案进行单因素敏感性分析。当预计投产后的单位产品可变成本为600元时，该技术方案的财务净现值为850万元；当预计单位产品可变成本为500元时，该技术方案的财务净现值为500万元；当预计单位产品可变成本为650元时，该技术方案的财务净现值为360万元；当预计单位产品可变成本为700元时，该技术方案的财务净现值为80万元；当预计单位产品可变成本为750元时，该技术方案的财务净现值为-180万元，则该技术方案预计投产后单位产品可变成本上升的临界值是（　　）。

A. ≤750元   B. 700～750元

C. 650～700元   D. ≤700

4. 根据对项目不同方案的敏感性分析，投资者应选择（　　）的方案实施。

A. 项目盈亏平衡点高，抗风险能力适中

B. 项目盈亏平衡点低，承受风险能力弱

C. 项目敏感程度大，抗风险能力强

D. 项目敏感程度小，抗风险能力强

5. 营业收入、利润或市场占有率低于期望水平属于的风险类型是（　　）。

A. 技术风险   B. 市场风险

C. 财产风险   D. 责任风险

6. 风险的可能性较高，风险影响的程度严重，所对应的综合风险等级为（　　）。

A. K级   B. M级   C. R级   D. T级

7. 风险分析应遵循的步骤是（　　　）。

A. 风险的估计、识别、评价、决策和应对

B. 风险的估计、识别、评价、应对和决策

C. 风险的识别、估计、评价、应对和决策

D. 风险的识别、估计、评价、决策和应对

8. 当存在 R 级适度风险或 I 级弱风险时，项目业主可进行的风险应对方法是（　　　）。

A. 风险回避　　　　　　　　　　　　B. 损失控制

C. 风险转移　　　　　　　　　　　　D. 风险保留

9. 在建设工程发包阶段，业主可以与设计、采购、施工联合体签订交钥匙工程合同，并在合同中规定相应的违约条款，从而将一部分风险转移给对方，业主采取的风险控制的方法是（　　　）。

A. 风险回避　　　　　　　　　　　　B. 损失控制

C. 风险转移　　　　　　　　　　　　D. 风险保留

二、多项选择题

1. 对建设项目进行不确定性分析的目的是（　　　）。

A. 减少不确定性对经济效果评价的影响　　　B. 预测项目承担风险的能力

C. 增加项目的经济效益　　　　　　　　　　D. 确定项目财务上的可靠性

E. 提高投资决策的科学性

2. 建设项目不确定性分析包括（　　　）。

A. 盈亏平衡分析　　　　　　　　　　B. 敏感性分析

C. 盈利能力分析　　　　　　　　　　D. 偿债能力分析

E. 偿债备付率分析

3. 技术方案盈亏平衡点的表达形式有多种，可以用绝对值表示的有（　　　）。

A. 实物产销量　　　　　　　　　　　B. 年销售收入

C. 单位产品售价　　　　　　　　　　D. 年固定总成本

E. 生产能力利用率

4. 盈亏平衡分析方法中，根据成本费用与产量关系可将总成本费用分解为（　　　）。

A. 生产成本　　　　　　　　　　　　B. 可变成本

C. 固定成本　　　　　　　　　　　　D. 直接成本

E. 半可变（或半固定）成本

5. 项目盈亏平衡分析中，若其他条件不变，可以降低盈亏平衡点产量的途径有（　　　）。

A. 提高设计生产能力　　　　　　　　B. 降低产品销售价

C. 提高增值税金及附加率　　　　　　D. 降低固定成本

E. 降低单位产品变动成本

6. 以下项目中，属于固定成本的有（   ）。

A. 工资及福利费　　　　　　　　　　B. 折旧费

C. 修理费　　　　　　　　　　　　　D. 无形资产及其他资产摊销费

E. 动力费

7. 敏感度系数提供了各个不确定因素变化率与评价指标变化率之间的比例。下列关于敏感度系数的说法中，正确的是（   ）。

A. 敏感度系数的绝对值越大，表明评价指标对于不确定因素越敏感

B. 敏感度系数的绝对值越小，表明评价指标对于不确定因素越敏感

C. 敏感度系数小于零，评价指标与不确定因素同方向变化

D. 敏感度系数大于零，评价指标与不确定因素同方向变化

E. 敏感度系数越大，表明评价指标对于不确定因素越敏感

8. 某技术方案经济评价指标对甲、乙、丙三个不确定因素的敏感度系数分别为 -0.1、0.05、0.09，据此可以得出的结论有（   ）。

A. 经济评价指标对甲因素最敏感

B. 甲因素下降 10%，方案达到盈亏平衡

C. 经济评价指标与丙因素反向变化

D. 经济评价指标对乙因素最不敏感

E. 丙因素上升 9%，方案由可行转为不可行

9. 在单因素敏感性分析时，常选择的不确定因素主要是（   ）。

A. 内部收益率　　　　　　　　　　　B. 技术方案总投资

C. 产品价格　　　　　　　　　　　　D. 经营成本

E. 产销量

10. 下列关于敏感性分析的说法中，正确的是（   ）。

A. 敏感度系数提供了各个不确定因素变化率与评价指标变化率之间的比例

B. 敏感度系数越大，表明经济评价指标对于不确定因素越敏感

C. 敏感性分析表可以连续表示变量之间的关系

D. 敏感性分析图中的每一直线的斜率反映了技术方案经济评价指标对该不确定因素的敏感程度

E. 敏感性分析图可以同时反映多个因素的敏感性分析结果

11. 风险按后果可以分为（   ）。

A. 静态风险　　　　　　　　　　　　B. 纯风险

C. 理论风险　　　　　　　　　　　　D. 动态风险

E. 客观风险

12. 风险按时间关系可以分为（   ）。

A. 静态风险　　　　　　　　　　　　B. 纯风险

C. 理论风险   D. 动态风险

E. 客观风险

13. 风险按与行为人的关系可以分为（   ）。

A. 静态风险   B. 动态风险

C. 主观风险   D. 客观风险

E. 理论风险

14. 除市场风险外，工程项目风险的主要来源还有（   ）

A. 技术风险   B. 财产风险

C. 自然风险   D. 责任风险

E. 信用风险

三、填空题

1. 根据生产成本及销售收入与产销量之间是否呈线性关系，盈亏平衡分析又可进一步分为_____和_____。

2. 理解风险的概念应把握 3 个要素：_____是风险存在的必要条件，_____是风险存在的充分条件，_____是风险成立的基础。

四、判断题

1. 就对工程项目的不确定性分析来说，不确定性是难以计量的。   （   ）

2. 产销量（工程量）表示的盈亏平衡点等于生产能力利用率表示的盈亏平衡点乘以设计生产能力。   （   ）

3. 盈亏平衡点越高，项目抗风险能力越强。   （   ）

4. 盈亏平衡分析不仅能度量项目风险大小，而且能揭示产生项目风险的根源。（   ）

5. 生产量等于销售量是线性盈亏平衡分析的前提。   （   ）

6. 敏感性分析只能分析单一不确定因素变化对技术方案经济效果的影响。   （   ）

7. 敏感性分析的局限性是依靠分析人员主观经验来分析判断，有可能存在片面性。

    （   ）

8. 敏感度系数越大，表面评价指标对不确定因素越不敏感。   （   ）

9. 敏感性分析必须考虑所有不确定因素对评价指标的影响。   （   ）

10. 财务（经济）内部收益率不小于基准收益率（社会折现率）的累计概率值越大，风险越大；标准差越小，风险越大。   （   ）

11. 财务（经济）净现值不小于 0 的累计概率值越大，风险越小；标准差越小，风险越小。   （   ）

12. 当所选择的最优方案花费过高或在没有得到其他方案的有关资料之前就必须决策的情况下，应采用满意度准则进行风险决策。   （   ）

13. 期望值准则是一种避免最大损失而不是追求最大收益的准则，具有过于保守的特点。

    （   ）

五、计算题

某企业生产某种产品，设计年产量为 5 000 件，每件产品的出厂价格估算为 55 元，企业每年固定性开支为 55 000 元，每件产品成本为 24 元。试求：

（1）企业的最大可能盈利是多少？

（2）企业不盈不亏时最低产量是多少？

（3）企业年利润为 6 万元时的产量是多少？

6 工程项目资金来源与融资方案

开展工程项目的融资方案分析，是在投资估算的基础上，研究拟建项目的资金渠道、融资形式、融资结构、融资成本、融资风险，并以此研究资金筹措方式和进行财务分析。融资方案确定的项目资本金和项目债务资金是进行融资后资本金盈利能力分析、项目偿债能力分析等财务分析的基础数据。本章主要介绍融资主体及其融资方式、项目资本金的融通、项目债务筹资、项目融资和融资方案分析等内容。

6.1 融资主体及其融资方式

项目的融资主体，是指进行融资活动并承担融资责任和风险的项目法人单位。确定项目的融资主体，应考虑项目的投资规模和行业特点、项目自身的盈利能力等因素。一般而言，项目融资主体可分为既有法人和新设法人两类。

6.1.1 既有法人融资方式

1. 既有法人融资方式的基本内涵

既有法人融资是指建设项目所需资金来源于既有法人内部融资、新增资本金和新增债务资金的融资方式。其中，新增债务资金依靠既有法人整体的盈利能力来偿还，并以既有法人整体的资产和信用担保。既有法人融资的特点主要有3点：

（1）拟建项目不组建新的项目法人，由既有法人统一组织融资活动并承担融资责任和风险。

（2）拟建项目一般是在既有法人资产和信用的基础上进行的，并形成增量资产。

（3）从既有法人的财务整体状况考察融资后的偿债能力。

2. 既有法人融资主体的使用条件

（1）既有法人为扩大生产能力而兴建的扩建项目或原有生产线的技术改造项目。

（2）既有法人为新增生产经营所需水、电、汽等动力供应及环境保护设施而兴建的项目。

（3）与既有法人的资产以及经营活动联系密切的项目。

（4）既有法人具有融资的经济实力并承担全部融资责任的项目。

（5）盈利能力较差，但对整个企业的持续发展具有重要作用，需要利用既有法人的整体资信获得债务资金的项目。

3. 既有法人项目总投资构成及资金来源

由既有法人融资的定义可知，既有法人项目总投资由内部融资、新增资本金和新增负债构成（如图6-1所示）。

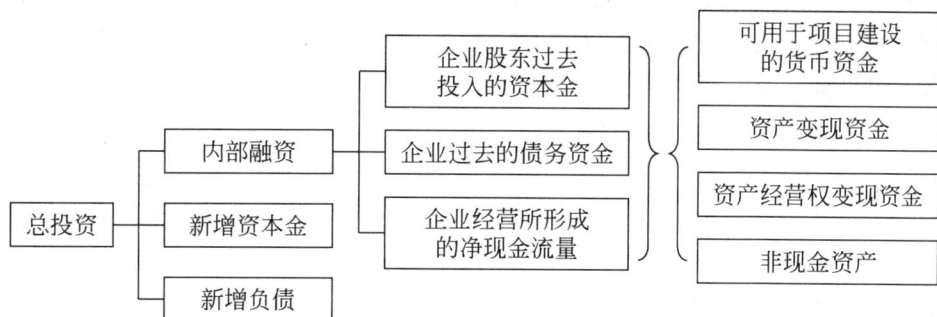

图6-1 既有法人项目总投资构成及资金来源

其中，内部融资的来源主要有4条渠道：

（1）可用于项目建设的货币资金，包括既有法人现有的货币资金和未来经营活动中可能获得的盈余现金。

① 现有的货币资金，是指现有的库存现金和银行存款。这些资金扣除必要的日常经营所需的货币资金后，可用于项目建设。

② 未来经营活动中可能获得的盈余现金，是指在拟建项目的建设期内，企业在经营活动中获得的净现金结余。这些资金可抽出一部分用于项目建设。

（2）资产变现资金，包括转让长期投资、提高流动资产使用效率、出售固定资产而获得的资金。企业的长期投资包括长期股权投资和长期债权投资，一般都可以通过转让而变现。存货和应收账款对流动资金需要量的影响较大，企业可以通过加强财务管理，提高流动资产周转率，减少存货、应收账款等流动资产占用而取得现金，也可以出让有价证券取得现金。企业的固定资产中，有些由于产品方案改变而被闲置，有些由于技术更新而被替换，这些都可以出售变现。

（3）资产经营权变现资金，是指既有法人可以将其所属资产经营权的一部分或全部转让而取得的可用于项目建设的资金。例如，某公司将其已建成的一座写字楼的30%的经营权转让给另一家公司，转让价格为未来30年这座写字楼租赁收益的30%，并将取得的资金用于建设另一座写字楼。

（4）非现金资产，包括实物、工业产权、非专利技术、土地使用权等。当这些资产适用于拟建项目时，经资产评估可直接用于项目建设。

6.1.2 新设法人融资方式

1. 新设法人融资方式的基本内涵

新设法人融资（或项目融资）是为了实施新项目，由项目的发起人及其他投资者出资建立新的具有独立法人资格的项目公司来承担项目的投融资及运营的融资方式。采用新设法人融资方式建设的项目，一般是新建项目，但也可以是将既有法人的一部分资产剥离出去后重新组建新的项目法人的改扩建项目。新设法人融资较易切断项目对于投资者的风险，实现所谓的"无追索权"或"有限追索权"借款融资，即项目的资本投资方不对项目的借款提供担保或只提供部分担保。

2. 新设法人融资主体的使用条件

（1）生产经营活动相对独立，且与既有法人的经营活动联系不密切的拟建项目。

（2）既有法人财务状况较差，不具有为项目进行融资和承担全部融资责任的经济实力，需要新设法人募集股本金的、投资规模较大的拟建项目。

（3）自身具有较强的盈利能力，依靠自身未来的现金流量可以按期偿还债务的拟建项目。

3. 新设法人项目总投资构成及资金来源

新设法人融资建设项目所需资金的来源包括项目公司股东投资的资本金和项目公司承担的债务资金。

（1）项目资本金。项目资本金是指在项目总投资中，由投资者认缴的出资额。投资者可以转让其出资额，但不能以任何方式抽回资金。我国除了公益性项目等部分特殊项目外（公益性投资项目不实行资本金制度），大部分投资项目都实行资本金制度。项目资本金可以用货币出资，也可以用实物、工业产权、非专利技术、土地使用权、资源开采权等作价出资。

《国务院关于调整和完善固定资产投资项目资本金制度的通知》（国发〔2015〕51号）细化了不同行业固定资产投资项目资本金比例（见表6-1）。

表6-1　不同行业固定资产投资项目资本金比例

行业项目	最低资本金比例
钢铁、电解铝项目	40%
水泥项目	35%
煤炭、电石、铁合金、烧碱、焦炭、黄磷、多晶硅项目	30%
机场项目、港口、沿海及内河航运项目、化肥（钾肥除外）项目、其他房地产开发项目	25%
玉米深加工项目、城市轨道交通项目、铁路、公路项目、保障性住房和普通商品住房项目、电力等其他项目	20%

（2）债务资金。新设法人项目公司债务资金的融资能力取决于股东能对项目公司借款提供多大程度的担保。实力雄厚的股东，为项目公司借款提供完全的担保，可以使项目公司取得低成本资金，降低项目的融资风险；但担保额度过高会使项目公司承担过高的担保费，从而增加项目公司的费用支出。在项目本身的财务效益好、投资风险可以有效控制的条件下，

可以考虑采用项目融资方式。

6.2 项目资本金的融通

6.2.1 项目资本金筹措的方式

为了建立投资风险约束机制、有效地控制投资规模、提高投资效益，国家对经营性项目实行资本金制度，规定了经营性项目的建设都要有一定数额的资本金，并提出了各行业项目资本金的最低比例要求（见表6-1）。建设项目可以通过政府投资、发行股票、自筹资金和吸收国外资本直接投资等多种方式进行项目资本金的筹措。

1. 政府投资

政府投资资金，包括各级政府的财政预算内资金、国家批准的各种专项建设基金、统借国外贷款、土地批租收入、地方政府按规定收取的各种费用及其他预算外资金。政府投资主要用于关系国家安全和市场不能有效配置资源的经济和社会领域，包括加强公益性和公共基础设施建设、保护和改善生态环境、促进欠发达地区的经济和社会发展、推进科技进步和高新技术产业化。国家根据资金来源、项目性质和调控需要，分别采取直接投资、资本金注入、投资补助、转贷和贷款贴息等方式，并按项目安排政府投资。

2. 发行股票（股票融资）

股票融资是指资金不通过金融中介机构，借助发行股票直接从资金盈余部门流向资金短缺部门，资金供给者作为所有者（股东）享有对企业控制权的融资方式。无论是既有法人融资项目还是新设法人融资项目，凡符合规定条件的，均可以通过发行股票在资本市场募集股本资金。按股东承担风险和享有权益的大小，股票可分为普通股和优先股两大类。优先股的股东按一定比例取得固定股息；企业清算时，能优先得到剩下的可分配给股东的财产。普通股的股东除能分得股息外，还可在公司盈利较多时分享红利。

3. 自筹资金

自筹资金是指根据我国财政管理制度的规定，由各地方、各部门、各企事业单位自行筹措，按预算外资金规定的用途使用后，确有多余，允许用于投资建设的资金。自筹资金是企业根据会计制度有权支配使用的资金，具有资金来源、资金使用的广泛性，资金筹集和使用范围的分散性，投资建设的灵活性等特点。随着财政放权让利，企业逐步成为市场的投资主体，各部门、各单位预算外资金迅速增长，自筹资金已成为筹集项目资金的主要渠道。建设项目自筹资金来源必须正当，应上缴财政的各项资金和国家指定用途的专款，以及银行贷款、信托投资、流动资金不可用于自筹投资。

4. 吸收国外资本直接投资

吸收国外资本直接投资的方式主要包括与外商合资经营、合作经营、合作开发及外商独资经营等形式。国外资本直接投资的特点是：不发生债权债务关系，但要让出一部分管理权，并且要支付一部分利润。

（1）合资经营（股权经营）是外国公司、企业或个人经我国政府批准，同我国的公司在我国境内兴办合营企业的形式。合资经营企业由合营各方出资认股组成，各方出资额由双方协商确定，但外方出资额不得低于一定比例。

（2）合作经营（契约式经营）是一种无股权的契约式经济组织形式，一般情况下是由中方提供土地、厂房、劳动力，由国外合作方提供资金、技术或设备而双方共同兴办企业的形成。合作经营企业的合作双方的权利、责任、义务，由双方协商并用协议或合同加以规定。

（3）合作开发主要是指对海上石油和其他资源的合作勘探开发，合作方式与合作经营类似。关于合作勘探开发，双方应按合同规定分享产品或利润。

（4）外资独营是由外国投资者独立投资和经营的企业形式。按我国相关规定，外国投资者可以在经济特区、开发区及其他经我国政府批准的地区开办独资企业，企业的产、供、销由外国投资者自行规定。

6.2.2　筹集项目资本金应注意的问题

1. 确定项目资本金的具体来源渠道

对于一个工程项目而言，资本金的落实与到位是非常重要的。这是因为资本金是否到位，不仅决定了项目能否顺利开工，更重要的是决定了金融机构等其他来源的资金能否及时到位。因此，项目的投资者应根据自己所掌握的有关信息，确定资本金的具体的、可能的来源渠道。

2. 根据资本金的额度确定项目的投资额

不论是审批项目的政府职能部门，还是提供贷款的金融机构，都要求投资者投入一定比例的资本金。如果项目资本金达不到要求，则该项目将得不到审批，金融机构也不会提供贷款。这就要求投资者根据自己所能筹集到的资本金确定一个工程项目的合理投资额。

3. 掌握所需投入资本金的适宜比例

显然，投资者投入的资本金比例越低，其所承担的风险越小，而且对合理避税、提高投资回报率越有利。所以，投资者在投入资本金时，除了满足政府有关职能部门和其他资金提供者的要求外，还应认真选择资金来源，力求降低资金成本。

4. 科学安排资本金到位的时间

由于工程项目的建设周期一般较长，项目资本金的到位时间将是工程项目顺利进行的根本保证。因此，一个建设项目的资金供应是根据工程实施进度安排的。如果资金到位的时间与工程进度不符，则会影响项目工期，或是形成资金挤压，导致筹资成本增加。

6.3　项目债务筹资

债务筹资是指企业按约定代价和用途取得资金且需要按期还本付息的一种筹资方式，一般通过银行或非银行金融机构贷款或发行债券等方式融入资金。债务筹资需支付本金和利息，能够带来杠杆收益，但会提高企业的负债率。一般来说，对于预期收益较高，能够承担较高的融资成本，而且经营风险较大，要求融资的风险较低的企业，倾向于选择股权融资方式进行融资；而经营风险比较小、预期收益也比较小的传统企业，一般选择融资成本较小的债务筹资方式进行融资。

6.3.1 国内债务筹资

国内债务筹资主要有政策性银行贷款、商业银行贷款、股份制银行贷款、非银行金融机构贷款、国内发行债券和融资租赁等渠道，如图 6-2 所示。

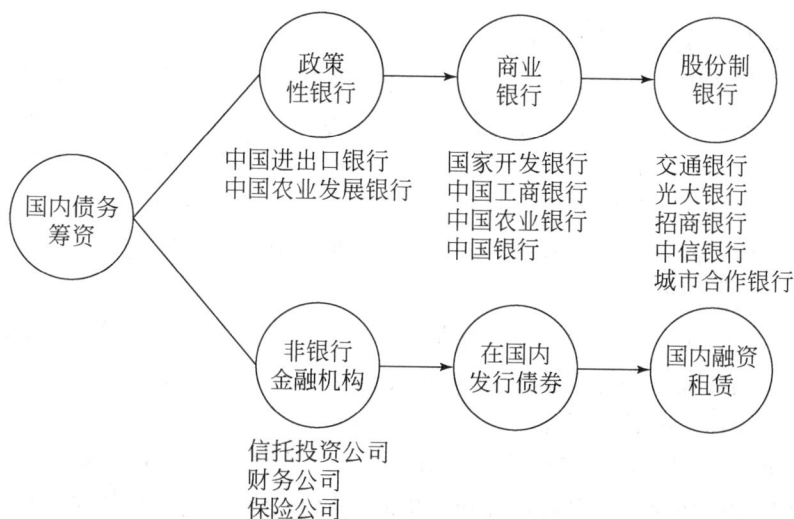

图 6-2 国内债务筹资的主要渠道

1. 政策性银行贷款

政策性银行是指由政府创立、参股或保证的，专门为贯彻和配合政府特定的社会经济政策或意图，直接或间接从事某种特殊政策性融资活动的金融机构。目前我国的政策性银行主要有中国进出口银行和中国农业发展银行。

政策性银行贷款由各政策性银行在人民银行确定的年度贷款总规模内，根据申请贷款的项目或企业情况按照相关规定自主审核，确定贷与不贷。政策性银行贷款利率较低、期限较长，有特定的服务对象，但对申请贷款的企业和项目一般有较为严格的要求。

2. 商业银行贷款

商业银行贷款具有筹资手续简单、速度较快、筹资成本较低等特点。贷款人可直接与银行商定信贷条件，贷款的主要条款只需取得银行的同意即可。如需变更贷款协议的有关条款，借贷双方可采取灵活的方式进行协商处理。

商业银行与贷款人签订合同时，一般应对贷款期、提款期、宽限期、还款期和展期做出明确规定：

（1）贷款期是指自贷款合同生效之日起，到最后一笔贷款本金和利息还清日止的时间。按贷款期时间长短的不同，商业银行贷款一般可分为短期贷款（1年或1年以内）、中期贷款（1~3年）和长期贷款（3年以上）。

（2）提款期是指自贷款合同生效之日起，到合同规定的最后一笔贷款本金提取日止的时间。

（3）宽限期是指自贷款合同生效之日起，到合同规定的第一笔贷款本金归还日止的时间。

（4）还款期是指自合同规定的第一笔贷款本金归还之日起，到贷款本金和利息全部还清日止的时间。

（5）展期是贷款期限延长的时间。

商业银行贷款金额是银行就每笔贷款向借款人提供的最高授信额度，由借款人在申请贷款时提出，银行核定。借款人在决定贷款金额时应考虑三个因素：一是贷款种类，贷款金额通常不能超过各类贷款所规定的最高限额；二是根据项目建设、生产和经营过程中对资金的需要来确定贷款金额；三是贷款人的财务状况和偿还能力。若不能按期归还贷款，借款人应在贷款到期日之前，向银行提出展期，至于是否展期，则由银行决定。

3. 非银行金融机构贷款

非银行金融机构是指不经营一般银行业务，主要以发行股票和债券、接受信用委托、提供保险等形式筹集资金，并将所筹资金运用于长期性投资的金融机构。中国非银行金融机构主要有信托投资公司、财务公司和保险公司等。

（1）信托投资公司贷款。信托贷款是指信托机构在国家规定的范围内，制订信托发行计划，运用吸收的信托存款、自有资金和筹集的其他资金对审定的贷款对象和工程项目发放的贷款。与商业银行贷款相比，信托贷款的利率相对较灵活，且可作为商业银行贷款的补充，满足一些企业特殊的资金需求。当借款人无力偿还贷款时，贷款人有权要求信托投资公司以信托财产偿还贷款。

（2）财务公司贷款。财务公司（金融公司）是为企业技术改造、新产品开发及产品销售提供金融服务，以中长期金融业务为主的非银行机构。中国的财务公司不是商业银行的附属机构，是隶属于大型集团的非银行金融机构。

（3）保险公司贷款。保险公司贷款的期限一般比银行贷款的长，但贷款利率较高，对贷款单位的选择也较严，通常采取的形式有保险单贷款和抵押贷款两种。就目前而言，我国的保险公司尚不能对工程项目提供贷款，但从西方发达国家的实践看，保险公司不但可以进入证券市场购买各种股票和债券，而且可向工程项目提供贷款，特别是向有稳定市场和收益的基础设施项目提供贷款。

6.3.2 国外贷款资金来源

国外贷款资金来源主要有外国政府贷款、外国银行贷款、出口信贷、国际金融机构贷款等。其中，外国政府贷款和国际金融机构贷款条件优惠，但贷款难以获得，且数量有限。吸收国外优惠贷款已成为包括我国在内的各国利用国外间接投资的主要形式。

1. 外国政府贷款

外国政府贷款是指一国政府向另一国政府提供的，具有一定赠予性质的优惠贷款。它是具有政府间开发援助或部分赠予性质的主权外债，同时具有贷款期限较长、利率低、限制性采购、投向限制和贷款数量有限等特点。

2. 外国银行贷款

外国银行贷款是指在国际资金市场上筹措的自由外汇贷款。从实际运行情况来看，国际间的银行贷款利率比政府贷款和国际金融机构贷款的利率都要高，而且依据贷款国别、贷款币种和贷款期限的不同而有所差异。

3. 出口信贷

出口信贷是一国政府为支持和扩大本国机械、成套设备、大型工程项目等的出口，加强其国际竞争力，以对本国的出口给予利息补贴并提供信贷担保的方法鼓励本国的银行对本国出口商或国外进口商（或其银行）提供较低利率的贷款，从而解决本国出口商资金周转困难或满足国外进口商对本国出口商支付货款需要的一种融资方式，是拓展销售市场的一种有效手段。

4. 国际金融机构贷款

国际金融机构是指从事国际金融管理和国际金融活动的超国家性质的组织机构。其能够在重大的国际经济金融事件中协调各国的行动；提供短期资金缓解国际收支逆差、稳定汇率；提供长期资金促进各国经济发展。国际金融机构贷款按发放贷款的对象不同主要有以下几种：

（1）向发展中国家提供以发展基础产业为主的中长期贷款；

（2）向低收入的贫困国家提供开发项目以及文教建设方面的长期贷款；

（3）向发展中国家的私人企业提供小额中长期贷款。

6.3.3 融资租赁

1. 融资租赁的含义

融资租赁是资产拥有者将资产租给承租人在一定时期内使用，由承租人分期支付租赁费的融资方式。它实质上是转移与资产所有权有关的全部或绝大部分风险和报酬的租赁形式，是一种融资与融物、贸易与技术更新相结合的筹资方式。

融资租赁一般由承租人选定设备，由出租人购置后租给承租人使用，承租人按期交付租金。租赁期满后，出租人可以将设备作价售让给承租人。由于其融资与融物相结合的特点，以及出现问题时租赁公司可以回收、处理租赁物，因而在办理融资租赁时对企业资信和担保的要求不高。这种融资方式非常适合中小企业。通常，采用融资租赁，承租人可以对设备的全部价款得到融资，融资额度比使用贷款要大，同时租赁费中所含的利息也比贷款利率要高。

融资租赁一般具有如下特征：

（1）租赁物由承租人决定，出租人出资购买并租赁给承租人使用，并且在租赁期间只能租给一个承租人使用。

（2）承租人负责检查验收制造商所提供的租赁物，出租人对该租赁物的质量与技术条件不作担保。

（3）出租人保留租赁物的所有权，承租人在租赁期间支付租金而享有使用权，并负责租赁期间租赁物的管理、维修和保养。

（4）租赁合同一经签订，在租赁期间任何一方均无权单方面撤销合同，只有在租赁物毁坏或被证明为已丧失使用价值的情况下方能中止执行合同。

（5）租期结束后，承租人一般对租赁物有留购和退租两种选择，若要留购，购买价格可由租赁双方协商确定。

区别于融资租赁，经营租赁主要是为满足经营上的临时或季节性需要而发生的资产租赁。经营租赁是一种短期租赁行为，与所有权有关的风险或报酬实质上并未转移，出租人不仅要向承租人提供设备使用权，还要向承租人提供设备的保养、保险、维修和其他专门性技术服务。

2. 融资租赁的方式

按照融资租赁的业务特点不同，融资租赁有如下几种具体形式：

（1）自营租赁，也称直接租赁，是指承租企业直接向出租人（租赁公司或设备制造商）租入所需要的资产，根据合同规定向租赁公司分期交付租金，并负责租赁设备的安装、维修和保养的租赁方式。这是一种典型的融资租赁形式。

（2）回租租赁，也称售后回租，是指先由租赁公司买下企业正在使用的设备，然后将原设备租赁给该企业的租赁方式。这种租赁形式较多地应用在不动产的租赁中，承租企业因出售资产而获得收益，同时因将资产回租而保留了资产的使用权。

（3）转租赁，是指国内租赁公司在国内用户与国外厂商签订设备买卖合同的基础上，选定一家国外租赁公司或厂商，以承租人身份与其签订租赁合同，然后以出租人身份将该设备转租给国内用户，并收取租金转付给国外租赁公司的租赁方式。在这种融资租赁形式中，转租人向其他出租人租入租赁物件再转租给第三人，转租人以收取租金为目的，租赁物品的所有权归第一出租人。

（4）杠杆租赁，是由出租人（租赁公司或商业银行）本身拿出部分资金，然后加上贷款人提供的资金，以便购买承租人所欲使用的资产，并交由承租人使用，而承租人使用租赁资产后定期支付租赁费用的租赁方式。通常情况下，出租人（租赁公司）仅提供其中20%~40%的资金，贷款人（如银行/财团）则提供60%~80%的贷款资金。租赁公司既是出租人又是借资人，既要收取租金又要支付债务。由于租赁收益一般大于借款成本支出，所以这种融资租赁形式的出租人借款购物出租可获得财务杠杆利益。

杠杆租赁是目前广泛采用的一种国际租赁方式。并且,由于可享受税收好处、操作规范、综合效益好、租金回收安全、费用低,杠杆租赁一般被用于金额巨大的物品,如民航客机、轮船、通信设备和大型成套设备的融资租赁。

6.3.4 发行债券

债券是债务人为筹集借入资金而发行的,承诺按期向债权人支付利息和偿还本金的一种有价证券。它也是债权人按规定取得固定利息和到期收回本金的债权证书。

1. 债券的种类

债券的种类很多(见表6-2)。

表6-2 债券的划分标准与种类

划分标准	种类
按还本期限分类	短期债券、中期债券、长期债券
按发放方式分类	记名债券、无记名债券
按发行条件分类	抵押债券、信用债券
按可否转换为公司股票分类	可转换债券、不可转换债券
按偿还方式分类	定期偿还债券、随时偿还债券
按发行主体分类	国家债券、地方政府债券、企业债券、金融债券

2. 债券筹资的特点

(1)资金成本低。利用债券筹资的成本要比股票筹资的成本低,这主要是因为债券的发行费用相对较低,且债券利息在税前支付,起到抵税的作用。

(2)保证公司的控制权。债券持有人无权干涉公司的管理事务,因此,公司发行债券不会像增发新股那样可能会分散股东对公司的控制权。

(3)企业支出固定。不论公司将来盈利如何,它只需要付给债券持有人债券利息,而更多的收益可用于分配给股东或留归企业用以扩大经营。

(4)融资风险高。债券有固定的到期日,必须按期还本付息。当公司经营状况不好时,向债券持有人还本付息会引发更大的财务危机,甚至引起公司破产。

(5)限制条件多。发行债券的限制条件一般比长期借款的限制条件多,而且更严格。这就限制了公司对债券筹资方式的使用,甚至可能影响公司的正常发展和以后的筹资能力。

6.4 项目融资

6.4.1 项目融资的含义

项目融资作为一种重要的融资方式,是以项目本身良好的经营状况和项目建成、投入使用后的现金流量作为还款保证来融资的。它不需要以投资者的信用或有形资产作为担保，也不需要政府部门的还款承诺，贷款的发放对象是专门为项目融资和经营而成立的项目公司。

如何融到必备资金，对任何一家企业的诞生或者发展都至关重要。对企业或企业经营者而言，这存在两个问题：一是对有效的融资方式缺乏了解；二是面对众多融资方式，不知如何选择和如何着手，特别是在一些中小企业和创业者看来，融资只是大企业独有的权利。因此，在商业界不乏因资金等问题而失掉发展机会的企业。

6.4.2 项目融资的种类

1. 无追索权的项目融资

无追索权的项目融资也称为纯粹的项目融资。在这种融资方式下，贷款的还本付息完全依靠项目的经营效益。同时，贷款机构为保障自身的利益必须从该项目拥有的资产取得物权担保。如果该项目由于种种原因未能建成或经营失败，其资产或收益不足以清偿全部的贷款，贷款机构无权向该项目的主办人追索。

2. 有限追索权的项目融资

还有一种融资方式，除了以贷款项目的经营收益作为还款来源和取得物权担保外，贷款银行还要求有项目实体以外的第三方提供担保，贷款银行有权向第三方担保人追索。但是，担保人承担债务的责任，以他们各自提供的担保金额为限，因此这种融资方式称为有限追索权的项目融资。

6.4.3 项目融资的特点

项目融资用来保证贷款偿还的依据是项目未来的现金流量和项目本身的资产价值，而非项目投资者自身的资信，因此其具有以下几个特点。

1. 有限追索或无追索

在其他融资方式中，投资者向金融机构的贷款尽管是用于项目，但是债务人是投资者而不是项目，投资者的所有资产都可能用于提供担保或偿还债务。也就是说，债权人对债务有完全的追索权，即使项目失败也必须由投资者还贷，因而贷款的风险对金融机构来讲相对较小。而在项目融资中，投资者只承担有限的债务责任，贷款银行一般在贷款的某个特定阶段（如项目的建设期）或特定范围对投资者实行追索，而一旦项目达到完工标准，贷款将变成无追索。无追索权的项目融资是指贷款银行对投资者无任何追索权，只能依靠项目所产生的收益作为偿还贷款本金和利息的唯一来源，这种情况最早在20世纪30年代美国得克萨斯油田开发项目中应用。由于贷款银行承担风险较高，审贷程序复杂，以及效率较低等原因，目前无追索权的项目融资已较少使用。

2. 融资风险分散，担保结构复杂

因为项目融资资金需求量大、风险高，所以往往由多家金融机构参与提供资金，并通过书面协议明确各家贷款银行承担风险的程度，一般还会形成结构严谨而复杂的担保体系。例

如澳大利亚波特兰铝厂项目，由 5 家澳大利亚的银行以及比利时国民银行、美国信孚银行、澳洲国民资源信托资金等多家金融机构参与运作。

3. 融资比例大，融资成本高

项目融资主要考虑项目未来能否产生足够的现金流量以偿还贷款，以及项目自身风险等因素，对投资者投入的权益资本金数量没有太多要求。因此，其绝大部分资金是依靠银行贷款来筹集的，在某些项目中甚至可以做到 100% 的融资。

由于项目融资风险高，融资结构、担保体系复杂，参与方较多，因此，前期需要做大量协议签署、风险分担、咨询顾问等工作，这就会产生融资顾问费、承诺费、律师费等各种成本费用。另外，由于风险的因素，项目融资的利息一般也要高出同等条件抵押贷款的利息，这些都导致项目融资同其他融资方式相比成本较高。

4. 实现资产负债表外融资

资产负债表外融资，是指项目的债务不表现在投资者公司的资产负债表中。资产负债表外融资对于项目投资者的价值在于其使某些财力有限的公司能够从事更多的投资，特别是在一家公司从事超过自身资产规模的投资时，这种融资方式的价值就会充分体现出来。这一点对于规模相对较小的公司进行国际项目开发和资本运作具有重要意义。例如矿业开发项目，由于建设周期和投资回收周期都比较长，如果项目贷款全部反映在投资者公司的资产负债表上，就很可能造成资产负债比失衡，从而影响公司未来的筹资能力。

6.4.4　项目融资的主要模式

1. 以设施使用协议为基础的模式

国际上，一些项目融资是围绕着一个服务性设施或工业设施的使用协议作为主体安排的。设施使用协议（Tolling Agreement）是指在某种服务性设施或工业设施的提供者和这种设施的使用者之间达成的一种具有"无论提货与否均需付款"性质的协议。项目公司以设施使用协议为基础安排项目融资，主要将其应用于一些带有服务性质的项目。

2. 以产品支付为基础的模式

以产品支付为基础的项目融资模式适用于资源贮藏量已经探明并且项目的现金流量能够比较准确地计算出来的项目。这种模式所能安排的资金数量取决于所购买的那一部分产品的预期未来收益按照一定贴现率计算出来的净现值。

3. 建设—经营—移交模式

建设—经营—移交（Build-Operate-Transfer，BOT）模式，是指政府将一个工程项目的特许经营权授予承包商，承包商在特许期内负责项目设计、融资、建设和运营，并回收成本、偿还债务、赚取利润，特许经营期结束后承包商将项目所有权再移交给政府的一种项目融资模式。实质上，BOT 模式是政府与承包商合作经营的一种特殊的运作模式。

4. 移交—经营—移交模式

移交—经营—移交（Transfer-Operate-Transfer，TOT）模式，是指用私人资本或资金购买某项目资产（一般是公益性资产）的产权和经营权，购买者在一个约定的时间内通过经营收回全部投资和得到合理的回报后，再将项目产权和经营权无偿移交给原产权所有人的一种项目融资模式。这是工程项目融资方式的新发展。

5. 资产证券化模式

资产支持证券化（Asset-Backed Securitization，ABS），简称资产证券化，是指将缺乏流动性，但能够产生可预见的、稳定的现金流量的资产归集起来，通过一定的结构安排，对资产中风险与收益要素进行分离与重组，进而将其转换为在金融市场上可以出售和流通的证券的过程。

6. 以杠杆租赁为基础的模式

以杠杆租赁为基础的项目融资模式，是指以由两个或两个以上的专业租赁公司、银行以及其他金融机构等以合伙制形式组成的合伙制金融租赁公司作为出租人，使用自有资金再加上贷款人提供的资金购买承租人所欲使用的项目资产，然后租赁给承租人的一种融资模式。

6.5 融资方案分析

6.5.1 资金成本的含义

资金成本是指企业为筹集和使用资金而付出的代价（费用）。资金成本包括资金筹集成本和资金使用成本。

1. 资金筹集成本

资金筹集成本是指投资者在资金筹集过程中支付的各种费用，主要包括向银行借款的手续费，发行股票、债券而支付的印刷费、律师费、公证费、担保费及广告宣传费等各项代理发行费用。资金筹集成本通常是在筹措资金时一次性支付的，在用资过程中不再发生，因此属于固定性资金成本，可视作筹资总额的一项扣除。

2. 资金使用成本

资金使用成本又称资金占用费，是指占用他人资金应支付的费用，或者说是资金所有者凭借其对资金的所有权向资金占用者索取的报酬，如股东的股息、红利，债券及银行借款的利息等。资金占用费一般与所筹资金的多少以及资金的使用期长短有关，具有经常性、定期支付的特点，属于变动性资金成本，是资金成本的主要内容。投资某项目后，该项目所获利润额必须能够补偿资金成本，然后才能有利可言。因此，基准收益率最低限度不应小于资金成本率，否则便无利可图。

掌握资金成本的含义，应注意与几个概念相区别：

（1）资金成本与资金时间价值。两者的区别主要体现在3个方面：第一，资金时间价值表现为资金所有者的利息收入，而资金成本是资金使用人的筹资费用；第二，资金时间价值一般表现为时间的函数，而资金成本表现为资金占用额的函数；第三，资金成本的基础是资金时间价值，但资金成本既包括资金时间价值，又包括投资风险价值。

（2）资金成本与机会成本。与资金成本相比，机会成本是在方案外部形成的，它不是实际支出，不反映在该方案财务分析中，只有通过工程经济分析比较才能得到确定。但是在工程经济分析中，应将机会成本作为一个因素加以认真考虑，这样有助于选择最优方案。

当项目资金完全来源于企业自有资金投资时，可参考行业平均收益水平，将资金成本理解为一种资金的机会成本；当项目资金来源于自有资金和贷款时，最低收益率不应低于行业平均收益水平（或新筹集权益投资的资金成本）与贷款利率的加权平均值。

6.5.2　资金成本的作用

资金成本在现代企业中是关系到企业筹资决策和投资决策的重要问题。资金成本在企业筹资决策与投资决策中的作用主要表现在如下几个方面。

1. 资金成本是选择资金来源和筹资方式的重要依据

企业筹集资金的方式多种多样，如发行股票、债券、银行借款等。不同的筹资方式，其资金成本也不尽相同。资金成本的高低可以作为比较各种筹资方式优缺点的一项依据。

2. 资金成本是投资者进行最优资金结构决策的主要参考标准

企业的资金结构一般是由权益融资和负债融资结合而成的。若要寻求两者之间的最佳组合，一般可通过计算综合资金成本作为企业决策的依据。因此，融资决策的核心就是通过选择、利用各种融资方式，力求以最低的综合资金成本达到融资的目的。

3. 资金成本是评价投资项目可行性的重要尺度之一

在市场经济条件下，关于投资项目，只有资金利润率高于资金成本率的投资机会才是有利可图的，才值得进行筹资和投资；反之，项目就没有必要考虑筹资和投资。

4. 资金成本是比较追加融资方案的重要依据

企业为了扩大生产经营规模，增加所需资金，往往以边际资金成本作为依据。

6.5.3　资金成本主要影响因素

在市场经济环境中，影响资金成本的因素很多，主要有以下几个。

1. 宏观经济环境

宏观经济环境决定了整个经济运行中资金供给、需求及通货膨胀的水平。当经济增长时，投资需求导致货币需求量增加，资金供给难以满足市场需求，投资者将提高投资收益率，因此企业的资金成本上升；反之，投资者会降低其要求的投资收益率，导致企业的资金成本下降。当预期通货膨胀水平上升时，货币的实际购买能力下降，投资者就会提高其投资收益率来补偿预期的投资损失，从而导致企业的资金成本上升。

2. 证券市场的环境

证券市场条件（市场流动性、市场价格波动等）影响着证券投资风险。当证券市场流动性较差时，投资者的证券交易相对困难，变现风险加大，所要求的收益率就会提高。此外，证券市场价格波动较大时，市场投资风险加大，投资者要求的收益率也会提高。

3. 企业内部的经营和融资状况

经营风险是企业投资决策的结果，表现为资产收益率的变动；财务风险是企业筹资决策的结果，表现为普通股收益率的变动。当企业的经营风险和财务风险加大时，投资者便会有较高的投资收益率要求。

4. 融资规模

企业融资规模越大，资金成本就会越高。例如，企业发行的证券金额较大时，资金筹资费和资金占用费都会上升，而且证券发行规模的扩大也会导致发行价格的降低，并由此增加企业的资金成本。

5. 利税政策

当市场利率上升时，企业的债务成本会随之上升，并引起普通股和优先股的资金成本上升；反之亦然。税率的变化也会直接影响税后债务成本以及公司加权平均成本的变化。

6. 资本结构

资本结构也会影响资金成本。当采用适度负债的资本结构时，资金成本就会降低；当负债融资的比重增大时，公司的平均成本趋于降低，同时企业的财务风险提高，而财务风险的提高又会引起债务成本和权益成本的上升。

6.5.4 资金成本的计算

1. 资金成本计算的一般形式

资金成本由资金筹集成本和资金使用成本组成。其中，资金使用成本一般按机会成本的原则计算。投资的机会成本是指投资者将有限的资金用于除拟建项目外其他投资机会所能获得的最好收益。一般机会成本是在方案外部形成的，它不可能反映在该方案的财务上，必须通过工程经济分析人员的分析比较才能确定。为便于计算，资金成本可用绝对数表示，也可用相对数表示。为便于分析比较，资金成本一般用相对数表示，即资金成本率。其一般计算公式为：

$$K = \frac{D}{P-F} \tag{6-1a}$$

或

$$K = \frac{D}{P(1-f)} \tag{6-1b}$$

式中：K——资金成本率（一般称为资金成本）；

$\qquad P$——筹集资金总额；

$\qquad D$——资金占用费；

$\qquad F$——筹资费；

$\qquad f$——筹资费费率（筹资费占筹集资金总额的比例）。

在考虑资金时间价值的情况下，资金成本是使各年支付的费用和本金的现值之和与企业所筹到的资金相等时的折现率。

2. 银行借款的资金成本

（1）不考虑资金筹集成本时的资金成本，其计算公式如下：

$$K_d = (1-T)R \tag{6-2}$$

式中：K_d——银行借款的资金成本；

T——所得税税率；

R——银行借款利率。

对于银行贷款资金而言，资金成本为贷款的年有效利率而不是名义利率。所以，当贷款的计息周期与利率周期不一致时，要将名义利率转化为实际利率后再计算资金成本。

（2）对项目贷款实行担保时的资金成本，其计算公式如下：

$$K_d = (1-T)(R+V_d) \tag{6-3}$$

$$V_d = \frac{V}{Pn} \times 100\% \tag{6-4}$$

式中：V_d——担保费费率；

V——担保费总额；

P——企业借款总额；

n——担保年限。

（3）考虑资金筹集成本时的资金成本，其计算公式如下：

$$K_d = (1-T)\frac{R+V_d}{1-f} \tag{6-5}$$

例6-1　某房地产企业为某商品房开发建设项目申请银行长期贷款28 000万元，年利率为8.2%，每年付息一次，到期一次还本，贷款管理费及手续费费率为0.3%；另外根据相关贷款协议，该企业另需支付第三方担保费，其费率为0.1%；企业所得税税率为25%。试计算：该房地产开发项目长期借款的资金成本是多少？

解：根据式6-5，该项目长期借款的资金成本为：

$$K_d = (1-T)\frac{R+V_d}{1-f} = (1-25\%) \times \frac{8.2\%+0.1\%}{1-0.3\%} \approx 6.24\%$$

3. 债券资金成本

发行债券的成本主要是指债券利息和筹资费用。债券利息的处理与长期借款利息的处理相同，应以税后的债务成本为计算依据。债券的筹资费用一般比较高，不可在计算融资成本时省略。

债券资金成本的计算公式如下：

$$K_b = I_b \frac{1-T}{B(1-f_b)}$$

或

$$K_b = R_b \frac{1-T}{1-f_b} \tag{6-6}$$

式中：K_b——债券资金成本；

$\quad\quad\quad$ B——债券筹资额；

$\quad\quad\quad$ f_b——债券筹资费费率；

$\quad\quad\quad$ I_b——债券年利息；

$\quad\quad\quad$ R_b——债券利率。

若债券溢价或折价发行，为了更精确地计算资金成本，应以其实际发行价格作为债券筹资额。

例6-2 假设某公司发行面额为 600 万元的 10 年期债券，票面利率为 8%，发行费费率为 5%，发行价格为 650 万元，企业所得税税率为 30%。试计算：该公司债券的资金成本是多少？如果公司以 400 万元发行面额为 600 万元的债券，则资金成本又为多少？

解：

（1）根据式 6-6，以 650 万元价格发行时的资金成本为：

$$K_b = I_b \frac{1-T}{B(1-f_b)} = 600 \times 8\% \times \frac{1-30\%}{650 \times (1-5\%)} \approx 5.44\%$$

（2）根据式 6-6，以 400 万元价格发行时的资金成本为：

$$K_b = I_b \frac{1-T}{B(1-f_b)} = 600 \times 8\% \times \frac{1-30\%}{400 \times (1-5\%)} \approx 8.84\%$$

4. 加权平均资金成本

工程项目的资金筹集一般采用多种融资方式，因此除了银行借款的资金成本及债券资金成本外，其资金成本还包括优先股资金成本、普通股资金成本、融资租赁资金成本、留存盈余资金成本等。不同来源的资金，其成本各不相同。由于条件制约，项目不可能只从某种低成本的来源筹集资金，而是采用各种筹资方案的有机组合。

因此，为了对整个项目的融资方案进行筹资决策，在计算各种融资方式个别资金成本的基础上，还要计算整个融资方案的加权平均资金成本，以反映工程项目的整个资金方案的资金成本状况。

税前加权平均资金成本可以作为项目的最低期望收益率，也可以称为基准收益率，作为项目财务内部收益率的判别基准。若项目财务内部收益率高于加权平均资金成本，则项目的投资收益水平可以满足项目筹集资金成本的要求。

6.5.5 融资风险分析

融资方案的实施经常会受到各种风险因素的影响。因此，为了使项目融资实现更好的经济效果，必须进行融资风险分析。融资风险是指融资活动中存在的可能使投资者、项目法人、债权人等各方蒙受损失的各种风险。通常，在工程项目中，可能的融资风险有下列几种。

1. 出资能力风险

在项目融资方案的设计中，应当对预定出资人的出资能力进行调查分析，资金实力弱的贷款人可能由于经营中出现的各种问题，无力履行当初的贷款承诺，从而导致项目贷款融资落空。所以，在选择股本投资人及贷款人时，应当选择资金实力强、既往信用好、风险承受能力强、所在国政治及经济稳定的出资人。

2. 再融资风险

项目在实施过程中有可能出现许多问题，包括设计变更、技术变更、市场变化、预定的出资人变更等，这些将会导致融资方案的变更，从而给项目带来再融资风险。

3. 金融风险

项目的金融风险主要是指由于一些项目发起人不能控制的金融市场的可能变化而对项目产生的负面影响。这些因素包括汇率波动、利率波动、国际市场商品价格上涨（能源、原材料等）、通货膨胀、国际贸易保护主义等。

本章小结

项目的融资主体，是指进行融资活动并承担融资责任和风险的项目法人单位，可分为既有法人融资主体和新设法人融资主体两类。既有法人融资方式的资金来源于既有法人内部融资、新增资本金和新增负债；新设法人融资方式所需资金的来源包括项目公司股东投资的资本金和项目公司承担的债务资金。

项目资本金筹措方式有股东直接投资、股票融资、政府投资和吸收国外资本直接投资。筹集项目资本金应注意确定项目资本金的具体来源渠道、根据资本金的额度确定项目的投资额、掌握所需投入资本金的适宜比例、科学安排资本金到位的时间。

国内债务筹资包括政策性银行贷款、商业银行贷款（筹资手续简单，速度较快，筹资成本较低）和非银行金融机构（信托投资公司、租赁公司、财务公司和保险公司等）贷款。

国外贷款资金来源渠道主要有外国政府贷款、外国银行贷款、出口信贷、国际金融机构贷款等。

融资租赁是指不带维修条件的设备租赁业务，以项目的资产、收益作抵押来融资。其具体形式有自营租赁、回租租赁、转租赁和杠杆租赁。

项目融资是以项目本身良好的经营状况和项目建成、投入使用后的现金流量作为还款保证的融资方式，主要包括以设施使用协议为基础、以产品支付为基础、建设—经营—移交、移交—经营—移交、资产证券化等模式。

筹集和使用任何资金都要付出代价，资金成本就是投资者在工程项目实施中，为筹集和使用资金而付出的代价。资金成本由两部分组成，即资金筹集成本和资金使用成本。资金成本是选择资金来源和筹资方式的基本依据，也是投资者进行资金结构决策的重要标准。

思考题

1. 项目融资主体有哪两类？其各自的融资方式有哪些？

2. 国内、国外资金来源渠道分别有哪些？

3. 既有法人融资的基本内涵和使用条件是什么？其资金来源有哪些？

4. 新设法人融资的基本内涵和使用条件是什么？其资金来源有哪些？

5. 公司融资与项目融资的主要区别是什么？

6. 简述项目融资的主要模式及其特点。

7. 何谓资金成本？请写出各种来源的资金成本的计算方式。

习 题

一、单项选择题

1. 以下选项中，不属于内部融资性质的是（　　）。

A. 资产变现资金
B. 资产经营权变现资金
C. 新增资本金
D. 直接使用非现金资产

2. 开发城市轨道交通项目要求的最低资本金比例为（　　）。

A. 15%
B. 20%
C. 25%
D. 30%

3. 融资租赁的租金不包括（　　）。

A. 租赁资产的成本
B. 租赁资产的成本利息
C. 租赁手续费
D. 租赁资产管理费

4. 下列关于融资租赁的表述，正确的是（　　）。

A. 融资租赁的重点在于融资，获得资金的使用权
B. 融资租赁的重点在于融物，获得资产的使用权
C. 融资租赁是融资与融物相结合的筹资方式
D. 融资租赁会增加企业所得税负担

5. 融资租赁的出租人在进行相关账务处理时，（　　）。

A. 不能将租赁资产列入资产负债表，但可以对租赁资产提取折旧
B. 能够将租赁资产列入资产负债表，但不可以对租赁资产提取折旧
C. 能够将租赁资产列入资产负债表，也能够对租赁资产提取折旧
D. 不能将租赁资产列入资产负债表，也不能对租赁资产提取折旧

6. 直接租赁的实质是（　　）。

A. 自营租赁
B. 回租租赁
C. 转租赁
D. 项目融资

7. 以下银行类型中，不属于股份制银行的是（　　）。

A. 交通银行
B. 光大银行
C. 城市合作银行
D. 国家开发银行

二、多项选择题

1. 研究项目的融资方案，首先要研究拟定项目的（　　）。

A. 投融资主体　　　　　　　　　B. 投融资模式

C. 资金来源渠道　　　　　　　　D. 融资成本

E. 融资风险

2. 既有法人融资的主体项目包含（　　）等。

A. 既有法人为扩大生产能力而兴建的扩建项目或原有生产线的技术改造项目

B. 既有法人为新增生产经营所需水、电、汽等动力供应及环境保护设施而兴建的项目

C. 与既有法人的资产以及经营活动联系密切的项目

D. 既有法人具有融资的经济实力并承担全部融资责任的项目

E. 盈利能力较强，对整个企业的持续发展具有重要作用，需要利用既有法人的整体资信获得债务资金的项目

3. 既有法人融资来源有（　　）。

A. 信用担保　　　　　　　　　　B. 新增资本金

C. 既有法人内部融资　　　　　　D. 新增债务基金

E. 融资担保

4. 既有法人融资项目的新增资本金筹集渠道包括（　　）。

A. 原有股东增资扩股　　　　　　B. 吸收新股东投资

C. 社会集资　　　　　　　　　　D. 发行股票

E. 政府投资

5. 在设备融资租赁中，假设租赁双方承担确定时期的租让和付费义务，而不得任意终止和取消租约。宜采用这种方法的设备是（　　）。

A. 车辆　　　　　　　　　　　　B. 仪器

C. 搅拌机　　　　　　　　　　　D. 重型机械设备

E. 塔式起重机

6. 债券按发行条件分为（　　）。

A. 记名债券　　　　　　　　　　B. 无记名债券

C. 抵押债券　　　　　　　　　　D. 信用债券

E. 金融债券

三、填空题

1. 股东直接投资包括政府授权投资机构入股资金、国内外企业入股资金、社会团体和个人入股的资金以及基金投资公司入股的资金，分别构成_____、_____、_____和_____。

2. 股票融资可以采取_____和_____两种形式。

3. 资金成本由两部分组成，即_____和_____。

4. 发行债券的成本主要是指_____和_____。

四、判断题

1. 一般而言，项目融资主体可分为既有法人融资主体和新设法人融资主体两类。
（　　）

2. 非现金资产包括实物、工业产权、非专利技术、土地使用权等。（　　）

3. 铁路、公路项目、城市轨道交通项目、化肥（钾肥除外）项目，最低资本金比例为20%。
（　　）

4. 直接融资是指从银行及非银行金融机构借贷的信贷资金。（　　）

5. 国内外企业、团体、个人的资金不属于融资渠道。（　　）

6. 如果企业自有资金比较充足，可以多投一些在项目上，宜全部作为资本金。（　　）

7. 融资租赁通常适用于长期使用的贵重设备。（　　）

8. 临时使用的设备适宜采用经营租赁方式。（　　）

9. 租赁期内，融资租赁承担人拥有租赁设备的所有权。（　　）

10. 非银行金融机构主要有信托投资公司、租赁公司、财务公司和保险公司等。（　　）

11. 国外贷款资金来源渠道主要有外国政府贷款、外国银行贷款、出口信贷、国际金融机构贷款等。
（　　）

12. 流动资金周转天数越少，说明其周转速度越快，效果越好。（　　）

13. 设备的经济寿命是由维护费用的提高和使用价值的降低决定的。（　　）

14. 项目融资本质上是资金提供方对项目的发起人具有追索权或有限追索权（无担保或有限担保）的融资贷款。
（　　）

15. 资金筹集成本一般属于一次性费用，筹资次数越多，资金筹集成本就越小。（　　）

16. 资金成本是选择资金来源和筹资方式的重要依据。（　　）

7 工程项目可行性研究

可行性研究是在项目投资决策前进行技术经济论证的一门科学，旨在为经济活动的投资决策提供依据。随着社会发展和技术进步的进程不断加快，市场竞争日益激烈，建设项目规模越来越大，投资金额越来越多，为了避免投资方向失误、减少风险，可行性研究受到普遍重视，甚至一些国家和企业将其视为"决定工程建设项目命运的环节"来抓。本章主要介绍可行性研究的概念和实施程序、可行性研究报告的作用和内容、市场调查概述等内容。

7.1 可行性研究概述

7.1.1 可行性研究的概念和内容

可行性研究是指对拟建项目在技术上是否适用、经济上是否有利、建设上是否可行所进行的综合分析和全面科学论证的技术经济研究活动。其任务是综合论证项目的市场发展前景、技术上的先进性和可行性、经济上的合理性和有效性、实施上的可能性和风险性，即从技术和经济两方面评价项目是否可行，从而为投资决策提供依据。简而言之，可行性研究是要决定"做还是不做"的问题，其目的是用最小的代价在尽可能短的时间内确定问题是否能够得到解决，以达到在建设可行基础上和技术先进条件下的经济合理，以及经济合理条件下的技术先进，避免或减少建设项目决策的失误，提高投资的综合效果。

工程项目可行性研究的具体内容，随项目类型和性质的不同而有所差异，但各类工程项目要研究的基本内容大致相同。一般要求可行性研究解决和回答以下几个方面的问题：

（1）为什么要建这个项目？

（2）该项目的资源及市场需求情况如何？建多大的规模比较合适？

（3）该项目的地点选在哪里最佳？

（4）该项目建设需要采用什么技术方案？其方案有何特点？

（5）与该项目建设配套的外部条件如何？

（6）该项目总建设时间多长？需要多少投资资金？

（7）该项目所需的资金如何筹措？能否落实？

（8）该项目建成后，其经济效益和社会效益如何？

一般情况下，一个新建工程项目的开发建设全过程大体分为4个时期，即投资决策期、勘测设计期、施工建造期和运营投产期，每个时期又分为若干阶段，如图7-1所示。可行性研究发生在投资决策期，包括4个步骤，即投资机会研究、初步可行性研究、详细可行性研究、评价和决策。这4个步骤的工作由粗到细，内容由浅到深，投入的金额和人力也由少到多，而且各个阶段的任务要求和内容也不尽相同。

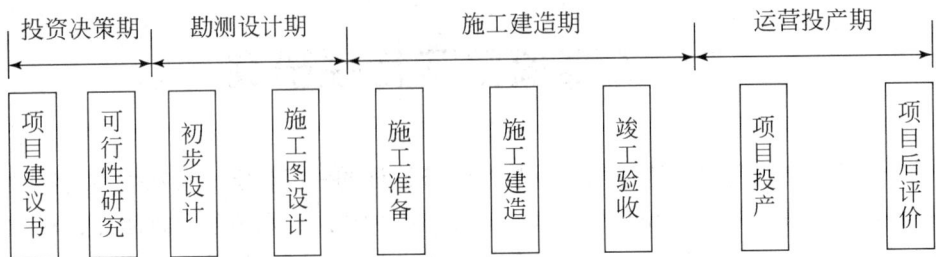

图7-1　新建工程项目开发建设全过程示意图

7.1.2　可行性研究的实施程序

可行性研究的实施程序大致可以概括为：签订可行性研究委托协议、组建研究小组、制订研究计划、市场调查与预测、方案编制与优化、项目评价、编写并提交可行性研究报告（如图7-2所示）。

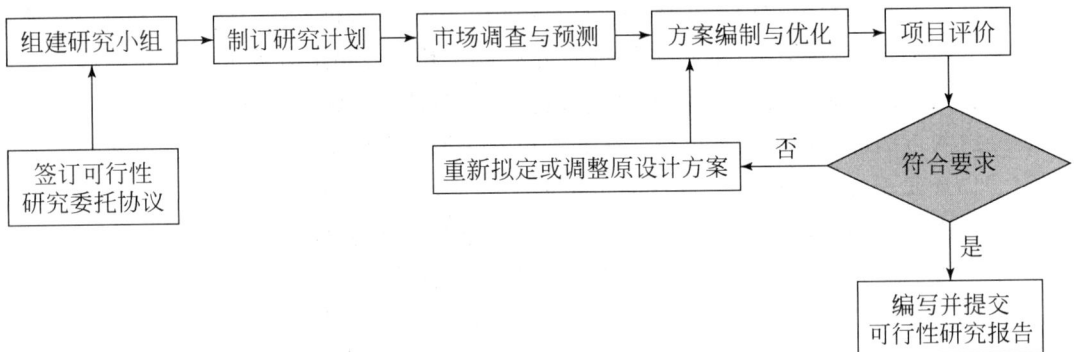

图7-2　可行性研究的实施程序

1. 签订可行性研究委托协议

可行性研究的实施单位与委托单位，就项目可行性研究的范围、重点、深度要求、完成时间、费用预算和质量要求等交换意见，并签订委托协议。

2. 组建研究小组

可行性研究的实施单位根据项目可行性研究的工作量、内容、范围、技术难度、时间要求等组建可行性研究小组。研究小组内部还可根据工作内容分为若干专业组，各专业组的工作一般由可行性研究的项目负责人统筹协调。

3. 制订研究计划

研究计划的内容包括可行性研究的步骤、范围、重点、深度、进度安排、人员配备、费用预算及可行性研究报告大纲等。可行性研究实施单位还要就此与委托单位交换意见。

4. 市场调查与预测

各专业组根据工作计划的要求进行实地调查，收集有关资料。通过向市场和社会、行业主管部门、项目所在地区，以及项目涉及的有关企业和单位等方面开展调查，收集项目建设、生产运营等方面所必需的信息资料和数据。

5. 方案编制与优化

在调查研究、收集资料的基础上，根据项目的建设规模、产品类型、厂址、工艺技术、设备、原材料供应、环保要求、资金筹措等，编制备选方案。在对各个方案进行论证、比选和优化后，提出推荐方案。

6. 项目评价

对推荐方案进行环境评价、财务分析、国民经济评价、社会评价及风险分析，判别项目的环境可行性、经济可行性、社会可行性和抗风险能力。

当有关评价指标不足以支持项目方案成立时，应对原方案进行调整或重新设计。

7. 编写并提交可行性研究报告

各专业组分工编制专业方案报告，经项目负责人衔接、协调和综合后，可行性研究实施单位提出可行性研究报告初稿，在与委托单位交换意见并修改完善后，向委托方提交正式的可行性研究报告。

7.1.3 可行性研究报告

可行性研究报告是可行性研究过程形成的工作成果的集中体现，是下一步研究工作的基础。可行性研究报告只需详细说明最优方案，并简述其他备选方案的情况，而不必将所有工作过程都展示出来。

1. 可行性研究报告的作用

可行性研究报告是其他各项投资准备工作的主要依据，可以为投资者进行项目投资决策、申请项目贷款，以及寻求合作者、进行机构设置等提供依据。总而言之，可行性研究报告具有如下几个作用。

（1）可作为是否进行工程项目建设的依据，也是编制设计文件和进行项目建设准备工作的重要依据。主管部门在审查项目是否可行时，在很大程度上依据可行性研究报告的论证结果。

（2）可作为向银行申请贷款筹集资金的依据。银行对建设项目实行贷款，首先要严格审查项目的可行性研究报告。各大银行都设有专门的审查部门负责这项工作。银行需要对工程项目的经济效益、盈利状况进行分析，并由此判断资金借出后，在项目建成后贷款申请人有无偿还能力。只有在确认贷款申请人有能力按时归还贷款，不至于承担较大的风险时，才会给予贷款。

（3）作为项目建设方与有关部门签订各种协议和合同的依据。项目建设方根据可行性研究报告内容的要求，可与有关部门签订为完成项目建设所需要的各种原材料、燃料、水电、运输以及其他各方面的协议和合同，以保证项目的顺利进行。

（4）可作为向当地政府及规划部门申请建设执照的依据。

（5）可作为工程项目建设基础资料的依据。在可行性研究报告中，对工厂厂址、工艺技术方案、生产规模、交通运输、设备选型等诸方面的问题都进行了方案的比较，并经过反复分析论证，寻找最佳解决办法，提出推荐方案。所以，可行性研究报告中的内容、数据可作为项目基础资料的依据，项目建设方可据此进行项目工程设计、设备加工订货以及建设前期的其他各项准备工作。

（6）作为科研试验、项目拟采用的新技术、新工艺、新设备的选择依据。

（7）作为企业机构设置、招收人员、职工培训等方面工作的依据。

（8）在可行性研究中，对于合理的生产组织、工程进度都做了论证，因此可行性研究报告还可作为组织施工、安排项目建设进度，以及对工程质量提出要求、进行工程质量检验的重要依据。

2. 可行性研究报告的编制依据

（1）国家和地方的经济和社会发展规划，行业部门发展规划，如江河流域治理规划、铁路公路路网规划、电力电网规划等；

（2）国家有关法律、法规、政策；

（3）项目建议书（或初步可行性研究报告）及其批复文件；

（4）有关机构发布的工程建设方面的标准、规范、定额；

（5）编制可行性研究报告的委托合同；

（6）有关经济评价的参数和指标；

（7）其他有关依据资料。

3. 可行性研究报告的内容

工程项目的重要特点之一是生产的单件性，即没有重复建造的一模一样的工程项目。因而，每个工程项目都应根据自身的技术经济特点确定可行性研究的工作要点，以及相应可行性研究报告的内容。根据中华人民共和国国家发展和改革委员会的有关规定，一般工业项目的可行性研究报告可按以下内容编写：

（1）总论。总论用于描述项目的基本情况，主要内容包括项目提出的背景、项目概况，以及主要问题与建议。总论的实质是对项目做出简明扼要的概述。作为可行性研究报告的首章，总论要综合叙述可行性研究报告中各个章节的主要问题和研究结论，并对项目的可行与否提出最终建议，为可行性研究的审批提供方便。

（2）市场预测。市场预测是市场调查在时间和空间上的延续，是利用市场调查所得到的信息资料，根据市场信息资料分析报告的结论，对本项目产品未来市场需求量及相关因素所进行的定量与定性的判断与分析，如对项目的产品和所需要的主要投入物的市场容量、价格、竞争力以及市场风险等进行分析预测。这部分内容为确定项目建设规模与产品方案提供依据。

（3）资源条件评价。金属矿、煤矿、石油天然气矿、建材矿、化学矿以及水利水电和森林采伐等项目，都是以矿产资源、水利水能资源和森林资源等自然资源的采掘为主要内容的资源开发项目。资源开发项目的建设应符合资源总体开发规划的要求，符合资源综合利用的要求，符合节约资源及可持续发展的要求，森林资源开发还应符合国家生态环境保护的有关规定。

（4）建设规模与产品方案研究。建设规模与产品方案研究是在市场预测和资源条件评价（针对资源开发项目）的基础上，论证比选拟建项目的建设规模和产品方案（包括主要产品和辅助产品及其组合），作为确定项目技术方案、设备方案、工程方案、原材料燃料供应方案及投资估算的依据。

（5）场址选择。可行性研究阶段的场址选择，是在初步可行性研究（或项目建议书）规划选址已确定的建设地区和地点范围内进行具体坐落位置选择，习惯上称为工程选址。

（6）技术方案、设备方案和工程方案。项目的建设规模与产品方案确定后，应进行技术方案、设备方案和工程方案的具体研究论证工作。

（7）主要原材料、辅助材料和燃料供应。在研究确定项目建设规模、产品方案、技术方案和设备方案的同时，还应对项目所需的原材料、辅助材料和燃料的品种、规格、成分、数量、价格、来源及供应方式等进行研究论证。

（8）节能措施。这部分内容主要为：节能措施、能耗分析。

（9）节水措施。这部分内容主要为：节水措施、水耗分析。

（10）环境影响评价。环境影响评价是在研究确定场址方案和技术方案中，调查研究环境条件，识别和分析拟建项目影响环境的因素，研究提出治理和保护环境的措施，比选和优化环境保护方案。

（11）劳动安全、卫生与消防。拟建项目的劳动安全、卫生与消防的研究是在已确定的技术方案和工程方案的基础上，分析论证在建设和生产过程中存在的、对劳动者和财产可能产生的不安全因素，并提出相应的防范措施。

（12）组织机构设置与人力资源配置。拟建项目的可行性研究，应对项目的组织机构设置、人力资源配置、员工培训等内容进行研究、比选和方案优化。

（13）项目实施进度。工程建设方案确定后，应研究提出项目的建设工期和实施进度方案。

（14）投资估算与融资方案。投资估算是在对项目的建设规模、技术方案、设备方案、工程方案及项目实施进度等进行研究并基本确定的基础上，估算项目投入总资金，并测算建设期内分年资金需要量，作为制定融资方案、进行经济评价以及编制初步设计概算的依据。

（15）财务分析。财务分析是在国家现行财税制度和市场价格体系下，从项目微观角度分析预测项目的财务效益与费用，计算财务分析指标，考察拟建项目的盈利能力和偿债能力，从而判断项目投资在财务上的可行性和合理性。

（16）国民经济评价。国民经济评价是按合理配置资源的原则，采用影子价格、社会折现率等国民经济评价参数，从国民经济宏观角度考察项目所耗费的社会资源和对社会的贡献，从而判断项目投资的经济合理性和宏观可行性。

（17）社会评价。社会评价是分析拟建项目对当地社会的影响，以及当地社会对项目的适应性和可接受程度，从而判断项目的社会可行性。

（18）风险分析与不确定性分析。风险分析主要包括项目主要风险识别、风险估计、风险评价及防范对策等；不确定性分析主要包括项目盈亏平衡分析、敏感性分析。

（19）研究结论与建议。在上述各项研究论证的基础上，可行性研究工作应择优提出推荐方案，并对推荐方案的主要内容和论证结果进行总体描述。研究结论与建议是在肯定推荐方案优点的同时，指出可能存在的问题和可能遇到的主要风险，并做出项目及其推荐方案是否可行的明确结论。

4. 可行性研究报告的要求

可行性研究报告编制单位必须具备承担可行性研究的条件。工程项目可行性研究报告的内容涉及面广，有一定的深度要求，因此，需要由具备一定的技术力量、技术装备、技术手段和有相当实际经验等条件的设计院等专门单位来承担编制工作。

在编制可行性研究报告时，必须满足以下要求：

（1）可行性研究应具有科学性和严肃性。可行性研究是一项技术性、经济性、政策性很强的工作，可行性研究报告编制单位必须坚持实事求是，遵照事物的客观经济规律和科研工作的客观规律办事，在调查研究的基础上，按客观实际情况进行论证评价，切忌主观臆断、行政干预、划框框等。为保证可行性研究的质量，可行性研究报告编制单位应保持独立性和公正性。

（2）可行性研究的内容和深度必须达到标准要求。不同行业、不同特点的工程项目，可行性研究的内容和深度各有侧重。但无论怎样，可行性研究报告的基本内容必须完整齐全，深度必须满足作为项目投资决策和编制任务书的依据等作用的要求。

5. 可行性研究报告的审批

可行性研究报告编制完成后，由建设投资部门正式上报进行审批。大中型项目的可行性研究报告，由各主管部门，各省、自治区、直辖市或全国性工业公司负责预审，报审批机关审批；小型项目的可行性研究报告，按隶属关系由各主管部门，各省、自治区、直辖市审批；重大和特殊工程项目的可行性研究报告，由审批机关会同有关部门预审，报国务院审批。

7.2 市场调查概述

在项目可行性研究中，市场调查的过程实际上就是寻找投资机会的过程。机会找准了，项目就有了成功的前提。因此，项目能否成功，很大程度上取决于投资者能否通过市场调查找到并利用有效的投资机会。

市场调查就是根据项目建议书或其他可行性研究报告中所列出的项目产品设想和项目规

模的建议，对项目拟生产的产品在一定时期内从生产者到消费者的有关市场信息资料的了解和收集，并进行分析研究的过程。市场调查的任务是掌握有关市场现状以及预测所需要的信息资料。市场调查是市场预测的基础，是工程项目可行性研究的起点。

根据市场调查的任务和内容的不同，市场调查分为市场需求量调查和市场特征调查两种。

7.2.1　市场需求量调查

市场需求量调查的首要任务是弄清影响市场需求量的因素。对于不同的产品，这些因素的影响作用是不同的。

对消费品而言，影响其需求量的主要因素是居民收入与消费水平，以及营销因素和社会因素。在我国，一般家用工业产品以居民消费为主要因素，除此之外，较高档的工业消费品往往由集团消费占主导地位。这是我国消费品市场的一个特点。所以，市场调查应同时对一般居民消费和集团消费进行调查。我国居民消费还有一个特点，就是消费层次不明显，消费能力比较均衡，这一特点导致消费需求比较集中。当某种产品在价格和性能、质量上为居民所接受时，可以在短期内形成巨大的需求量。

对于生产资料，其需求量更多地受国家宏观经济形势和相关行业的规模及发展趋势的影响。例如，在国民经济高速发展时期，各类生产资料，特别是各种建筑材料的需求量会急剧膨胀。又如，钢材的主要用户是机器制造业和建筑业，这两个产业的发展变化必然导致钢材需求量的变化。

有些工业产品，兼有消费品和生产资料两种属性，如电力、煤炭、家具、家用电器等。这类产品的市场调查比较复杂，既要进行工业调查，又要进行消费者调查。为了减少调查工作量和难度，在调查前应根据项目产品的属性和销售对象的特点，区分主要影响因素和次要影响因素，重点调查主要影响因素。

7.2.2　市场特征调查

市场特征调查主要是指对反映市场特征的非定量化因素的调查。它对判断市场需求变化发展的方向，从而制定正确的营销策略等有十分重要的作用。市场特征调查主要有以下4个方面的内容：

（1）需求者的特点，包括需求动机、需求者的文化和收入水平、需求偏好等。需求者的文化背景及所处体制对需求特征的影响极大。例如，企业对设备的需求，片面强调高性能、技术先进而不太重视实用的特点，与可能存在的产权不明、投资职责不清等体制有关。

（2）市场分布特征，包括市场的地域分布、行业分布、消费者类别（年龄、性别、收入及文化水平）分布等。知道了市场分布特征，就可以抓住重点市场，找到市场的突破口。

（3）市场完善程度，主要是指进入市场的自由程度、市场割据状态及市场壁垒的严重程度等。例如，有些国家或地区的市场可能存在比较严重的地方保护主义现象，对进口产品排斥、抵制，对本地紧俏的产品限制外运、外销等。这些因素都会影响项目的正常运营。

（4）市场竞争特征，包括主要竞争对手的背景、实力、政策优势、竞争策略、行为特征等。

7.2.3　市场调查方法

市场调查方法包括间接搜集信息法、直接观察法和直接访问法等。

1. 间接搜集信息法

间接搜集信息法是对现成信息资料进行搜集、分析、研究和利用的活动，通常采用查找、索讨、购买、交换、接收等具体手段，借助各种媒体（互联网、数据库、报纸、杂志、统计年鉴、电视、广播等）获取信息。

间接搜集信息法的优点是获取资料效率高、成本低、速度快，且能举一反三；缺点是深度不够、准确性不高，需要采用适当的方法进行二次处理和验证。

2. 直接观察法

直接观察法是调查人员在调查现场，从旁观察其实际状况的一种调查方法，如针对机动车客流量、楼盘售房量、热销商品在商场销售情况等进行观察。

直接观察法的优点是客观、贴近实际、准确性高，且在被调查者并未察觉时调查工作已完成；缺点是短时间难以观察到内在因素，有时需要长时间的观察才能求得结果。

3. 直接访问法

直接访问法就是将拟调查的事项，以面谈、电话问询、书面问卷等方式向被调查者提问，以获得所需资料信息的调查方法。

这些方法应用效果主要取决于所提问题的设置是否科学、得当，以及被调查者是否足够有效地配合工作。

间接搜集的信息能够为实地调研提供指导，还能对直接调查的方法进行弥补和修正，而且能鉴定、证明直接调查方法所获得资料的可信度。因此，在进行市场调查时，对上述方法合理搭配的使用效果最佳。

7.3　市场预测概述

市场预测就是项目产品的需求预测，即在通过市场调查基本掌握市场需求规律的基础上，运用科学的方法和手段，预测未来一段时间内社会对项目产品的需求及其变化趋势。

常用的市场预测方法包括专家判断法、时间序列分析法、因果分析法3类，其下又可细分成多种方法，如图7-3所示。

市场预测的主要特性如下：

（1）预测是有一定依据的，因而具有一定的可信度。

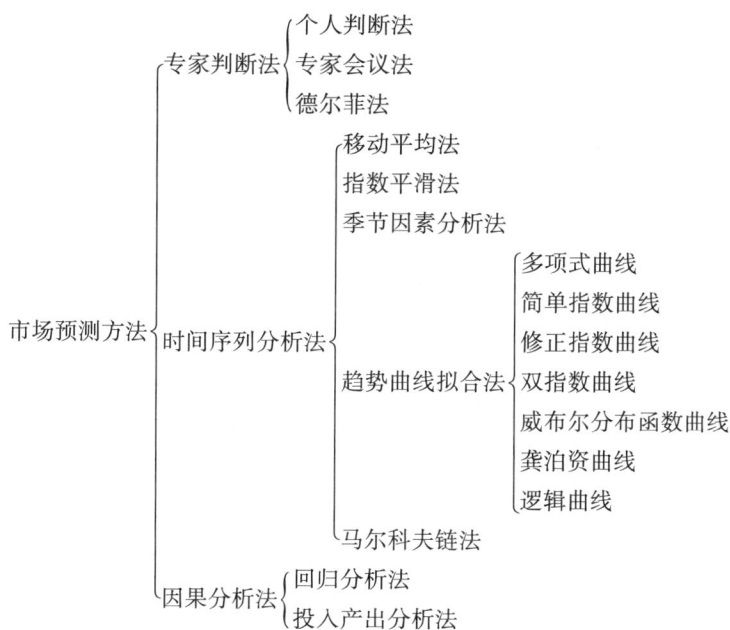

图 7-3　市场预测方法

（2）预测是有条件的，只有当客观情况完全符合预测的假设条件时，预测的结果才可能与未来的实际相符。

（3）预测具有不确定性，即预测结果与未来的实际情况有一定的偏差是不可避免的。

人们需要认识未来，而要准确地认识未来是不容易的，所以要研究进行预测的有效方法。正是有了这些性质，预测方法才发展到今天这样丰富的程度。提高准确度和降低不确定性是所有预测技术追求的目标。

要进行成功的市场预测，必须对预测有一个正确的认识，既不要盲目依赖预测及其结果，也不要全盘否定预测的作用。

本章小结

工程项目可行性研究既是项目投资前的一项研究工作，又是项目经济分析系统化、实用化的方法；既是工程经济思想的具体运用，又是项目设想细化和项目方案的创造过程。工程项目可行性研究是工程项目财务分析的基础，包括投资机会研究、初步可行性研究、详细可行性研究、评价和决策 4 个步骤，必要时增加辅助研究。

市场调查是工程项目可行性研究的起点，其方法包括间接搜集信息法、直接观察法和直接访问法等。

市场预测是基于市场调查对市场未来前景的推测，常用的市场预测方法包括专家判断法、时间序列分析法、因果分析法等。

思 考 题

1. 简述可行性研究的实施程序。

2. 简述可行性研究报告的作用及内容。

3. 市场调查的方法有哪些?

习 题

一、单项选择题

1. 工程项目建设前期阶段工作环节包括 (　　) 等。

A. 初步设计　　　　　　　　　　　　B. 施工图设计

C. 建设准备　　　　　　　　　　　　D. 可行性研究

2. 可行性研究报告中财务分析的主要内容不包括 (　　)。

A. 营业收入与成本费用估算　　　　　B. 影子价格及评价参数选取

C. 盈利能力分析　　　　　　　　　　D. 偿债能力分析

3. 市场调查直接访问法中不包括 (　　)。

A. 面谈调查　　　　　　　　　　　　B. 电话调查

C. 商场观察　　　　　　　　　　　　D. 问卷调查

4. 市场调查直接观察法中不包括 (　　)。

A. 面谈调查　　　　　　　　　　　　B. 交通量观察

C. 商场观察　　　　　　　　　　　　D. 售房量观察

5. 市场调查直接观察法的特点包括 (　　) 等。

A. 准确性较高　　　　　　　　　　　B. 获取资料速度快

C. 费用省　　　　　　　　　　　　　D. 能举一反三

6. 间接搜集信息法的特点不包括 (　　)。

A. 针对性较强　　　　　　　　　　　B. 获取资料速度快

C. 费用省　　　　　　　　　　　　　D. 能举一反三

二、多项选择题

1. 市场调查间接搜集信息法的特点包括 (　　) 等。

A. 获取资料速度快　　　　　　　　　B. 费用省

C. 针对性强　　　　　　　　　　　　D. 深度足够

E. 准确性高

2. 可行性研究中往往需要对 (　　) 进行预测。

A. 寿命周期　　　　　　　　　　　　B. 销售量和投入物

C. 产出物的市场价格　　　　　　　　D. 未来各种市场行情发生的概率

E. 市场研究

3. 市场预测方法包括（　　　）。

A. 专家判断法　　　　　　　　　　B. 时间序列分析法

C. 因果分析法　　　　　　　　　　D. 投入产出分析法

E. 回归分析法

4. 市场预测方法中的专家判断法包括（　　　）。

A. 马尔科夫链法　　　　　　　　　B. 专家会议法

C. 德尔菲法　　　　　　　　　　　D. 移动平均法

E. 个人判断法

三、判断题

1. 市场调查间接搜集信息法的具体手段包括查找、索讨、购买、交换、接收等。

（　　　）

2. 市场预测是在市场调查的基础上，通过对市场资料的分析研究，运用科学的方法和手段推测市场未来的前景。　　　　　　　　　　　　　　　　　　（　　　）

3. 可行性研究，是运用多种科学手段（技术科学、社会学、经济学及系统工程学等）对拟建工程项目的必要性、可行性、合理性进行技术经济论证的综合科学。　（　　　）

4. 可行性研究报告可作为该项目工程建设的基础资料。　　　　　　　　（　　　）

5. 可行性研究报告可作为项目科研试验、机构设置、职工培训、生产组织的依据。

（　　　）

6. 可行性研究报告可作为对项目考核和后评价的依据。　　　　　　　　（　　　）

7. 可行性研究的基本工作程序包括签订委托协议、组建工作小组、制订工作计划、市场调查与预测、方案研制与优化、项目评价、编写并提交可行性研究报告。　（　　　）

8. 可行性研究报告的编制不需要依据项目建议书。　　　　　　　　　　（　　　）

9. 可行性研究报告中财务分析的主要内容包括影子价格及评价参数选取。（　　　）

10. 可行性研究报告中财务分析的主要内容不包括场址选择。　　　　　（　　　）

11. 可行性研究报告中财务分析不需要考虑节能和节水措施。　　　　　（　　　）

12. 可行性研究报告可作为经济主体投资决策的依据。　　　　　　　　（　　　）

13. 可行性研究报告不可作为筹集资金和向银行申请贷款的依据。　　　（　　　）

14. 可行性研究报告可作为编制科研试验计划和新技术、新设备需用计划以及大型专用设备生产预安排的依据。　　　　　　　　　　　　　　　　　　　（　　　）

15. 可行性研究报告可作为从国外引进技术、设备以及与国外厂商谈判签约的依据。

（　　　）

16. 可行性研究报告可作为与项目协作单位签订经济合同的依据。　　　（　　　）

17. 可行性研究报告可作为向当地政府、规划部门、环境保护部门申请有关建设许可文件的依据。　　　　　　　　　　　　　　　　　　　　　　　　　（　　　）

18. 市场调查间接搜集信息法的特点是获取资料速度快、准确性高。　　（　　　）

19. 市场调查直接观察法得出的结论一般准确性不高。　　　　　　　（　　）

20. 市场调查直接观察法的缺点是：观察不到内在因素，有时需要长时间的观察才能求得结果。　　　　　　　　　　　　　　　　　　　　　　　　　　　　　　（　　）

21. 工程项目建设前期阶段工作环节不包括可行性研究。　　　　　　（　　）

22. 市场调查间接搜集信息法的手段不包括购买。　　　　　　　　　（　　）

23. 市场调查间接搜集信息法不能作为直接搜集信息的指导。　　　　（　　）

8 工程项目财务分析

工程项目财务分析，是根据国家现行的经济、财税、金融制度以及价格体系和工程项目经济评价的有关规定，从企业（或项目）的财务角度，分析测算拟建项目直接发生的财务效益与费用，编制财务报表，计算财务分析指标，考察和分析项目的盈利能力、偿债能力和财务生存能力，并进行财务风险分析，判断拟建项目在财务上的可行性，明确项目对财务主体的价值以及对投资者的贡献，为投资决策、融资决策及银行审贷提供科学的依据。本章主要介绍财务分析的目的、基本步骤、财务分析报表、工程项目投资估算的方法、工程项目的寿命周期、负债比例与财务杠杆的概念以及运营期借款利息的计算方法等内容。

8.1 财务分析概述

财务分析既是经济评价的重要核心内容，又为国民经济评价提供了调整计算的基础。

8.1.1 财务分析的目的

项目类型的不同会影响财务分析内容的选择。对于经营性项目，应进行盈利能力、偿债能力和财务生存能力3个方面的分析；而对于非经营性项目，财务分析则主要考察项目的财务生存能力。

1. 考察经营性项目的盈利能力

盈利能力或盈利水平是反映工程项目在财务上可行程度的基本标志。对经营性项目的盈利能力分析，主要考察拟建项目建成投产后是否有盈利、盈利多少、各年度的盈利能力，以及项目在整个寿命期内的盈利水平等。

2. 考察经营性项目的偿债能力

偿债能力（又称清偿能力）是指项目按期偿还其债务的能力，通常表现为建设投资借款偿还期的长短、利息备付率和偿债备付率的高低等。经营性项目的偿债能力直接关系到企业面临的风险和企业的财务信用程度，是企业进行筹资决策、银行进行贷款决策的重要依据。

3. 考察非经营性项目的财务生存能力

财务生存能力是指项目在运营期间从其各项经济活动中得到足够的净现金流量，从而确保项目能够持续生存的能力。非经营性项目（如公益性项目和基础设施项目）运营期间的净现金流量状况反映了其财务生存能力的强弱。财务生存能力分析亦称资金平衡分析，主要是根据财务计划现金流量表，综合考察项目计算期内各年的投资活动、融资活动和经营活动所产生的各项现金流入和流出，计算净现金流量和累积盈余资金，从而分析项目是否有足够的净现金流量来维持其正常运营。

此外，财务分析关于投资规模、资金来源、筹资方案选择等得出的结论还是项目资金规划的重要依据；对于中外合资项目或合作项目；财务分析也为其谈判签约提供重要依据。

8.1.2 财务分析的基本步骤

财务分析主要利用有关基础数据，以财务分析报表的形式，计算财务指标，进行分析和评价。其一般步骤如下。

1. 收集、整理、分析和估算项目的财务基础数据，编制财务分析的辅助报表

根据国家现行的财税制度、拟建项目市场调查研究以及投资方案的分析，确定合理的产品方案、生产方案和生产规模，选择建设地点和资金筹措方案，拟订项目计划等，并进行预测和估算，获得一系列财务基础数据，如项目总投资、成本、销售收入、税金和利润等。在分析、审查、鉴定和评估这些财务基础数据的基础上，可编制一系列财务分析的辅助报表。

辅助报表一般包括建设投资估算表、流动资金估算表、建设期利息估算表、项目总投资使用计划与资金筹措表、总成本费用估算表，以及营业收入及税金估算表等。

2. 编制财务分析的基本报表

将辅助报表中的基础数据进行汇总和整理，依据一定的程序和方法，可编制出财务分析的基本报表。这些基本报表有现金流量表、利润和利润分配表、财务计划现金流量表、资产负债表及借款还本付息计划表等。

3. 分析和计算财务分析指标

利用各种基本报表可分析、计算出一系列财务分析指标。财务分析指标包括静态指标和动态指标。总体来说，这些指标主要包括反映项目盈利能力的净现值、投资回收期、投资收益率和内部收益率等，以及反映项目清偿能力的资产负债率、流动比率、速动比率、利息备付率和偿债备付率等。

4. 进行不确定性分析

不确定性分析包括盈亏平衡分析、敏感性分析和概率分析3种方法，主要分析项目适应市场变化的能力和抗风险能力，并得出项目在不确定状态下财务分析的结论。

5. 提出财务分析结论

将确定性分析计算出来的各项财务分析指标与国家有关部门规定的基准值或经验标准、历史标准、目标标准等进行比较，即可对项目的盈利能力、清偿能力和财务生存能力做出评价，从而判断项目财务上的可行性；同时，结合项目不确定性分析的财务分析结论，最终从项目的角度提出该工程项目是否可行的结论。

8.1.3 财务分析报表

为了计算评价指标，考察项目的盈利能力、清偿能力以及抗风险能力等财务状况，需要

在编制财务分析辅助报表的基础上编制财务分析报表。

下面介绍几种主要的财务分析报表。

1. 现金流量表

现金流量表反映项目计算期内各年的现金收支，用于计算各项动态指标和静态指标，进行项目财务盈利能力分析。现金流量表分为项目投资现金流量表、项目资本金现金流量表、投资各方财务现金流量表。

（1）项目投资现金流量表（见表8-1）。对于新设项目法人项目，该表不分投资资金来源，以全部投资作为计算基础，用于计算项目投入全部资金的财务内部收益率、财务净现值、项目静态和动态投资回收期等评价指标，考察项目全部投资的盈利能力，为各个投资方案（不论其资金来源及利息多少）进行比较建立共同基础。

表8-1　项目投资现金流量表

序号	项目	计算期					
		1	2	3	4	…	N
1	现金流入						
1.1	营业收入						
1.2	补贴收入						
1.3	回收固定资产余值						
1.4	回收流动余值						
2	现金流出						
2.1	建设投资						
2.2	流动资金						
2.3	经营成本						
2.4	增值税金及附加						
2.5	维持运营投资						
3	所得税前净现金流量（1-2）						
4	累计所得税前净现金流量						
5	调整所得税						
6	所得税后净现金流量（3-5）						
7	累计所得税后净现金流量						
8	折现系数						
9	折现后净现金流量						
10	累计折现后净现金流量						

基于项目投资现金流量表的财务分析指标：

（1）常见指标：净现值（$FNPV$）、内部收益率（$FIRR$）、静态投资回收期或动态投资回收期（P_t 或 P_t'）。

（2）财务分析：净现值≥0，项目可行；内部收益率≥行业基准收益率，项目可行；静态投资回收期≤行业基准回收期，项目可行；动态投资回收期≤项目计算期，项目可行。反之不可行。

（2）项目资本金现金流量表（见表8-2），也称自有资金现金流量表。该表从直接投资者的角度出发，以投资者的出资额作为计算基础，把借款本金偿还和利息支付作为现金流出，用于计算资本金内部收益率、净现值和投资回收期等评价指标，考察项目资本金的盈利能力。

表8-2　项目资本金现金流量表

序号	项目	计算期				
		1	2	3	…	N
1	现金流入					
1.1	营业收入					
1.2	补贴收入					
1.3	回收固定资产余值					
1.4	回收流动资金					
2	现金流出					
2.1	项目资本金					
2.2	借款本金偿还					
2.3	借款利息支付					
2.4	经营成本					
2.5	增值税金及附加					
2.6	所得税					
2.7	维持运营投资					
3	净现金流量（1-2）					
4	累计净现金流量					
5	折现系数					
6	折现净现金流量					
7	累计折现净现金流量					

基于项目资本金现金流量表的财务分析指标：

（1）常见指标：净现值（$FNPV$）、内部收益率（$FIRR$）、静态投资回收期或动态投资回收期（P_t 或 P'_t）。

（2）财务分析：净现值≥0，项目可行；内部收益率≥行业基准收益率，项目可行；静态投资回收期≤行业基准回收期，项目可行；动态投资回收期≤项目计算期，项目可行。反之不可行。

（3）投资各方财务现金流量表（见表8-3），分别从各个投资者的角度出发，以投资者的出资额作为计算的基础，反映其具体的现金流入与现金流出情况，用于计算投资各方财务内部收益率，为其投资决策和进行合作谈判提供参考依据。

表 8-3　投资各方财务现金流量表

序号	项目	计算期					
		1	2	3	4	...	N
1	现金流入						
1.1	实分利润						
1.2	资产处置收益分配						
1.3	租赁收入						
1.4	技术转让或使用收入						
1.5	其他现金流入						
2	现金流出						
2.1	实缴资本						
2.2	租赁资产支出						
2.3	其他现金流出						
3	净现金流量（1-2）						

计算指标：投资各方财务内部收益率（%）。

注：本表可按不同投资方分别编制。其中，现金流入是指出资方因该投资方案的实施将实际获得的各种收入；现金流出是指出资方因该投资方案的实施将实际投入的各种支出。标注科目应根据投资方具体情况进行调整。

2. 利润和利润分配表

利润和利润分配表综合反映项目计算期内各年的盈利水平（营业收入、总成本费用、利润总额，以及所得税后利润的分配），在项目财务分析中用于计算总投资收益率、项目资本金净利润率等指标，同时通过利润分配可计算出用于偿还贷款的利润额度。此表的编制以利润总额的计算过程为基础，遵循会计上的权责发生制原则。权责发生制又称应计制或应计基础，是指收入、费用的确认，应当以收入和费用的实际发生作为计量的标准。凡是当期已经实现的收入和已经发生或应当负担的费用，不论款项是否收付，都应当作为当期的收入和费用处理；凡是不属于当期的收入和费用，即使款项已经在当期收付，都不应作为当期的收入和费用处理。因此，利润和利润分配表中使用的是总成本费用。

3. 财务计划现金流量表

财务计划现金流量表反映项目计算期各年的投资、融资，以及生产经营活动的资金流入和流出等情况，用于考察资金平衡和余缺情况。该表通过"累计盈余资金"项反映项目计算期内各年的资金是否充裕（是盈余还是短缺），是否有足够的能力清偿债务等。累计盈余大于 0，表明当年有资金盈余；累计盈余小于 0，表明当年会出现资金短缺，需要筹措资金或调整借款及还款计划。因此，该表可用于选择资金的筹措方案，制订适宜的借款及偿还计划，并为编制资产负债表提供依据。

4. 资产负债表

资产负债表能够综合反映项目计算期内各年年末资产、负债和所有者权益的增减变化及对应关系，以考察项目资产、负债、所有者权益的结构是否合理，用于计算资产负债率、流动比率和速动比率等指标，进行清偿能力分析。

资产负债表的主体结构包括三大部分，即资产、负债和所有者权益。它们具有下列关系：

$$资产=负债+所有者权益$$

5. 建设期利息估算及还本付息计划表

建设期利息估算及还本付息计划表，主要用于反映项目计算期内各年的借款、还本付息、偿债资金的来源等情况，计算借款偿还期或者偿债备付率、利息备付率等指标。

财务分析报表与评价指标的关系见表8-4。

表8-4　财务分析报表与评价指标的关系

评价内容	基本报表	静态指标	动态指标
盈利能力分析	项目投资现金流量表	项目投资静态投资回收期	项目投资财务内部收益率 项目投资财务净现值 项目投资动态投资回收期
	项目资本金现金流量表		项目资本金财务内部收益率
	投资各方财务现金流量表		投资各方财务内部收益率
	利润和利润分配表	总投资收益率 项目资本金净利润率	
清偿能力分析	资产负债表 建设期利息估算及还本付息计划表	资产负债率 偿债备付率 利息备付率	
财务生存能力分析	财务计划现金流量表	累计盈余资金	

8.2　工程项目投资估算

工程项目投资估算是在对工程项目的建设规模、产品方案、工艺技术及设备方案、工程方案及项目实施进度等进行研究并基本确定的基础上，估算项目所需资金总额（建设投资、建设期利息和流动资金）并测算建设期分年资金使用计划。

投资估算是拟建项目的项目建议书、可行性研究报告的重要组成部分，是项目经济评价的重要依据之一。

8.2.1　建设投资概略估算方法

所谓建设投资概略估算，是指根据实际经验和历史资料，对建设投资进行综合估算。这类方法虽然精确度不高，但在建设投资的毛估或初估阶段是十分必要的。

典型的建设投资概略估算方法有：生产规模指数法、分项比例估算法、单元指标估算法和资金周转率法。

1. 生产规模指数法

生产规模指数法又称生产能力指数法，是利用已经建成项目的投资额或其设备投资额，估算同类而不同生产规模的项目投资或其设备投资的方法。生产规模指数法的建设投资估算公式为：

$$C_2 = C_1 C_f \left(\frac{X_2}{X_1} \right)^n \tag{8-1}$$

式中：C_2——拟建项目的投资额；

C_1——已建同类型项目的投资额；

X_2——拟建项目的生产规模；

X_1——已建同类型项目的生产规模；

C_f——综合调整系数；

n——生产规模指数，$0 \leqslant n \leqslant 1$。

式 8-1 表明，建设项目的造价与规模（或容量）呈非线性关系，且单位造价随工程规模（或容量）的增大而减小。在正常情况下，若已建类似项目或装置的规模与拟建项目或装置的规模相差不大，生产规模比值在 0.5~2，则生产规模指数（n）的取值近似为 1。若已建类似项目或装置与拟建项目或装置的规模比值大于 2 但小于 50，且拟建项目的扩大仅靠增大设备规模来达到，则 n 的取值为 0.6~0.7；若是靠增加相同规格设备的数量来达到，则 n 的取值为 0.8~0.9。

采用这种方法，计算简单、速度快，但要求类似工程的资料完整可靠，条件基本相同，否则误差会增大。

例 8-1　年处理废水为 150 万吨的污水处理厂，投资为 20 亿元。现新建一个年处理废水为 450 万吨的污水处理厂，请估算其投资是多少（生产规模指数 $n = 0.8$）。

解：综合调整系数取 1.0，则根据式 8-1，得新建污水处理厂的投资估算为：

$$C_2 = C_1 \left(\frac{X_2}{X_1} \right)^n = 20 \times \left(\frac{450}{150} \right)^{0.8} \approx 48.16 \ （亿元）$$

2. 分项比例估算法

分项比例估算法是以拟建项目的设备费为基数，根据已建成的同类项目的建筑安装工程费、其他费用等占设备价值的百分比，求出相应的建筑安装工程费及其他费用的方法。分项比例估算法的建设投资估算公式如下：

$$C = E(1+f_1P_1+f_2P_2+f_3P_3)+I \tag{8-2}$$

式中：C——拟建项目的建设投资；

E——根据设备清单按现行价格计算的设备费（包括运杂费）的总和；

P_1，P_2，P_3——已建成项目中建筑、安装及其他工程费用分别占设备费的百分比；

f_1，f_2，f_3——由时间因素引起的定额、价格、费用标准等变化的综合调整系数；

I——拟建项目的其他费用。

式8-2中所涉及的占比及调整系数等需要通过足够样本量的统计数据计算分析得到。

3. 单元指标估算法

所谓单元指标，是指每个估算单位的建设投资额，如星级酒店单位客房投资指标、养老院每个床位投资指标、混凝土搅拌站每立方米混凝土投资指标等。

（1）民用建设项目单元指标估算法的建设投资估算公式为：

$$项目建设投资额 = 单元指标×民用建筑规模×物价浮动指数 \tag{8-3}$$

（2）工业建设项目单元指标估算法的建设投资估算公式为：

$$项目建设投资额 = 单元指标×生产能力×物价浮动指数 \tag{8-4}$$

在使用单元指标估算法时，应注意以下几点：

（1）当拟建项目的结构、功能与指标局部不相符时，应对指标进行适当的修正。

（2）产量少、规模小的工程，其指标可适当调增，反之指标可适当调减；

（3）明确指标是否包括管理费、试车费以及工程的其他各项费用。

4. 资金周转率法

资金周转率法是从资金周转率的概念出发，从而推算出工程项目投资额的一种方法。当资金周转率为已知时，则

$$C = \frac{QP}{T} \tag{8-5}$$

式中：C——拟建项目投资额；

Q——产品年产量；

P——产品单价；

T——资金周转率，可根据已建类似项目的相关数据进行估计，即

$$资金周转率 = \frac{年销售总额}{建设投资}$$

资金周转率法的优点是概念明确、简单方便。但是，不同性质的工厂或生产不同产品的车间，资金周转率法各不相同，因此需要做好相关基础工作，否则使用该法误差较大，影响投资估算的精确度。

8.2.2 建设投资详细估算方法

1. 建筑工程投资估算

建筑工程投资估算一般采用以下方法：

（1）单位建筑工程投资估算法。该种方法是以单位建筑工程量投资乘以建筑工程总量计算建筑工程投资。一般工业与民用建筑以单位建筑面积（m²）的投资，水库以水坝单位长度（m）的投资，铁路路基以单位长度（km）的投资，地铁隧道以单位长度（m）的投资，分别乘以相应的建筑工程总量计算建筑工程费。

（2）概算指标投资估算法。对于没有上述估算指标且建筑工程投资占总投资比例较大的项目，可采用概算指标投资估算法。采用这种估算法，应具有较为详细的基础数据和工程资料。

2. 安装工程费估算

安装工程费包括各种机电设备装配和安装工程费用，与设备相连的工作台、梯子及其装设工程费用，附属于被安装设备的管线敷设工程费用，安装设备的绝缘、保温、防腐等工程费用，单体试运转和联动无负荷试运转费用等。

安装工程费通常按行业或专业机构发布的安装工程定额、取费标准和指标估算投资。

安装工程费可按安装费率、每吨设备安装费或每单位安装实物工程量的费用估算，即

$$安装工程费 = 设备原价 \times 安装费率 \qquad (8\text{-}6a)$$

$$安装工程费 = 设备吨位 \times 每吨设备安装费 \qquad (8\text{-}6b)$$

$$安装工程费 = 安装费用标准 \times 每单位安装实物工程量 \qquad (8\text{-}6c)$$

3. 设备购置费（含工器具及生产家具购置费）估算

设备购置费应根据项目主要设备表及价格、费用资料进行估算。工器具及生产家具购置费一般按其占设备购置费的一定比例计取。

对于价值高的设备，应按单台（套）估算购置费；对于价值较小的设备，可按类估算。

国内设备和进口设备的设备购置费应分别估算。国内设备购置费为设备出厂价加运杂费。运杂费主要包括运输费、装卸费和仓库保管费等，可按设备出厂价的一定百分比计算。进口设备购置费由进口设备货价、进口从属费用及国内运杂费组成。进口设备货价按交货地点和方式的不同，分为离岸价（Free on Board，FOB）与到岸价（Cost Insurance and Freight，CIF）两种价格。如果采用离岸价，进口从属费用包括国外运费、国外运输保险费、进口关税、进口环节消费税、增值税、外贸手续费、银行财务费和海关监管手续费。进口设备到岸价与离岸价的关系如下式：

$$进口设备到岸价（CIF） = 离岸价（FOB） + 国外运费 + 国外运输保险费 \qquad (8\text{-}7)$$

4. 工程建设其他费用估算

工程建设其他费用按各项费用科目的费率或者取费标准估算。其中，费用内容可根据每个项目的情况进行取舍。

5. 基本预备费估算

基本预备费以建筑工程费、设备购置费、安装工程费及工程建设其他费用之和为计算基数，乘以基本预备费费率进行估算。

6. 涨价预备费估算

涨价预备费以建筑工程费、安装工程费、设备购置费之和为计算基数，乘以与建设期价格上涨指数有关的调整公式得到估算结果，其估算公式为：

$$PC = \sum_{t=1}^{n} I_t \left[(1 + f)^t - 1 \right] \tag{8-8}$$

式中：PC——涨价预备费；

$\quad$ I_t——第 t 年的建筑工程费、安装工程费、设备购置费之和；

$\quad$ f——建设期价格上涨指数；

$\quad$ n——建设期。

其中，建设期价格上涨指数，政府部门有规定的按规定执行，没有规定的由可行性研究人员预测。

例8-2 某建设工程项目在建设期初的建筑工程费、安装工程费、设备购置费之和为40 000万元。按本项目实施进度计划，项目建设期为3年，投资分年使用比例为：第一年20%，第二年50%，第三年30%，建设期内预计年平均价格总水平上涨率为5%。建设期贷款利息为1 395万元，工程建设其他费为3 560万元，基本预备费费率为10%。试估算：该项目的建设投资为多少合适？

解：（1）计算项目的涨价预备费。

第一年年末的涨价预备费 $=40\,000 \times 20\% \times [\,(1+0.05)^1 -1\,] = 400$（万元）

第二年年末的涨价预备费 $=40\,000 \times 50\% \times [\,(1+0.05)^2 -1\,] = 2\,050$（万元）

第三年年末的涨价预备费 $=40\,000 \times 30\% \times [\,(1+0.05)^3 -1\,] = 1\,891.5$（万元）

该项目建设期的涨价预备费 $=400+2\,050+1\,891.5 = 4\,341.5$（万元）

（2）计算项目的建设投资。

建设投资 $=$ 建筑工程费+安装工程费+设备购置费+工程建设其他费用+基本预备费+涨价预备费

$\quad = (40\,000+3\,560) \times (1+10\%) + 4\,341.5$

$\quad = 52\,257.5$(万元)

8.2.3 流动资金估算

一个企业要维持正常生产和经营，不仅要有固定资产，而且要有流动资金。因为再生产过程中总有一部分流动资金被长期占用，并且随着生产的发展，这部分资金还会逐年增加，所以企业必须具备一定数量的可以自由支配的流动资金。流动资金的估算一般采用两种方法，即扩大指标估算法与分项详细估算法。流动资金估算一般是参照现有同类企业的状况采用分项详细估算法，个别情况或者小型项目可采用扩大指标估算法。

1. 扩大指标估算法

扩大指标估算法是按照流动资金占某种基数的比例来估算流动资金的。一般常用的基数有销售收入、经营成本、总成本和费用、固定资产投资等。究竟采用何种基数依行业习惯而定，所采用的估算比例依经验而定，或根据实际掌握的现有同类企业的实际资料来确定，或依照行业、部门的参考值来确定。这种估算方法的准确度不高，适用于项目建议书阶段的投资估算。

2. 分项详细估算法

分项详细估算法也称分项定额估算法，是指按流动资金的构成分项分别计算并汇总。分项估算的思路是：先按照方案各年生产运行的强度，估算出各大类的流动资产的最低需要量；将各类最低需要量汇总以后减去该年估算出的正常情况下的流动负债（应付账款），就是该年所需的流动资金；用所需流动资金再减去上年已注入的流动资金，就得到该年流动资金的增加额。当项目达到正常生产运行水平后，流动资金就可不再注入。

8.3　工程项目财务分析中若干重要概念

8.3.1　工程项目的寿命周期

1. 项目寿命周期的概念

项目寿命周期是工程项目投资决策分析的基本参数，其长短对投资方案的经济效益影响很大。所谓项目寿命周期，是指工程项目正常生产经营能够持续的年限，一般用年表示。

2. 确定项目寿命周期的方法

（1）按产品的寿命周期确定。对轻工和家电产品这类新陈代谢较快的项目，适合按产品的寿命周期确定项目寿命周期。

（2）按主要工艺设备的经济寿命确定。这种方法适用于更新速度较慢的工程项目类型，如通用性较强的制造企业或者产品技术比较成熟的企业。

（3）综合分析确定。一般大型复杂的综合项目采用综合分析法确定其寿命周期。

3. 工程项目经济分析中的计算期

项目计算期对方案经济分析有很大影响，因此应对其合理确定。若计算期太短，则投资者有可能错过一些具有更大盈利机会的方案；若计算期太长，则由于对未来的预测准确度降低，计算误差会变大，将来面临的风险也会更大。

项目计算期是指经济评价中为进行动态分析所设定的期限，包括建设期和运营期。

建设期是指自项目资金正式投入开始到项目建成投产为止所需要的时间。其长短与投资规模、行业性质及建设方式有关，可按合理工期或预计的项目进度确定。项目建设期内只有投资，很少有产出。因此，从投资成本及获利的角度来看，建设期应在保证质量的前提下尽量缩短。

运营期分为投产期和达产期两个阶段。投产期是指项目投入生产，但生产能力尚未完全达到设计生产能力的过渡时期；达产期是指生产运营达到设计生产能力水平后的时间。运营期一般利用项目主要设备的经济寿命确定，也可参考已建同类项目或相似项目的经济寿命确定。

8.3.2 负债比例与财务杠杆

负债比例是指项目所使用的债务资金与资本金的数量之比。财务杠杆是指负债比例对资本金收益率的缩放作用。不同来源的资金所需付出的代价是不同的，因此，项目资本金收益率不仅与项目收益率有关，也与负债比例密切相关。

一般说来，在有负债的情况下，全部资金的投资效果与资本金的投资效果是不同的。例如项目总投资收益率，其一般不等于借款利率，这两种利率差额的后果将被资本金所承担，从而导致资本金利润率上升或下降。

设项目总投资为 K，资本金为 K_0，借款为 K_L，项目总投资收益率为 R，借款利率为 R_L，资本金利润率为 R_0，则资本金利润率计算公式为：

$$K = K_0 + K_L$$

$$R_0 = \frac{KR - K_L R_L}{K_0}$$

$$= \frac{(K_0 + K_L)R - K_L R_L}{K_0}$$

$$= R + \frac{K_L}{K_0}(R - R_L) \tag{8-9}$$

由上式可知，当 $R > R_L$ 时，$R_0 > R$；当 $R < R_L$ 时，$R_0 < R$。而且资本金利润率与总投资收益率的差别被负债比例所放大。这种放大效应就称为财务杠杆效应。

因此，选择不同的负债比例对投资者的收益会产生很大的影响。

例 8-3 某项工程有 3 种方案 A、B、C，项目总投资收益率 R 分别为 8%、12%、15%，借款利率为 12%。试比较负债比例分别为 0、1 和 5 时的资本金利润率。

解： 根据资本金利润率计算公式

$$R_0 = R + \frac{K_L}{K_0}(R - R_L)$$

依次求得负债比例分别为 0、1 和 5 时各方案的 R_0 如下：

方案 A（$R = 8\%$）对应的结果分别为 8%、4%、-12%；

方案 B（$R = 12\%$）对应的结果分别为 12%、12%、12%；

方案 C（$R = 15\%$）对应的结果分别为 15%、18%、30%。

8.3.3 运营期借款利息的计算

运营期借款利息是指建设投资借款利息和流动资金借款利息之和。

1. 建设投资借款利息

建设投资借款利息的计算与建设投资借款还本付息方式密切相关。建设投资借款的还本付息方式有以下 5 种：

（1）等额利息法，即每期付息额相等，期中不还本金，最后一期归还本期利息和本金。

（2）等额本金法，即每期偿还相等的本金和相应的利息。

（3）等额摊还法，即每期偿还本利相等。

（4）一次性偿付法，即最后一次性偿还本利。

（5）量入偿付法，即根据项目的盈利大小，任意偿还本利，到期末全部还清本息。

在以上建设投资借款的还本付息方式中，最常用的是量入偿付法。对于量入偿付法，建设投资借款在生产期发生的利息计算公式为：

$$每年支付利息 = 年初本金累计额 \times 年利率 \tag{8-10}$$

为简化计算，还款当年按年末偿还，全年计息。

2. 流动资金借款利息

流动资金借款利息的计算公式为：

$$流动资金利息 = 流动资金借款累计金额 \times 年利率 \tag{8-11}$$

本章小结

通过财务分析，能够衡量经营性项目的盈利能力和清偿能力、非经营性项目的财务生存能力。

财务分析报表可以评价项目盈利能力、清偿能力、财务生存能力。其主要有现金流量表、利润和利润分配表、财务计划现金流量表、资产负债表、建设期利息估算及还本付息计划表。

工程项目投资估算是拟建项目的项目建议书、可行性研究报告的重要组成部分，是项目经济评价的重要依据之一。

典型的建设投资概略估算方法有：生产规模指数法、分项比例估算法、单元指标估算法和资金周转率法。

建筑工程投资估算一般采用单位建筑工程投资估算法和概算指标投资估算法。安装工程费通常按行业或专业机构发布的安装工程定额、取费标准和指标估算投资。设备购置费应根据项目主要设备表及价格、费用资料进行估算。工程建设其他费用按各项费用科目的费率或者取费标准估算。基本预备费以建筑工程费、设备购置费、安装工程费及工程建设其他费用之和为计算基数，乘以基本预备费费率进行估算。涨价预备费以建筑工程费、安装工程费、设备购置费之和为计算基数，乘以与建设期价格上涨指数有关的调整公式得到估算结果。

项目计算期一般包括建设期和运营期，运营期即项目寿命周期。项目寿命周期是指工程项目正常生产经营能够持续的年限，一般用年表示。确定项目寿命周期的方法主要有：按产品的寿命周期确定、按主要工艺设备的经济寿命确定、综合分析确定。

负债比例是指项目所使用的债务资金与资本金的数量之比，选择不同的负债比例对投资者的收益会产生很大的影响。财务杠杆是指负债比例对资本金收益率的缩放作用。

运营期借款利息是指建设投资借款利息和流动资金借款利息之和。

思 考 题

1. 简述财务分析的目的、基本步骤及所需的财务分析报表。
2. 简述工程项目投资估算方法、使用条件及其计算公式。

习 题

一、单项选择题

1. 能够反映项目计算期内各年的投资、融资及经营活动的现金流入和流出，用于计算累计盈余资金，分析项目财务生存能力的现金流量表是（　　）。

A. 项目资本金现金流量表　　　　　　　　B. 投资各方财务现金流量表

C. 财务计划现金流量表　　　　　　　　　D. 项目投资现金流量表

2. 某拟建工业项目建设投资为 5 000 万元，计划投产后产品年产量为 10 万件。若资金周转率为 20%，则产品销售单价应为（　　）。

A. 50 元　　　　　　B. 100 元　　　　　　C. 150 元　　　　　　D. 200 元

3. 在建设投资借款的还本付息方式中，最常用的是（　　）。

A. 等额本金法　　　　　　　　　　　　　B. 等额摊还法

C. 等额利息法　　　　　　　　　　　　　D. 量入偿付法

二、多项选择题

1. 下列财务分析报表中，用于分析项目清偿能力的是（　　）。

A. 项目资本金现金流量表　　　　　　　　B. 投资各方财务现金流量表

C. 资产负债表　　　　　　　　　　　　　D. 借款还本付息计划表

E. 财务计划现金流量表

2. 利润和利润分配表中计算的经济评价指标包括（　　）。

A. 总投资收益率　　　　　　　　　　　　B. 资产负债率

C. 偿债备付率　　　　　　　　　　　　　D. 利息备付率

E. 项目资本金净利润率

3. 建设投资概略估算方法包括（　　）。

A. 单元指标估算法　　　　　　　　　　　B. 分项比例估算法

C. 资金周转率法　　　　　　　　　　　　D. 生产规模指数法

E. 概算指标投资估算法

三、判断题

1. 进口设备购置费由进口设备货价、进口从属费用及国内运杂费组成。（　　）

2. 项目寿命周期是指工程项目正常生产经营能够持续的年限。（　　）

3. 对于价值较小的设备应按单台（套）估算购置费；对于价值高的设备，可按类估算。（　　）

4. 财务分析可以判断项目的财务可行性。 （　　）

5. 财务分析前的准备包括：建设投资估算表，流动资金估算表，营业收入、增值税金及附加估算表，总成本费用估算表等。 （　　）

6. 在财务分析中进行融资前分析需要考虑债务筹资条件下的财务分析。 （　　）

7. 在财务分析中进行融资前分析只进行盈利能力分析。 （　　）

8. 在财务分析中进行融资后分析是在已有财务分析辅助报表的基础上，编制项目总投资使用计划与资金筹措表和建设期利息估算表。 （　　）

9. 现金流量表分为项目投资现金流量表、项目资本金现金流量表、投资各方财务现金流量表。 （　　）

10. 项目投资现金流量表用于计算项目投入全部资金的财务内部收益率、财务净现值、项目静态和动态投资回收期等评价指标。 （　　）

11. 利润和利润分配表反映项目计算期内各年的投资、融资及经营活动的资金流入和流出，用于计算累计盈余资金，分析项目的财务生存能力。 （　　）

12. 财务计划现金流量表反映项目计算期内各年的营业收入、总成本费用、利润总额等情况，以及所得税后利润的分配，用于计算总投资收益率、项目资本金净利润率等指标。 （　　）

13. 资产负债表用于综合反映项目计算期内各年年末资产、负债和所有者权益的增减变化及对应关系，计算资产负债率。 （　　）

14. 借款还本付息计划表主要用于反映项目计算期内各年借款本金偿还和利息支付情况，计算偿债备付率和利息备付率等指标。 （　　）

15. 项目资本金现金流量表用于计算投资各方财务内部收益率。 （　　）

16. 投资各方财务现金流量表用于计算项目资本金财务内部收益率。 （　　）

17. 基本预备费以建筑工程费和安装工程费之和为计算基数，乘以基本预备费费率进行估算。 （　　）

18. 流动资金估算一般是参照现有同类企业的状况采用扩大指标法。 （　　）

19. 项目寿命周期长短对投资方案的经济效益影响不大，在有些项目中可以不予考虑。 （　　）

20. 财务杠杆是指负债比例对资本金收益率的缩放作用。 （　　）

21. 建设投资借款的还本付息方式中，等额利息法每期偿还相等的本金和相应的利息。 （　　）

22. 建设投资借款的还本付息方式中，等额本金法每期付息额相等，期中不还本金，最后一期归还本期利息和本金。 （　　）

23. 所得税前分析不将所得税作为现金流出，所得税后分析则将其视为现金流出。 （　　）

9 工程项目费用效益分析

工程项目的经济评价分为财务分析与国民经济评价。工程项目的财务分析是站在企业投资者的立场考察项目的经济效益，由于立场不同，企业的利益并不总是与国家和社会的利益完全一致。从国家经济发展和社会利益角度看，需要确定如何把有限的资源进行合理配置，以分配给各种不同的经济用途，因此应对工程项目进行国民经济评价。费用效益分析是广泛采用的对项目进行国民经济评价的方法，是在合理配置社会资源的前提下，从国家整体利益的角度出发，分析项目的经济效率、效果和对社会的影响，考察项目对国民经济的贡献，评价项目在宏观经济上的合理性。本章主要介绍费用效益分析的概念、费用效益分析与财务分析的关系、经济效益和经济费用、费用效益分析参数、费用效益分析指标等内容。

9.1 费用效益分析概述

9.1.1 费用效益分析的概念及内容

所谓费用效益分析，是指从国家和社会的宏观利益出发，通过对项目的经济费用和经济效益进行系统、全面的识别和分析，求得项目的经济净收益，并以此来评价项目的国民经济可行性。其核心是通过比较各种备选方案的全部预期效益和全部预计费用的现值来评价这些备选方案，并以此作为决策的参考依据。

正常运作的市场能够有效地对稀缺资源在不同用途和不同时间上进行合理配置。然而，市场的正常运作要求具备若干条件，包括资源的产权清晰、完全竞争、公共产品数量不多、短期行为不存在等。如果这些条件不能满足，市场就不能有效地配置资源，即市场失灵。市场失灵表现为无市场、薄市场，外部效果，公共物品，短视计划等情况。

市场失灵的存在使得财务分析的结果往往不能真实反映工程项目的全部利弊得失，必须通过费用效益分析对财务分析中失真的结果进行修正。这类项目主要包括：铁路、公路、水利等基础设施项目，石油、煤炭、钢铁等资源开发项目，环保、高科技产业等外部效果显著的项目，以及涉及通信、重大技术装备等国家经济安全的项目。

费用效益分析是从国民经济全局的角度，按合理配置稀缺资源和社会经济可持续发展的原则，采用影子价格、社会折现率等费用效益分析参数，识别国民经济效益与费用，编制费用效益分析报表，计算费用效益分析指标并进行方案比选，从而考察工程项目的经济合理性。

9.1.2　费用效益分析与财务分析的关系

费用效益分析和财务分析是建设项目经济评价的两个方面，它们既有联系又有区别。费用效益分析既可以单独进行，也可以在财务分析的基础上进行。

1. 费用效益分析与财务分析的共同之处

（1）两种评价的基础工作相同。两种评价都要在完成产品需求预测、工艺技术选择、投资估算、资金筹措方案等可行性研究内容的基础上进行。

（2）两种评价的方法相同。它们都是经济效果评价，都使用基本的经济评价理论，即效益与费用比较的理论方法，都要寻求以最小的投入获取最大的产出，都要考虑资金时间价值，都采用内部收益率、净现值等营利性评价指标。

（3）两种评价的计算期相同。两者都是以工程项目的建设期和运营期作为分析的计算期。

2. 费用效益分析与财务分析的区别

（1）两者分析的角度不同。财务分析是站在项目的层次上，从项目经营者、投资者、未来债权人的角度，分析项目在财务上能够生存的可能性，分析各方的实际收益或损失，分析投资或贷款的风险及收益。费用效益分析则是站在国民经济的层次上，从全社会的角度分析项目的国民经济费用和效益。

（2）两者涉及的费用和效益的含义及划分范围不同。财务分析只根据项目直接发生的财务收支，计算项目的费用和效益。费用效益分析则从全社会的角度考察项目的费用和效益，这时项目的有些收入和支出就不能作为社会费用或收益，如税金、补贴和银行贷款利息。

（3）两者所使用的价格体系不同。财务分析使用实际的市场预测价格，费用效益分析则使用一套专用的影子价格体系。

（4）两者所使用的参数不同。例如衡量营利性指标内部收益率的判据，财务分析采用财务基准收益率，费用效益分析则采用社会折现率。财务基准收益率依行业的不同而不同，而社会折现率在全国各行业各地区都是一致的。

（5）两者评价内容不同。财务分析主要有两个方面，一方面是盈利能力分析，另一方面是清偿能力分析。而费用效益分析只作盈利能力分析，不作清偿能力分析。

3. 费用效益分析结论与财务分析结论的关系

由于财务分析和费用效益分析有所区别，虽然在很多情况下两者的结论是一致的，但也有可能两种评价的结论是不同的。可能出现的两种评价结论不同的 4 种情况及相应决策如下：

（1）财务分析和费用效益分析均可行的项目，应对其予以通过。

（2）财务分析和费用效益分析均不可行的项目，应对其予以否定。

（3）财务分析不可行、费用效益分析可行的项目，应对其予以通过；但国家和主管部门应采取相应的优惠政策，如减免税、财政补贴等，使项目在财务上具有生存能力。

（4）财务分析可行、费用效益分析不可行的项目，应对其予以否定；或者重新考虑方案，进行"再设计"。

9.2 经济效益和经济费用

经济效益分为直接经济效益和间接经济效益，经济费用分为直接经济费用和间接经济费用。直接经济效益和直接经济费用与投资主体有关，称为内部效果；因投资主体而产生，却被其他主体所承担的间接经济效益和间接经济费用，称为外部效果。

9.2.1 识别经济费用与经济效益的原则

1. 基本原则

费用效益分析的目标是实现社会资源的最优配置，从而使国民经济效益最大化。凡是增加国民经济收入的，就是国民经济效益；凡是减少国民经济收入的，就是国民经济费用。

2. 边界原则

财务分析从项目自身的利益出发，其系统分析的边界是项目。凡是流入项目的资金，就是财务效益，如销售收入；凡是流出项目的资金，就是财务费用，如投资支出、经营成本和税金。费用效益分析则从国民经济的整体利益出发，其系统分析的边界是整个宏观经济。费用效益分析不仅要识别项目自身的内部效果，而且要识别项目对国民经济其他部门和单位产生的外部效果。

3. 资源变动原则

在计算财务收益和费用时，依据的是货币的变动。凡流入项目的货币就是直接效益；凡流出项目的货币就是直接费用。经济资源的稀缺性意味着一个项目的资源投入会减少这些资源在国民经济其他方面的可用量，从而减少其他方面的国民收入。从这种意义上说，该项目对资源的使用产生了国民经济费用。凡是减少社会资源的项目投入，就会产生国民经济费用；凡是增加社会资源的项目产出，就会产生国民经济收益。

9.2.2 内部效果

内部效果包括直接经济效益和直接经济费用。

1. 直接经济效益

直接经济效益是指由项目产出物直接生成，并在项目范围内计算的经济效益。其一般包括以下内容：

（1）通过增加项目产出物（或服务）的数量以增加国内市场的供应量。其效益就是国内需求得到满足。

（2）用项目产出物（或服务）替代相同或类似企业的产出物（或服务），使被替代企业减产从而减少国家有用资源的耗用（或损失）。其效益就是被替代企业释放出有用资源。

（3）项目产出物（或服务）增加了出口量。其效益就是增加外汇收入。

（4）项目产出物（或服务）减少了进口量，即代替了进口货物。其效益就是节约外汇支出。

2. 直接经济费用

直接经济费用是指由项目使用投入物所形成，并在项目范围内计算的费用。其内容包括如下几项：

（1）国内其他部门为本部门项目提供投入物，从而扩大了该部门的生产规模。其费用为该部门增加生产所耗用的资源。

（2）项目投入物本来用于其他项目，由于改用于拟建项目而减少了对其他项目（或最终消费）投入物的供应。其费用为其他项目（或最终消费）因此而放弃的消费。

（3）项目的投入物来自国外，即增加进口。其费用为增加的外汇支出。

（4）项目的投入物本来首先用于出口，为满足项目需求而减少了出口。其费用为减少出口所减少的外汇收入。

9.2.3　外部效果

外部效果包括间接经济效益与间接经济费用，是指项目对国民经济做出的贡献与国民经济为项目付出的代价中，在直接经济效益与直接经济费用中未得到反映的那部分效益与费用。

外部效果的计算应考虑环境及生态影响效果、技术扩散效果和产业关联效果。对显著的外部效果能定量的，要做定量分析；计入项目的效益和费用，不能定量的，应作定性描述。

计算中，为防止间接经济效益的扩大化，项目外部效果一般只计算一次相关效果，不应连续扩展。

外部效果的计算应考虑的内容如下。

1. 环境及生态影响效果

环境及生态影响效果主要是指工业项目排放"三废"造成的环境污染和生态平衡被破坏，是一种间接费用。从项目本身讲，环境的污染和生态平衡被破坏所造成的损失并不计入成本；而从全社会的角度讲，这种破坏是全社会福利的损失，是实施该项目的成本。因此，进行费用效益分析时，必须把这些在做项目财务分析时不会考虑到的成本计算在内。

2. 技术扩散效果

技术扩散效果通常包括技术培训和技术推广等，这是一种比较明显的技术方面的外部效果，是一种间接效益。投资兴建一个技术先进的项目，会培养和造就大量的工程技术人员和管理人员。而人员的流动和技术外流，最终会给整个社会经济的发展带来好处。由于这种效果通常是隐蔽的、滞后的，因而难以被识别和计量，实际作业中大多只对其进行定性的描述。

3. 产业关联效果

产业关联效果包括对上游企业和下游企业的关联效果。对上游企业的关联效果是指一个项目的建设会刺激为该项目提供原材料或半成品的经济部门的发展；对下游企业的关联效果主要是指生产初级产品的项目对以其产出物为原料的经济部门产生的效果。

外部效果分为货币性和技术性两类。货币性外部效果是指效益在各个部门的重新分配，如税收或补贴等。货币性外部效果并不引起社会资源的变化，故在效益费用分析中不考虑。技术性外部效果是指确实使社会总生产和社会总消费起变化的外部效果。例如，水利设施项目除产生电力外，还能促进水产养殖和生态旅游等产业发展。

9.3 费用效益分析参数

费用效益分析参数是费用效益分析是否可行的基本评价依据，对合理选择及优化方案具有重要作用。费用效益分析参数主要包括社会折现率、影子汇率、影子工资和影子价格等，这些参数由有关专门机构组织测算和发布。

9.3.1 社会折现率

社会折现率代表社会资金被占用应获得的最低收费率，并用作不同年份价值换算的折现率。社会折现率是费用效益分析中经济内部收益率的基准值，是用于衡量资金时间价值的重要参数。

1. 社会折现率的作用

作为项目费用效益不同时间性价值之间的折现率，社会折现率反映了对于社会费用效益价值的时间偏好。这种偏好在一定程度上受到社会经济增长的影响，但并非完全由经济增长所决定。

作为项目费用效益要求的最低经济收益率，社会折现率代表社会投资所要求的最低收益水平，理论上认为应该由社会投资机会成本决定，也就是由社会投资的边际收益率决定。

由社会投资机会成本所决定的社会折现率，并不一定等于由社会时间偏好所决定的社会折现率。一般认为，社会时间偏好率应低于社会投资机会成本决定的社会折现率。

适当的折现率有利于合理分配建设资金，引导资金投向对国民经济贡献大的项目，调节资金供需关系，促进资金在短期和长期建设项目之间的合理调配。

2. 社会折现率对项目的影响

社会折现率的高低直接影响项目的经济可行性判断。

社会折现率的高低会影响方案比选的结果。

3. 社会折现率的确定和取值

关于社会折现率的确定和取值有两种思路：一种是基于社会投资机会成本的方法；另一种是基于社会时间偏好的方法。

按照社会投资机会成本原则确定的社会折现率总是高于按照费用时间偏好率原则确定的数值。《建设项目经济评价方法与参数（第三版）》推荐的社会折现率为8%。对于一些特殊项目，如水利工程、环境改良工程、某些稀缺资源的开发利用项目等，采取较低的社会折现率；交通运输项目的社会折现率要比水利项目的高；对于远期收益大的项目，允许对远期收益计算采取较低的社会折现率；对于永久性工程或者受益期超长的项目，宜采用低于 8% 的社会折现率；对于超长期项目，社会折现率可用按时间分段递减的取值方法。社会折现率的取值不可低于 6%。

9.3.2 影子汇率

汇率是指两个国家不同货币之间的比价或交换比率。

影子汇率是反映外汇真实价值的汇率。影子汇率主要依据一个国家或地区一段时期内进出口的结构和水平、外汇的机会成本及发展趋势、外汇供需状况等因素来确定。一旦上述因素发生较大变化，影子汇率就需要做出相应的调整。

对于工程项目投入物和产出物涉及进出口的情况，在进行费用效益分析时，影子汇率通过影子汇率换算系数计算，即

$$影子汇率换算系数 = \frac{影子汇率}{国家外汇牌价}$$

目前，根据我国外汇收支、外汇供求、进出口结构、进出口关税、进出口增值税及出口退税补贴等情况，影子汇率换算系数取值为 1.08。

例 9-1 已知 2013 年 7 月 25 日国家外汇牌价中人民币对美元的比值为 580.69/100，试求人民币对美元的影子汇率。

解： 影子汇率 = 影子汇率换算系数×国家外汇牌价 = 1.08×580.69/100 ≈ 6.271 4

9.3.3 影子工资

影子工资是项目使用劳动力时社会为此付出的代价，受劳动力的机会成本和社会资源耗费等因素的影响。影子工资一般通过影子工资换算系数计算，即

$$影子工资换算系数 = \frac{影子工资}{工资+福利费}$$

根据目前我国劳动力市场状况，技术性工种劳动力的影子工资换算系数取值为 1；非技术性工种劳动力的影子工资换算系数取值为 0.25 ~ 0.8，非技术性工种劳动力较为富余的地区可取较低值，不太富余的地区可取较高值，中间状况可取 0.5。

例 9-2 某高新技术开发区软件园建设项目投资中的人工费为 3 亿元，其中 70% 为技术性工种工资。在经济费用效益分析中，若取技术性工种的影子工资换算系数为 1，非技术性工种的影子工资换算系数为 0.4，试求该项目人工费的调整值。

解： 该项目人工费的调整值 = 70% ×3×1+30% ×3×0.4 = 2.46 （亿元）

9.3.4 影子价格

影子价格是经济费用效益计量的重要依据。影子价格是指依据一定原则确定的，能够反

映投入物和产出物真实经济价值，反映市场供求状况，反映资源稀缺程度，使资源得到合理配置的价格。影子价格是一种虚拟价格，是为了实现一定的社会经济发展目标而人为确定、更为合理的价格。进行费用效益分析时，项目的主要投入物和产出物价格，原则上都应采用影子价格。为了简化计算，在不影响评价结论的前提下，可只对其价格在效益或费用中所占比例较大或国内价格明显不合格的产出物或投入物使用影子价格。

影子价格是根据国家经济增长的目标和资源的可获性来确定的。如果某种资源数量稀缺且用途广泛，则其影子价格就高。如果这种资源的供应量增多，则其影子价格就会下降。进行费用效益分析时，项目的主要投入物和产出物价格，原则上都应采用影子价格。

确定影子价格时，对于投入物和产出物，首先要区分其所属类别（市场定价货物、政府调控价格货物、特殊投入物和非市场定价货物四大类别），然后根据投入物和产出物对国民经济的影响分别处理。

9.4 费用效益分析指标

费用效益分析以盈利能力评价为主，不计清偿能力，因此没有时间型指标，而价值型指标、比率型指标与财务分析类似。其评价指标包括经济内部收益率、经济净现值和效益费用比。

1. 经济内部收益率

经济内部收益率是指项目在计算期内各年经济净效益流量的现值累计等于0时的折现率。它表示项目占用的资金所能获得的动态收益率，反映项目对国民经济净贡献的相对指标。

判别准则：经济内部收益率等于或大于社会折现率，表明项目对国民经济的净贡献达到或超过了要求的水平，这时应认为项目是可以接受的。

2. 经济净现值

经济净现值是指用社会折现率将项目计算期内各年的净效益流量折算到建设期初的现值之和，反映了项目对国民经济净贡献的绝对指标。经济净现值越大，表示项目所带来的经济效益的绝对值越大。

判别准则：工程项目经济净现值不小于0，表示国家拟建项目付出代价后可以得到符合社会折现率的社会盈余，或者除了得到符合社会折现率的社会盈余外还可以得到以现值计算的超额社会盈余，这时就认为项目是可以考虑接受的。

按分析对象的不同，上述两种评价指标又可分为全投资的经济内部收益率和经济净现值、国内投资的经济内部收益率和经济净现值。如果该项目没有国外投资和国内借款，则全投资指标与国内投资指标相同；如果项目有国外资金流入与流出，则应以国内投资的经济内部收益率和经济净现值作为项目费用效益分析的取舍指标。

3. 效益费用比

效益费用比是项目在计算期内效益流量的现值与费用流量的现值之比，是经济费用效益分析的辅助评价指标。

判别准则：效益费用比大于1，表明项目资源配置的经济效率达到了可以被接受的水平。

本章小结

费用效益分析是从国民经济全局的角度出发，考察工程项目的经济合理性。其研究内容主要是识别国民经济效益与费用，计算和选取影子价格，编制费用效益分析报表，计算费用效益分析指标并进行方案比选。

费用效益分析与财务分析的异同之处：评价方法相同、评价的基础工作相同、评价的计算期相同；所站的层次不同、费用和效益的含义及划分范围不同、所使用的价格体系不同、所使用的参数不同、评价内容不同。

经济效益分为直接经济效益和间接经济效益，经济费用分为直接经济费用和间接经济费用。内部效果包括直接经济效益和直接经济费用。间接经济效益与间接经济费用称为外部效果。

费用效益分析参数是费用效益分析的基本判据，主要包括社会折现率、影子汇率、影子工资和影子价格等。

费用效益分析以盈利能力评价为主，评价指标包括经济内部收益率、经济净现值和效益费用比。

思考题

1. 简述费用效益分析的概念。
2. 比较费用效益分析与财务分析的异同之处。
3. 什么是项目的内部效果和外部效果？
4. 费用效益分析包含哪些指标？其判别准则分别是什么？

习题

一、单项选择题

1. 费用效益分析的主要参数不包括（　　）。

A. 社会折现率　　　　B. 影子汇率　　　　C. 清偿能力　　　　D. 影子工资

2. 根据《建设项目经济评价方法与参数（第三版）》，目前社会折现率测定值为（　　）。

A. 6%　　　　B. 8%　　　　C. 10%　　　　D. 12%

3. 目前，根据我国外汇收支、外汇供求、进出口结构、进出口关税、进出口增值税及出口退税补贴等情况，影子汇率换算系数取值为（　　）。

A. 1.05%　　　　B. 1.06%　　　　C. 1.07%　　　　D. 1.08%

4. 根据目前我国劳动力市场状况，技术性工种劳动力的影子工资换算系数取值为（　　）。

A. 1　　　　　　　B. 1. 2　　　　　　　C. 1. 5　　　　　　　D. 2

二、多项选择题

1. 费用效益分析的研究内容主要有（　　）。

A. 识别国民经济效益与费用

B. 计算和选取影子价格

C. 编制费用效益分析报表

D. 计算费用效益分析指标并进行方案比选

E. 衡量经营性项目的盈利能力和清偿能力

2. 费用效益分析与财务分析的共同之处是（　　）。

A. 评价方法相同　　　　　　　　　　B. 评价的基础工作相同

C. 评价的计算期相同　　　　　　　　D. 所使用的价格体系相同

E. 评价所站的层次相同

3. 费用效益分析与财务分析的不同之处是（　　）。

A. 评价的基础工作不同　　　　　　　B. 评价的计算期不同

C. 所使用的参数不同　　　　　　　　D. 评价内容不同

E. 费用和效益的含义及划分范围不同

三、填空题

1. 市场失灵表现为_____、_____，_____，_____，_____等情况。

2. 技术性外部效果包括_____、_____、_____。

3. 项目在计算期内各年经济净效益流量的现值累计等于0时的折现率是_____。

4. _____是指用社会折现率将项目计算期内各年的净效益流量折算到建设期初的现值之和。

5. _____是项目在计算期内效益流量的现值与费用流量的现值之比。

四、判断题

1. 经济效益分为直接经济效益和间接经济效益，经济费用分为直接经济费用和间接经济费用。（　　）

2. 间接经济效益与间接经济费用是在直接经济效益与直接经济费用中未得到反映的那部分效益与费用。（　　）

3. 因投资主体而产生，却被其他主体所承担的间接经济效益和间接经济费用，称为内部效果。（　　）

4. 直接经济效益和直接经济费用是与投资主体有关的，可称为外部效果。（　　）

5. 内部效果包括直接经济效益和直接经济费用。（　　）

6. 外部效果分为货币性和技术性两类。（　　）

7. 内部效果分为货币性和技术性两类。　　　　　　　　　　　　　　（　　）

8. 间接经济效益与间接经济费用可称为外部效果。　　　　　　　　　（　　）

9. 内部效果是在直接效益与直接费用中未得到反映的那部分效益与费用。（　　）

10. 费用效益分析是从国民经济全局的角度出发，考察工程项目的经济合理性。（　　）

11. 影子汇率反映了外汇真实价值的汇率。　　　　　　　　　　　　　（　　）

12. 社会折现率，是用于衡量资金时间价值的重要参数，代表社会资金被占用应获得的最低收费率，并用作不同年份价值换算的折现率。　　　　　　　　　　（　　）

13. 影子汇率不能反映外汇真实价值的汇率。　　　　　　　　　　　　（　　）

14. 如果某种资源数量稀缺且用途广泛，则其影子价格就低。　　　　　（　　）

15. 影子工资换算系数是影子工资与项目财务分析中劳动力的工资和福利费的比值。

　　　　　　　　　　　　　　　　　　　　　　　　　　　　　　　　（　　）

16. 经济内部收益率小于社会折现率的项目是可以接受的。　　　　　　（　　）

17. 工程项目经济净现值小于0，项目是可以考虑接受的。　　　　　　（　　）

18. 效益费用比不大于1，表明项目资源配置的经济效率达到了可以被接受的水平。

　　　　　　　　　　　　　　　　　　　　　　　　　　　　　　　　（　　）

10 工程项目费用效果分析

费用效果分析是指通过比较项目预期的效果与所支付的费用，判断项目的费用有效性或经济合理性，是项目经济评价基本分析方法之一。当工程项目的效果难于或不能货币化，或货币化的效果不是工程项目目标的主体时，在项目经济评价中应采用费用效果分析法，其结论可作为项目投资决策的依据。本章主要介绍费用效果分析的含义、费用效果分析的方法及计算指标等内容。

10.1 费用效果分析概述

1. 费用效果分析的含义

费用效果分析，也称成本效果分析，是指费用采用货币计量，效果采用非货币计量的经济效果分析方法。费用效果分析中的费用是指为实现项目预定目标所付出的财务代价或经济代价，采用货币计量；效果是指项目的结果所起到的作用、效应或效能，是项目目标的实现程度。按照项目要实现的目标，一个项目可选用一个或几个效果评价指标。

费用效果分析有广义和狭义之分。广义的费用效果分析泛指通过比较所达到的效果与所付出的耗费，分析判断所付出的代价是否值得。广义的费用效果分析并不刻意强调采用何种计量方式。狭义的费用效果分析专指耗费采用货币计量，效果采用非货币计量的分析方法。

一般情况下，针对需要进行费用效果分析的项目，在充分论证项目必要性的前提下，重点是制定实现项目目标的途径和方案，并根据以尽可能少的费用获得尽可能大的效果（经济）的原则，通过多方案比选，提供优先选定方案或进行方案优先次序排队以供决策。正常情况下，进入方案比选阶段，不再对项目的可行性提出质疑。

当费用效果分析应用于财务现金流量分析时，主要是进行项目总体方案的初步筛选和各个环节的方案比选；当应用于经济费用效益流量分析时，除了可以用于上述方案比选、筛选以外，对于项目主体效益难以货币化的情况，其取代了费用效益分析，并作为经济分析的最终结论。

2. 费用效益分析与费用效果分析的比较

费用效果分析只能用于比较方案的相对优劣，不能像费用效益分析那样通过费用和效益的分别计算和比较以保证所选方案的效果大于所花费的费用。因此，这种分析方法更加强调充分挖掘方案的重要性。费用效益分析和费用效果分析的比较具体如下：

（1）费用效益分析与费用效果分析的基本原则是相同的，即最大限度地节约稀缺资源，最大限度地提高经济效果。

（2）费用效益分析将费用和效益的单位进行统一，易于被人们接受。在市场经济中，货币价格在不同产出效果的叠加计算中，起着重要的参照物的作用。因而，用货币衡量效果和费用的费用效益分析具有概念明确、简洁明了、结果透明、认可度高的优点。当项目效果或其中主要部分易于货币化表达时，站在社会公众立场上所作的经济分析必须采用费用效益分析方法。

（3）针对效果难以评价的项目，费用效果分析则有效地回避了该痛点，适合评价效果难以货币化的领域，解决了价格测算方法不合理等造成的评价可信度降低的难题。

10.2　费用效果分析的方法

1. 采用费用效果分析的条件

费用效果分析应遵循多方案比选的原则，使所分析的项目满足下列 4 个条件：

（1）备选方案应具有共同的目标，且满足最低效果的要求；

（2）备选方案的费用应能货币化，并采用同一计量单位，且资金用量未突破资金限额；

（3）备选方案不少于两个，且为互斥型方案或可转化为互斥型方案；

（4）备选方案应具有可比的寿命周期。

2. 项目效果的度量

项目效果是指项目的结果所起到的作用、效应或效能，是项目目标的实现程度。项目的效果可以为一个，也可以不止一个。项目效果的度量是测算项目费用效果的基础。

以公益性项目为例，当一个新的公益性项目建成后，社会公众总能享受到比以往要多的好处。例如，居民小区健身设施的建成，方便居民锻炼身体，促进健康发展，将有可能使人们减少生病住院的花费等。

设 U_P 表示社会公众使用目前设施的年总成本，U_f 表示相同的社会公众使用新设施后的年总成本，I 为投资主体取得的收益，则新项目带来的社会效果 B 为：

$$B = U_P - U_f + I \qquad (10-1)$$

企业的效益可以很方便地用货币表示的收入来度量，但公益性项目往往没有或仅有很少的货币收入，因此度量公益性项目的效果必须特别谨慎。

度量公益性项目的效果一般可按照以下步骤进行：

（1）假设这些人现在正使用旧设施，但新设施一旦建成，人们将肯定使用新设施；

（2）估计每年使用新建的设施的大致人数；

（3）估计人们使用旧设施的成本；

（4）估计同样的人们使用新设施的成本；

（5）计算人们使用新、旧设施的成本之差，确定公众享受到的好处。

3. 项目费用的度量

投资主体的费用包括以下两部分：

（1）投资成本（C）。设 C_f 表示拟建公益性项目的等额年值投资成本，C_P 为用等额年值表示的目前正在使用的设施余值，则新项目的投资成本为：

$$C = C_f - C_P \tag{10-2}$$

（2）运营成本（M）。设 M_f 表示拟建公益性项目的未来的年运营费，M_P 表示目前正在使用的设施的年运营费，则新项目的运营成本为：

$$M = M_f - M_P \tag{10-3}$$

4. 费用效果分析的计算指标

对于医疗、保健、文化、教育、公安、消防及绿化等建设项目进行的效果分析，常涉及噪声危害、空气污染、防止犯罪、提高人的素质、改善环境、消除疾病、延长寿命，以及就业机会增多等情况，这些效果称为无形效果。在费用效果分析中，对这些效果不能简单地用货币来衡量。

假如某公益性项目的无形效果可被量化为单一指标来衡量，对其就可采用费用效果分析法。其计算指标一般可用 $R_{E/C}$ 表示，即

$$R_{E/C} = \frac{\text{项目效果}}{\text{计算期费用}} = \frac{\text{效果}}{\text{费用}} \tag{10-4}$$

上式中，计算期费用常用现值或年值表示。

其判定准则是：投入费用（计算期费用）一定效果最大或者效果一定费用最小的方案最佳。

5. 费用效果分析的实施方法

（1）最小费用法，也称固定效果法，在效果相同的条件下，应选取费用最小的备选方案。

（2）最大效果法，也称固定费用法，在费用相同的条件下，应选取效果最大的备选方案。

（3）增量分析法，当效果与费用均不固定，且分别具有较大幅度的差别时，应比较两个备选方案之间的费用差额和效果差额，分析获得增量效果所付出的增量费用是否值得，不可盲目选择效果费用比（$R_{E/C}$）大的方案或费用效果比（$R_{C/E}$）小的方案。

采用费用效果增量分析时应先确定基准指标。如果增加的效果能够抵补增加的费用，选择费用高的方案，否则，选择费用低的方案。

如果项目有两个以上的备选方案进行增量分析，宜按下列步骤选优：

（1）将方案费用由小到大排列；

（2）从费用最小的两个方案开始比较，通过增量分析选择优势方案；

（3）将优势方案与紧邻的下一个方案进行增量分析，并选出新的优势方案；

（4）重复第（3）步，直至最后一个方案。最终被选定的优势方案为最优方案。

例 10-1   某研究机构新研究了两种新型起重机,以可靠性(1-事故概率)作为评价效果的主要指标,即在一定条件下不发生事故的概率。其中 A 型号起重机费用为 300 万元,可靠性为 0.98;B 型号起重机费用为 260 万元,可靠性为 0.94。请问:应选择哪一种型号的起重机?

解: 按照费用效果分析法,分别计算两种型号起重机的单位费用产生的可靠性效果,其效果费用比($R_{E/C}$)分别为:

$$R_{E/CA} = \frac{0.98}{300} \approx 0.33\%$$

$$R_{E/CB} = \frac{0.94}{260} \approx 0.36\%$$

按每万元取得的可靠性判断,应选 B 型号起重机。

10.3   成本效用分析

对公益性项目进行经济评价时,往往要采用多个定量和(或)定性的指标来全面衡量项目实施的效果。在这些定量的指标中有各种计量单位,有的指标数值越大越好,而有的指标数值越小越好。对于此类问题,可采用成本效用分析方法,利用成本效用计算指标进行分析。

成本效用计算指标一般可用 $[U/C]$ 表示,即

$$[U/C] = \frac{效用}{费用} \tag{10-5}$$

其判定准则是:

(1)固定成本法:投入成本一定,效用最大的方案最佳。

(2)固定效用法:效用一定,投入成本最小的方案最佳。

10.3.1   成本效用分析的基本步骤

成本效用分析的基本步骤如下:

(1)对项目作系统分析;

(2)计算成本;

(3)构建评价指标体系;

(4)确定评价标准;

(5)定性指标的定量化;

(6)计算效用系数;

(7)确定指标权重;

(8)计算效用费用比 $[U/C]$。

10.3.2 效果指标的确定

1. 定性效果指标的确定方法

定性效果指标可组织专家（或有经验人员）小组会议进行评分或由各专家个人分别评分，然后采用算术平均法、加权平均法或中位数法对评分进行整理作为评价指标的分数值。

对定性效果指标进行评分时，可参照表10-1所示的评分标准。

表10-1　定性效果指标评分标准

满足程度	最好	良	中	差	很差
百分制	100	80	60	40	20
五分制	5	4	3	2	1

2. 定量效果指标确定方法

在计算效用系数时，可用下列公式来消除由于各种指标计量单位不统一造成的不可比性。

（1）当指标要求越大越好时，其效用系数U_j可由下式计算得到：

$$U_j = \frac{X_j - X_{jmin}}{X_{jmax} - X_{jmin}}$$ （10-6）

（2）当指标要求越小越好时，其效用系数U_j可由下式计算得到：

$$U_j = \frac{X_{jmax} - X_j}{X_{jmax} - X_{jmin}}$$ （10-7）

式中：X_{jmin}——预先确定的第j个指标的最低值（不允许再小的值）；

X_{jmax}——预先确定的第j个指标的最大值；

j——评价指标的数目，$j=1,2,\cdots,n$。

例10-2　某水坝有4个方案可供选择，它们的有关数据见表10-2。已知年出现水灾的概率越小越好，其最大值为0.2，最小值为0.01；水产养殖可能性是越大越好的指标，其最大值为10，最小值为0；旅游观光指标也是越大越好的指标，最大值为280 000，最小值为0，试选最优方案。

表10-2　例10-2数据

方案	费用现值	出现水灾的概率/年 权重50%	水产养殖可能性（0~10） 权重30%	旅游观光（人·日/年） 权重20%
A	1.5	0.28	—	—
B	2.5	0.12	4	110 000
C	3.8	0.05	6	160 000
D	6.0	0.01	10	280 000

解:（1）A 方案出现水灾的概率要大于事先规定的最大值，所以淘汰。

（2）计算 B 方案出现水灾概率的效用系数（U）：

$$U_j = \frac{X_{j\max} - X_j}{X_{j\max} - X_{j\min}} = \frac{0.2 - 0.12}{0.2 - 0.01} \approx 0.42$$

计算水产养殖可能性的效用系数：

$$U_j = \frac{X_j - X_{j\min}}{X_{j\max} - X_{j\min}} = \frac{4 - 0}{10 - 0} = 0.4$$

计算旅游观光的效用系数：

$$U_j = \frac{X_j - X_{j\min}}{X_{j\max} - X_{j\min}} = \frac{110\,000 - 0}{280\,000 - 0} \approx 0.39$$

计算综合效用系数：

$$U = 0.42 \times 0.5 + 0.4 \times 0.3 + 0.39 \times 0.2 \approx 0.41$$

$$[U/C] = \frac{0.41}{2.5} = 0.164$$

（3）计算 C 方案出现水灾概率的效用系数（U）：

$$U_j = \frac{X_{j\max} - X_j}{X_{j\max} - X_{j\min}} = \frac{0.2 - 0.05}{0.2 - 0.01} \approx 0.79$$

计算水产养殖可能性的效用系数：

$$U_j = \frac{X_j - X_{j\min}}{X_{j\max} - X_{j\min}} = \frac{6 - 0}{10 - 0} = 0.6$$

计算旅游观光的效用系数：

$$U_j = \frac{X_j - X_{j\min}}{X_{j\max} - X_{j\min}} = \frac{160\,000 - 0}{280\,000 - 0} \approx 0.57$$

计算综合效用系数：

$$U = 0.79 \times 0.5 + 0.6 \times 0.3 + 0.57 \times 0.2 \approx 0.69$$

$$[U/C] = \frac{0.69}{3.8} \approx 0.182$$

（4）计算 D 方案出现水灾概率的效用系数（U）：

$$U_j = \frac{X_{j\max} - X_j}{X_{j\max} - X_{j\min}} = \frac{0.2 - 0.01}{0.2 - 0.01} = 1$$

计算水产养殖可能性的效用系数：

$$U_j = \frac{X_j - X_{j\min}}{X_{j\max} - X_{j\min}} = \frac{10 - 0}{10 - 0} = 1$$

计算旅游观光的效用系数：

$$U_j = \frac{X_j - X_{j\min}}{X_{j\max} - X_{j\min}} = \frac{280\,000 - 0}{280\,000 - 0} = 1$$

计算综合效用系数：

$$U = 1 \times 0.5 + 1 \times 0.3 + 1 \times 0.2 = 1$$

$$[U/C] = \frac{1}{6} = 0.167$$

从综合评价的结果来看，应选择 C 方案。

本章小结

费用效果分析是指费用采用货币计量，效果采用非货币计量的经济效果分析方法。对工程项目进行费用效果分析的重点集中在制定实现项目目标的途径和方案、评价项目主体效益难以货币化的项目。费用效益分析单位统一，认可度高，结果易于被人们接受；费用效果分析回避了效果定价的难题，最适合效果难以货币化的领域。

费用效果分析只能比较不同方案的优劣，应遵循多方案比选的原则，使所分析的项目满足 4 个条件：备选方案不少于两个，且为互斥型方案或可转化为互斥型方案；备选方案应具有共同的目标，且满足最低效果的要求；备选方案的费用应能货币化，并采用同一计量单位，且资金用量未突破资金限额；备选方案应具有可比的寿命周期。

项目效果是指项目的结果所起到的作用、效应或效能，是项目目标的实现程度。

费用效果分析判定准则是：投入费用一定效果最大或者效果一定费用最小的方案最佳。

成本效用分析判定准则是：投入成本一定效用最大或者效用一定费用最小的方案最佳。

思考题

1. 简述费用效果分析的含义。
2. 试阐述费用效益分析与费用效果分析的关系。

习题

1. 费用效果分析是指费用采用非货币计量，效果采用货币计量的经济效果分析方法。
（　）

2. 费用效果分析既可以应用于财务现金流量分析，也可以应用于经济费用效益流量分析。
（　）

3. 费用效益分析回避了效果定价的难题，最适合效果难以货币化的领域。　　（　）

4. 费用效益分析与费用效果分析两者评价的基本原则是相同的。　　　　　　（　）

5. 费用效果分析单位统一，认可度高，结果易于被人们接受。　　　　　　　（　）

6. 项目效果是指项目的结果所起到的作用、效应或效能，是项目目标的实现程度。项目的效果只能有 1 个。　　　　　　　　　　　　　　　　　　　　　　　　　　（　）

7. 当项目效果或其中主要部分易于货币化时，站在社会公众立场上所作的经济评价分析必须采用费用效果分析方法。　　　　　　　　　　　　　　　　　　　　　（　）

8. 在费用效益分析中，较为困难的问题是某些项目的效益不能简单地用货币来衡量。

（　　）

9. 成本效用分析判定准则是：投入成本一定效用最大或者效用一定费用最小的方案最佳。

（　　）

11　设备更新分析

工程项目投资建设形成的大量固定资产，在使用过程中会不可避免地出现各种磨损现象，造成效率降低、过时等问题，因此需要及时进行设备维修、升级、更新、换代等，以保持其良好的性能和生产使用效率，减少相应的支出成本。设备更新分析与决策是工程经济学在工程中的重要应用之一，对保证生产作业系统的正常稳定运行和企业获得期望的利润至关重要。本章主要介绍设备更新的原因及特点、设备经济寿命的概念及确定方法、设备更新方案的比选等内容。

11.1　设备更新的原因及特点分析

11.1.1　设备磨损及其补偿方式

设备更新源于设备的磨损。设备是企业生产的重要物质条件，企业为了进行生产，必须花费一定的投资以购置各种设备。设备购置后，无论是使用还是闲置都会发生磨损。设备磨损分为两大类、4 种形式，具体如图 11-1 所示。

$$
\text{设备磨损}\begin{cases}\text{有形磨损}\begin{cases}\text{第 I 类有形磨损}\\\text{第 II 类有形磨损}\end{cases}\\\text{无形磨损}\begin{cases}\text{第 I 类无形磨损}\\\text{第 II 类无形磨损}\end{cases}\end{cases}
$$

图 11-1　设备磨损分类

1. 有形磨损（又称物理磨损）

由于设备被使用或自然环境造成的设备实体内在磨损称为设备的有形磨损或物理磨损。有形磨损又可分为第 I 类有形磨损和第 II 类有形磨损。

（1）第 I 类有形磨损。在外力的作用下，运转中的设备的实体产生的磨损、变形和损坏称为第 I 类有形磨损。产生第 I 类有形磨损的原因有摩擦磨损、机械磨损和热损伤等。

第 I 类有形磨损可使设备精度降低，劳动生产率下降。当这种有形磨损达到一定程度时，整个设备的功能就会下降，导致设备故障频发、废品率升高、使用费剧增，甚至难以继续正常工作，丧失使用价值。

（2）第 II 类有形磨损。自然环境的作用是造成设备有形磨损的另一个原因。设备因自然力产生的磨损称为第 II 类有形磨损。这种磨损与生产过程的使用无关，甚至在一定程度上还同使用程度成反比。例如，设备闲置或封存不用就会产生有形磨损，如金属件生锈、腐蚀，橡胶件老化等。可见，设备闲置时间长了，会自然丧失精度和工作能力，失去使用价值。

　　无论是第Ⅰ类有形磨损还是第Ⅱ类有形磨损，都会导致设备"肌体"老化，实体发生变化，因而使设备的使用价值和价值贬损。在技术上使加工精度降低，生产品质下降；在经济上使运行费和日常维修费增加，生产效率下降。因此，受到有形磨损影响的设备要考虑对于磨损的补偿问题。

　　使用中的设备同时存在第Ⅰ类、第Ⅱ类两类有形磨损。根据磨损状态的不同，有的磨损可以通过修理的方式得到局部补偿，称为可消除性有形磨损；而有的磨损则难以通过局部修理而获得补偿，称为不可消除性有形磨损。

　　2. 无形磨损（又称精神磨损、经济磨损）

　　设备无形磨损是由社会技术经济环境变化造成的设备价值的贬值，而不是由生产过程中的使用或自然力的作用造成的，所以不表现为设备实体的变化和损坏。设备无形磨损也可分为第Ⅰ类无形磨损和第Ⅱ类无形磨损。

　　（1）第Ⅰ类无形磨损。设备的技术结构和性能并没有变化，但由于技术进步，设备制造工艺不断改进，社会劳动生产率水平日益提高，同类设备的再生产价值降低，设备的市场价格也降低了，原设备相对贬值。这种磨损称为第Ⅰ类无形磨损。其后果只是现有设备原始价值部分贬值，设备本身的技术特性和功能并未发生变化，故现有设备的使用不会受到影响，但产品成本相对升高，产品价格失去竞争力。

　　（2）第Ⅱ类无形磨损。由于科学技术的进步，结构更先进、性能更完善、效率更高、耗费原材料和能源更少的新型设备不断出现，原有设备相对陈旧落后、其经济效益相对降低而发生贬值。这种磨损称为第Ⅱ类无形磨损。其后果不仅是原有设备价值降低，还包括技术上更先进的新设备的发明和应用导致原有设备的使用价值局部或全部丧失，这就产生了是否用新设备代替现有陈旧落后设备的问题。

　　虽然原有设备在使用周期上还未达到其物理寿命，能够正常工作，但是技术上更先进的新设备的发明和应用使原有设备的生产效率大大低于社会平均生产效率，如果继续使用原有设备，就有可能使产品成本明显高于社会平均成本，所以原有设备价值应视为已降低，甚至应被淘汰。

　　有形和无形两种磨损都会引起机器设备原始价值的贬值，这一点是相同的。不同的是，遭受有形磨损的设备，特别是有形磨损严重的设备，在修理之前，常常不能工作；而遭受无形磨损的设备，即使无形磨损很严重，其固定资产物质形态也可能没有磨损，仍然可以使用，只不过继续使用它在经济上是否合算需要分析研究。

　　3. 设备的综合磨损

　　设备的综合磨损是指同时存在有形磨损和无形磨损的损坏和贬值的综合情况。

　　对任何特定的设备来说，这两种磨损必然同时发生和互相影响。某些方面的技术提高能加快设备有形磨损的速度。例如高强度、高速度、大负荷技术的发展，必然使设备的物理磨损加剧。同时，某些方面的技术进步又可提供耐热、耐磨、耐腐蚀、耐振动、耐冲击的新材料，使设备的有形磨损减缓，但是其无形磨损加快。

4. 设备磨损的补偿

要维持企业的再生产，必须对设备的磨损进行补偿。由于设备磨损的形式不同，补偿磨损的方式也不一样。设备的磨损有两种补偿方式，即局部补偿和完全补偿。设备有形磨损的局部补偿是修理，设备无形磨损的局部补偿是现代化技术改造。有形磨损和无形磨损的完全补偿都是更换，即淘汰旧设备更换新设备。设备磨损的补偿图如图 11-2 所示。

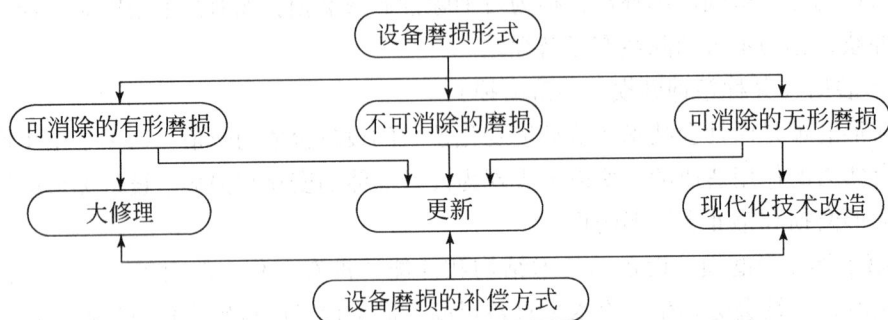

图 11-2　设备磨损的补偿图

设备大修理是更换部分已磨损的零部件和调整设备，以恢复设备的生产功能和效率为主；设备现代化技术改造是对设备的结构作局部的改进和技术上的革新，如增添新的、必需的零部件，以增加设备的生产功能和效率为主；设备更新是对整个设备进行更换。

由于设备总是同时遭受有形磨损和无形磨损，因此，对其综合磨损后的补偿形式应进行更深入的研究，以确定恰当的补偿方式。对于陈旧落后的设备，即消耗高、性能差、使用操作条件不好、受环境污染严重的设备，应当用较先进的设备尽早替代；对整机性能尚可、有局部缺陷、个别技术经济指标落后的设备，应适应技术进步的发展需要，吸收国内外的新技术，不断地进行现代化技术改造。

在设备磨损补偿工作中，最好的方案是有形磨损期与无形磨损期相互接近，这是一种理想的"无维修设计"（也就是说，当设备需要进行大修理时，恰好到了更换的时刻）。大多数设备通常通过修理可以使有形磨损期达到 20 ~ 30 年甚至更长，但无形磨损期比较短。在这种情况下，就存在如何对待已经无形磨损但物质上还可使用的设备的问题。

此外，第 II 类无形磨损虽使设备贬值，但它是社会生产力发展的反映。这种磨损越大，表示社会技术进步越快。因此，应该充分重视对设备磨损规律性的研究，加速技术进步的步伐。

11.1.2　设备更新的特点分析

就实物形态而言，设备更新是用新的设备替换陈旧落后的设备；就价值形态而言，设备更新是设备在运行中消耗掉的价值的重新补偿。设备更新是消除设备有形磨损和无形磨损的重要手段，目的是提高企业生产的现代化水平，尽快形成新的生产能力。

1. 设备更新的中心内容是确定设备的经济寿命

生产设备的寿命，一般有以下几种不同的概念：

（1）自然寿命，或称物理寿命，是指设备从全新状态下开始使用，直到不堪再用而报废的全部时间过程。自然寿命主要取决于设备有形磨损的速度。

做好设备维修和保养可延长设备的物理寿命，但不能从根本上避免设备的磨损。任何一台设备磨损到一定程度时，都必须进行更新。这是因为随着设备使用时间的延长，设备不断老化，维修所支出的费用也逐渐增加，设备将进入恶性使用阶段，即经济上不合理的使用阶段。因此，设备的自然寿命不能成为设备更新的估算依据。

（2）技术寿命，是指设备在开始使用后持续能够满足使用者需要的功能的时间。技术寿命的长短，主要取决于无形磨损的速度，即技术进步速度越快，设备的技术寿命越短。

例如一台计算机，即使完全没有使用过，它也会被功能更为完善、技术更为先进的计算机所取代，这时它的技术寿命可以认为等于零。由此可见，技术寿命主要是由设备的无形磨损所决定的，它一般比自然寿命要短，而且科学技术进步越快，技术寿命越短。所以，在估算设备寿命时，必须考虑设备技术寿命期限的变化特点及其使用的制约或影响。

（3）折旧寿命或折旧年限，是指国家有关部门规定的设备计提折旧费的时间长度。折旧寿命的确定除考虑设备的自然寿命、技术寿命外，还要考虑国家技术政策、产业政策、财政税收状况等。

（4）经济寿命，是指设备从投入使用开始到继续使用的过程中，因经济上不合理而被更新所经历的时间。经济寿命是从经济角度看设备最合理的使用期限，它是由有形磨损和无形磨损共同决定的。具体来说，经济寿命是指能使投入使用的设备年等额总成本（包括购置成本和运行成本）最低或等额年净收益最高的期限。设备使用年限越长，所分摊的设备年资产消耗成本越少。但是随着设备使用年限的增加，一方面维修费消耗更多以维持原有功能；另一方面设备的操作成本及原材料、能源耗费也会增加，年运行时间、生产效率、质量将下降。因此，年资产消耗成本的降低，会被年度运行成本的增加或收益的下降所抵消。在整个变化过程中存在某一年份，其设备年平均使用成本最低，经济效益最好。如图 11-3 所示，在 N_0 年时，设备年平均使用成本达到最低值。将设备从开始使用到其年平均使用成本最小（或年盈利最高）的使用年限 N_0 称为设备的经济寿命。所以，设备的经济寿命就是用经济观点（成本观点或收益观点）确定的设备更新的最佳时刻。

在设备更新分析中，经济寿命是确定设备最优更新期的主要依据。

2. 设备更新分析应站在客观的立场上

设备更新问题的要点是站在客观的立场上，而不是站在旧设备的立场上考虑问题。若要保留旧设备，首先要付出相当于旧设备当前市场价值的投资，只有这样才能取得旧设备的使用权。

3. 设备更新分析只考虑未来发生的现金流量

旧设备经过磨损，其实物资产的价值会有所降低。但旧设备经过折旧后所剩下的账面价值，并不一定等于其当前的市场价值，即更新旧设备往往会产生一笔沉入（没）成本。

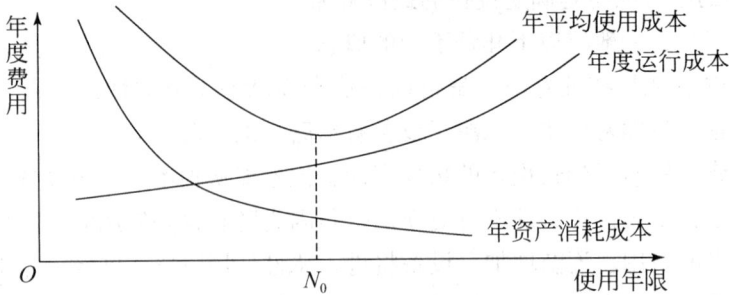

图 11-3　设备年度费用曲线图

沉入成本是既有企业过去投资决策发生的、非现在决策能改变的（或不受现在决策影响的）、已经计入过去投资费用回收计划的费用。由于沉入成本是已经发生的费用，不管企业生产什么和生产多少，这项费用都不可避免地要发生，因此现在决策对它不起作用。在进行设备更新方案比选时，原设备的价值应按目前实际价值计算，而不考虑沉入成本。

$$沉入成本 = 旧设备账面价值 - 当前市场价值（余值）$$

或

$$沉入成本 = （旧设备原值 - 历年折旧费） - 当前市场价值（余值） \qquad (11-1)$$

4. 设备更新分析只比较设备的费用

通常在比较设备更新方案时，一般假定设备产生的收益是相同的，此时只对它们的费用进行比较。

5. 设备更新分析以费用年值法为主

由于不同设备方案的服务寿命不同，因此通常都采用费用年值法对各个方案进行比较。新设备往往具有较高的购置费和较低的运行成本，而要更新的旧设备往往具有较低的重置费和较高的运营费。

11.2　设备经济寿命的确定

在设备更新分析中，往往要根据设备的经济寿命确定设备的更新时机，因而采用科学合理的方法来计算设备的经济寿命显得十分重要。

确定设备的经济寿命的原则是：

（1）使设备在经济寿命内平均每年净收益（纯利润）最大；

（2）使设备在经济寿命内一次性投资和各种经营费总和达到最小。

确定设备经济寿命的方法可以分为静态模式和动态模式两种。这里仅介绍静态模式下设备经济寿命的确定方法，即在不考虑资金时间价值的基础上计算设备年平均使用成本，使其为最小的 N_0 就是设备的经济寿命。

在以下分析中，假设设备产生的收益是相同的，只比较设备的成本。在利率为 0 的条件下，设备年平均使用成本的计算公式为：

$$\overline{C}_N = \frac{P - L_N}{N} + \frac{1}{N}\sum_{t=1}^{N} C_t \tag{11-2}$$

式中：$\overline{C}_N$——N 年内设备的年平均使用成本；

　　　P——设备目前实际价值，如果是新设备则包括购置费和安装费，如果是旧设备则包括旧设备现在的市场价值和继续使用旧设备追加的投资；

　　　C_t——第 t 年的设备运行成本，包括人工费、材料费、能源费、维修费、停工损失、废次品损失等；

　　　L_N——第 N 年年末的设备净残值。

在式 11-2 中，$\dfrac{P - L_N}{N}$ 为设备的平均年度资产消耗成本，而 $\dfrac{1}{N}\sum_{t=1}^{N} C_t$ 为设备的平均年度运行成本。

在式 11-2 中，如果使用年限 N 为变量，则当 $N_0 (0 < N_0 < N)$ 为经济寿命时，应满足 $\overline{C}_N$ 最小。

设备的运行成本包括能源费、保养费、修理费、停工损失、废次品损失等。一般而言，设备使用时间越长，设备的有形磨损和无形磨损越加剧，从而导致设备的维护修理费用逐渐增加，这种维护修理费用逐年递增的情况称为设备的低劣化，逐年递增的费用称为设备的低劣化值。现假定每年运行成本的增量是均等的（令其为 λ），即经营成本呈线性增长，评价基准年（评价第一年）设备的运行成本为 C_1，则平均每年的设备使用成本可用下式表示：

$$\begin{aligned}
\overline{C}_N &= \frac{P - L_N}{N} + \frac{1}{N}\sum_{t=1}^{N} C_t \\
&= \frac{P-L_N}{N} + C_1 + \frac{1}{N}\left[\lambda + 2\lambda + 3\lambda + \cdots + (N-1)\lambda\right] \\
&= \frac{P-L_N}{N} + C_1 + \frac{1}{2N}\left[N(N-1)\lambda\right] \\
&= \frac{P-L_N}{N} + C_1 + \frac{1}{2}\left[(N-1)\lambda\right]
\end{aligned}$$

要使设备年平均使用成本最小，设 L_N 为一常数（如果 L_N 不为常数且无规律可循则需用列表法计算），对上式的 N 进行一阶求导，并令其导数为 0，据此，可以简化经济寿命的计算，即

$$N_0 = \sqrt{\frac{2(P - L_N)}{\lambda}} \tag{11-3}$$

式中：N_0——设备的经济寿命；

　　　λ——设备的低劣化值。

11.3 设备更新方案的比选

设备更新方案的比选就是对新设备方案与旧设备方案进行比较分析，也就是决定现在马上购置新设备、淘汰旧设备，还是至少保留使用旧设备一段时间再用新设备替换旧设备。新设备原始费用高，运行费和维修费低；旧设备目前净残值低，运行费和维修费高。因此，必须对实际情况进行权衡判断，才能做出正确的选择，一般情况下要进行逐年比较。

11.3.1 设备更新的本质

设备更新是对旧设备的整体更换，就其本质来说，可分为原型设备更新和新型设备更新。

（1）原型设备更新，又称简单更新，就是用结构、性能、效率相同的同型号新设备去更换有形磨损严重而不能继续使用的旧设备。这种更新主要解决有形磨损导致设备不能继续使用的问题（如设备的损坏问题），不具有更新技术的性质。一般情况下，原型设备更新分析分为3个步骤：① 确定各个方案共同的研究期；② 用费用年值法确定各个方案设备的经济寿命；③ 通过比较每个方案设备的经济寿命确定最佳方案，即旧设备是否更新以及新设备未来的更新周期。

（2）新型设备更新，是以结构更先进、技术更完善、性能更优越、效率更高、能源和原材料消耗更少的新型设备来替换那些技术上陈旧、经济上不宜继续使用的旧设备。这种更新主要用来解决由第Ⅱ类无形磨损导致的设备在经济上不宜继续使用的问题。

通常所说的设备更新主要是指后一种，它是技术发展的基础。

因此，就实物形态而言，设备更新是用新的设备替换陈旧落后的设备；就价值形态而言，设备更新是设备在运动中消耗掉的价值的重新补偿。设备更新是消除设备有形磨损和无形磨损的重要手段，目的是提高企业生产的现代化水平，尽快形成新的生产能力。

新型设备更新分析的常用方法有差额投资回收期法和年值成本法。差额投资回收期法如前面章节的介绍，在此不再赘述。年值成本法是指在考虑资金时间价值的条件下，通过比较现用设备和新型设备服务期（或经济寿命期）内的年均总费用，决定使用新型设备和继续使用现用设备的取舍。

运用年值成本法进行设备更新决策需注意以下几个方面：

（1）在设备仍需使用较长时间时，需计算、比较新旧设备在其各自经济寿命期内的费用年值，即年均总费用。若新设备费用年值小于旧设备费用年值，则应考虑马上进行设备更新；在相反的情况下，则继续使用旧设备。

（2）在设备还需使用的时间是一固定的确切期限时，计算、比较新旧设备在该服务年限期内的费用年值。若新设备的费用年值小于旧设备的费用年值，则应考虑马上进行设备更新；否则继续使用旧设备。

（3）在计算旧设备费用年值时，因其初始购置费发生在决策之前，与决策事件无关，无论选择设备更新还是继续使用旧设备其均已发生，所以是设备更新决策的沉没成本，不予考虑。计算费用年值时应将设备的现时价值作为"拟制购置费"处理。

11.3.2   设备更新的策略

设备更新分析是企业生产发展和技术进步的客观需要，对企业的经济效益有重要的影响。过早的设备更新，无论是由于设备暂时出故障就报废的草率决定，还是片面追求现代化购买最新设备的决定，都将造成资金的浪费，失去其他的收益机会；然而，对一个资金十分紧张的企业而言，其设备更新策略可能走向另一个极端，即拖延设备的更新，这将造成生产成本的迅速上升，失去竞争的优势。因此，设备是否更新？何时更新？选用何种设备更新？针对这些问题，既要考虑技术发展方面的需要，又要考虑经济方面的效益，这就需要工程经济分析人员不失时机地做好设备更新分析工作，采取适宜的设备更新策略。

制定设备更新策略，应在系统、全面了解企业现有设备的性能、磨损程度、服务年限、技术进步等情况后，分清轻重缓急，有重点、有区别地对待不同的情况：凡修复比较合理的，不应过早更新；可以修中有改进、通过改装就能使设备满足生产技术要求的，不要急于更新；更新个别关键零部件就可达到要求的，不必更换整台设备；更换单机能满足要求的，不必更换整条生产线。通常优先考虑更新的设备如下：

（1）设备损耗严重，大修后性能、精度仍不能满足规定工艺要求的；

（2）设备耗损虽然在允许范围之内，但技术已经陈旧落后，能耗高、使用操作条件不好、对环境污染严重，技术经济效果很不好的；

（3）设备役龄长，大修虽然能恢复精度，但经济效果上不如更新的。

11.3.3   设备更新方案的综合比选

一般而言，对超过最佳期限的设备可以采用以下 5 种处理办法：① 继续使用旧设备；② 用原型设备更新旧设备；③ 用新型高效设备更新旧设备；④ 对旧设备进行现代化技术改造；⑤ 对旧设备进行大修理。

设备现代化技术改造是指应用现代的技术成就和先进经验，为适应生产的具体需要而改变现有设备的结构，改善现有设备的技术性能，使之全部达到或局部达到新设备的水平。设备现代化技术改造是克服现有设备的技术陈旧状态，消除第 II 类无形磨损的有效手段。作为促进技术进步的方法之一，设备现代化技术改造是改善设备技术性能的重要途径。

设备的大修理是指通过调整、修复或更换磨损的零部件，恢复设备的精度和生产效率，使整机全部或接近全部恢复功能，基本上达到设备原有的使用功能，从而延长设备的自然寿命。通过大修理虽然可以延长设备的物理寿命，但是这种延长，不管是在技术上，还是在经济上，都是有限度的。从经济的角度出发，为了提高设备的经济效益，降低设备使用费用，必须确定设备大修理的经济界限。

要使设备大修理在经济上具有合理性，其应满足以下两个条件：

（1）该次大修理费用小于或等于同种设备的重置价值与旧设备被替换时的残值，否则大修理不具有经济合理性，而应考虑设备更新。这是大修理在经济合理性上的基本条件或称最低经济界限，即

$$I \leqslant P - L \tag{11-4a}$$

式中：I——本次大修理费用；

P——同一种设备的重置价值（同一种新设备在大修理时的市场价格）；

L——旧设备被替换时的残值；

上述条件是大修理经济性的基本条件或必要条件，但不是充分条件。大修理的经济性还要看大修理后使用该设备生产的单位成本。大修理后设备性能有可能低劣化，与新设备相比，会增加与设备使用有关的费用，如日常维护和小修理的费用等。因此，还应补充另外一个条件。

（2）该次大修理后的设备生产单位产品的费用小于或等于具有相同功能的新设备生产单位产品的费用，即

$$C_j \leqslant C_0 \tag{11-4b}$$

式中：C_j——用第 j 次大修理后的旧设备生产单位产品的计算费用；

C_0——用具有相同功能的新设备生产单位产品的计算费用。

C_j 和 C_0 的计算公式如下：

$$C_j = C_{gj} + (R_j + \Delta V_j)(A/P, i_C, T_j)/Q_j$$

$$C_0 = C_{g01} + \Delta V_{01}(A/P, i_C, T_{01})/Q_{01}$$

式中：R_j——设备第 j 次大修理的费用；

ΔV_j——设备在第 $j+1$ 个大修理周期内的价值损耗现值：其值为第 j 次大修理价值与第 $j+1$ 次大修理价值之差的现值；

Q_j——设备第 $j+1$ 个大修理周期的年均产量；

C_{gj}——设备第 $j+1$ 次大修理周期生产单位产品的经营成本；

T_j——设备第 $j+1$ 次大修理的周期；

ΔV_{01}——新设备第 1 个大修理周期的价值损耗现值；

Q_{01}——新设备第 1 个大修理周期的年均产量；

C_{g01}——用新设备生产单位产品的经营成本；

T_{01}——新设备第一次大修理的周期。

在静态模式下进行设备更新方案综合比选时，可按以下步骤进行：

（1）计算新、旧设备方案不同使用年限的静态年平均使用成本和经济寿命。

（2）确定设备更新时机。设备更新即便在经济上是有利的，却也未必应该立即更新。换言之，设备更新分析还包括更新时机选择的问题。

① 如果旧设备继续使用 1 年的年平均使用成本低于新设备的年平均使用成本，即

$$\overline{C}_N(旧) < \overline{C}_N(新)$$

此时，不更新旧设备，继续使用旧设备1年。

② 如果新、旧设备方案出现：

$$\overline{C}_N(旧) > \overline{C}_N(新)$$

此时，应更新现有设备。

总之，以经济寿命为依据的更新方案比选，使设备都使用到最有利的年限来进行分析。由于新、旧设备在大多数情况下是不等的，各个方案在各自的计算期内的净现值不具有可比性，因此，设备更新方案的比选仍然主要应用净年值或费用年值作为评价指标，具体步骤如下：

（1）计算旧设备在继续使用条件下的费用年值；

（2）计算新设备在经济寿命条件下的费用年值；

（3）进行新、旧设备费用年值的比较，确定是否更新和更新时机。

本章小结

设备更新源于设备的磨损。磨损分为有形磨损和无形磨损。设备有形磨损是指由于设备被使用或自然环境而造成的设备实体的内在磨损，又可分为第Ⅰ类有形磨损和第Ⅱ类有形磨损；设备无形磨损是指由于社会技术经济环境变化而造成的设备价值的贬值，也可分为第Ⅰ类无形磨损和第Ⅱ类无形磨损。

设备有形磨损的局部补偿是修理，设备无形磨损的局部补偿是现代化技术改造。有形磨损和无形磨损的完全补偿都是更换。

生产设备的寿命，一般有自然寿命、技术寿命、经济寿命等几个概念，设备更新的中心内容是确定设备的经济寿命。

更新旧设备往往会产生一笔沉入（没）成本，设备更新分析中只考虑今后所发生的现金流量，以前发生的现金流量及沉入成本不需要再参与经济计算。设备更新分析以费用年值法为主。

确定设备经济寿命的原则是：使设备在经济寿命内平均每年净收益（纯利润）最大；使设备在经济寿命内一次性投资和各种经营费用总和达到最小。

静态模式下设备经济寿命的确定方法是指在不考虑资金时间价值的基础上计算设备年平均使用成本，使其为最小的 N_0 就是设备的经济寿命。

设备更新是对旧设备的整体更换，就其本质来说，可分为原型设备更新和新型设备更新。

制定设备更新策略应在系统、全面了解企业现有设备的性能、磨损程度、服务年限、技术进步等情况后，分清轻重缓急，有重点、有区别地对待不同的情况。

设备更新方案的比选就是对新设备方案与旧设备方案进行比较分析，也就是决定现在马上购置新设备、淘汰旧设备，还是至少保留使用旧设备一段时间再用新设备替换旧设备。

思考题

1. 简述设备的有形磨损、无形磨损的概念和特点，以及其补偿形式。
2. 如何确定设备的经济寿命？确定时有什么原则？

习题

一、单项选择题

1. 下列导致现有设备贬值的情形中，属于设备无形磨损的有（　　）。

A. 设备连续使用导致零部件磨损

B. 设备长期闲置导致金属件锈蚀

C. 设备使用期限过长引起橡胶件老化

D. 性能更好、耗费更低的代替设备出现

2. 某设备 3 年前的原始成本为 50 000 元，目前的账面价值为 20 000 元，现在的市场价值为 12 000 元，则该设备的沉入成本为（　　）。

A. 6 000 元　　　　　　　B. 8 000 元　　　　　　　C. 12 000 元　　　　　　　D. 30 000 元

3. 不能作为设备更新估算依据的是设备的（　　）。

A. 技术寿命　　　　　B. 自然寿命　　　　　C. 经济寿命　　　　　D. 有效寿命

4. 从经济观点确定的设备更新的最佳时刻是设备的（　　）。

A. 自然寿命　　　　　　　　　　　　　　B. 经济寿命

C. 年运行成本最低　　　　　　　　　　　D. 年资产消耗成本最低

5. 下列关于设备寿命的描述中，正确的是（　　）。

A. 设备使用年限越长，设备的经济性越好

B. 设备的经济寿命是由技术进步决定的

C. 搞好设备的维修和保养可避免设备的有形磨损

D. 设备的技术寿命主要是由设备的无形磨损决定的

6. 某设备目前的账面价值为 10 000 元，预计净残值为 3 600 元，第 1 年设备运行成本为 400 元，此后每年运行成本均递增 200 元，则该设备的经济寿命为（　　）。

A. 8 年　　　　　　　B. 10 年　　　　　　　C. 12 年　　　　　　　D. 15 年

二、多项选择题

制定设备更新策略应在系统、全面了解企业现有设备的性能、磨损程度、服务年限、技术进步等情况后，分清轻重缓急，有重点、有区别地对待不同的情况。通常优先考虑更新的设备是（　　）。

A. 设备损耗严重，大修后性能、精度仍不能满足规定工艺要求的

B. 设备耗损虽然在允许范围之内，但技术已经陈旧落后，能耗高、使用操作条件不好的

C. 设备对环境污染严重，技术经济效果很不好的

D. 设备役龄长，大修虽然能恢复精度，但经济效果上不如更新的

E. 通过更换部分已磨损的零部件和调整设备，便可恢复设备的生产功能和效率的

三、判断题

1. 确定设备经济寿命时应使设备在经济寿命内平均每年净收益（纯利润）最小。

  （ ）

2. 新设备原始费用低，运行费和维修费高。 （ ）

3. 旧设备目前净残值高，运行费和维修费低。 （ ）

4. 如果旧设备继续使用1年的年平均使用成本低于新设备的年平均使用成本，此时需要更新旧设备。 （ ）

5. 新型设备更新主要是解决设备的损坏问题，不具有更新技术的性质。 （ ）

6. 自然寿命主要取决于设备无形磨损的速度。 （ ）

7. 技术寿命的长短，主要取决于有形磨损的速度。 （ ）

8. 经济寿命是确定设备最优更新期的主要依据。 （ ）

9. 设备的第Ⅰ类无形磨损是指由于设备制造工艺不断改进，成本不断降低，劳动生产率不断提高，生产同种设备所需的社会必要劳动减少，因而设备的市场价格降低，导致的原来购买的设备相应地贬值。 （ ）

10. 设备的第Ⅱ类无形磨损是由于技术进步，社会上出现了结构更先进、技术更完善、生产效率更高、耗能和消耗原材料更少的新型设备，而使原有机器设备在技术上显得陈旧落后造成的。 （ ）

11. 设备的第Ⅰ类无形磨损是由于技术进步，社会上出现了结构更先进、技术更完善、生产效率更高、耗能和消耗原材料更少的新型设备，而使原有机器设备在技术上显得陈旧落后造成的。 （ ）

12. 设备的第Ⅱ类无形磨损是指由于设备制造工艺不断改进，成本不断降低，劳动生产率不断提高，生产同种设备所需的社会必要劳动减少，因而设备的市场价格降低，导致的原来购买的设备相应地贬值。 （ ）

13. 由于设备被使用或自然环境造成的设备实体内在磨损称为设备的有形磨损或物理磨损。 （ ）

14. 设备的无形磨损是指由于社会技术经济环境变化而造成的设备价值的贬值。（ ）

15. 设备的有形磨损是指由于社会技术经济环境变化而造成的设备价值的贬值。（ ）

16. 由于设备被使用或自然环境造成的设备实体内在磨损称为设备的无形磨损。（ ）

17. 遭受无形磨损的设备，如果无形磨损很严重，则在修理之前是无法使用的。（ ）

18. 有形磨损和无形磨损的完全补偿是更换，即淘汰旧设备更换新设备。 （ ）

19. 设备无形磨损的局部补偿是修理。 （ ）

20. 设备有形磨损的局部补偿是现代化技术改造。 （ ）

21. 可以采用大修理方式进行补偿的设备磨损是第 II 类无形磨损。　　　　（　　）

22. 家庭的半自动洗衣机，经过多次维修也无法使用，准备购买全自动的新洗衣机，这一措施属于无形磨损的完全补偿。　　　　（　　）

23. 确定设备经济寿命时应使设备在经济寿命内一次性投资和各种经营费用总和达到最大。　　　　（　　）

24. 按静态模式确定设备经济寿命的方法是在考虑资金时间价值的基础上计算设备年平均使用成本，使其为最小的 N_0 就是设备的经济寿命。　　　　（　　）

25. 设备更新是消除设备有形磨损和无形磨损的重要手段，目的是提高企业生产的现代化水平，尽快形成新的生产能力。　　　　（　　）

12 价 值 工 程

价值工程是一种将技术与经济有机融合，旨在降低成本提高经济效益的现代技术经济分析方法。它是以最低的寿命周期成本实现一定的产品或作业的必要功能，致力于功能分析的有组织的活动。本章主要介绍价值工程的含义和相关概念、价值工程的基本原理、提高价值的途径、价值工程对象选择的方法、价值工程的实施程序和方法等内容。

12.1 价值工程原理

12.1.1 价值工程的含义

价值工程，也称价值分析，是指以产品或作业的功能分析为核心，以提高产品或作业的价值为目的，力求以最低寿命周期成本实现产品或作业使用所要求的必要功能的一项有组织的创造性活动，是通过各个相关领域的协作，对研究对象的功能与费用进行系统分析、持续创新，旨在提高研究对象价值的一种管理思想和管理技术。

价值工程是一门工程技术理论，其基本思想是以最少的费用换取所需要的功能，通过将技术设计和经济分析结合起来考虑生产和管理的方式，实现提高生产制造企业的经济效益的目标，其核心内容是通过对某一产品进行价值分析来促进产品改进、替代和开发。

价值工程涉及价值、功能和寿命周期成本 3 个基本要素。

12.1.2 价值

价值工程中的"价值"，是指对象所具有的功能与获得该功能所发生费用之比。它不是对象的使用价值，也不是对象的交换价值，而是对象的比较价值，即性能价格比。价值工程中的"价值"就是一种"评价事物有益程度的尺度"。价值高，说明该事物的有益程度高、效益大、好处多；价值低，则说明该事物的有益程度低、效益差、好处少。例如，人们在购买商品时，总是希望"物美而价廉"，即花费最少的代价换取最多、最好的商品。

设对象（产品、工艺、服务等）的功能为 F，成本为 C，价值为 V，则可利用下列公式计算其价值：

$$V = F/C \tag{12-1}$$

其中，成本是指产品寿命周期成本，即产品在研制、生产、销售、使用过程中全部耗费的成本之和。衡量价值的大小主要看功能（F）与成本（C）的比值如何。人们一般对商品有"价廉物美"的要求，"物美"实际上反映的就是商品的性能，即质量水平；"价廉"反映的就是商品的成本水平。因此，顾客购买时考虑"合算不合算"就是针对商品的价值而言的。

由于"价值"的引入,产生了对产品新的评价形式,即把功能与成本或技术与经济结合起来进行评价。提高价值是广大消费者追求物有所值、物超所值的愿望,也是企业和国家利益对稀缺资源进行有效配置的要求。

12.1.3 功能

对于价值工程而言,功能对于不同的对象有不同的含义:对于产品来说,功能就是它的用途或效用;对于作业或方法来说,功能就是它所起的作用或要达到的目的;对于人来说,功能就是他应该完成的任务;对于企业来说,功能就是它应为社会提供的产品和效用。总之,功能是对象满足某种需求的一种属性。换言之,功能是使用价值的具体表现形式。任何功能,无论是针对机器还是针对工程,都是针对人类主体的一定需求的,都是为了人类主体的生存与发展服务,因而最终将体现为相应的使用价值。

功能包括多种属性,从不同的角度出发可以有下述4种不同的分类方法。

1. 基本功能和辅助功能

基本功能是满足用户基本要求或实现产品用途不可少的功能,它是产品存在的基础。例如,茶杯的基本功能是盛水泡茶,笔的基本功能是写字,等等。辅助功能又称二次功能(二级功能),是为了不影响基本功能实现或更好地实现其基本功能,在产品功能中附加的辅助的功能,如手机的拍照功能。这些功能可以根据用户的需求进行调整。

2. 必要功能和不必要功能

必要功能是为满足使用者要求而必须具备的功能或作用。不必要功能是指用户不需要的或对基本功能实现没有任何作用的辅助功能。不必要功能有两种形式,一种是多余功能,取消它对产品的基本功能无任何影响,如手表上装有指南针;另一种是过剩功能,此类功能虽然必要,但是在量上存在过剩,如功率过大的设备会带来电力损耗、设计上对材料要求过高等。

3. 使用功能和品味功能

使用功能是指使产品满足使用方各项特性要求的实用价值。例如,电冰箱的使用功能是人们所需要的保鲜功能——把新鲜物品冷冻起来进行无害保存。品味功能是对产品的外观起美化、装饰作用的功能,如建筑物的外观、造型、颜色等给人的美感。

4. 不足功能和过剩功能

按量化标准分类,功能可划分为不足功能和过剩功能。不足功能是指对象尚未足量满足使用者需求的必要功能;过剩功能是指对象具有的超量满足使用者需求的必要功能。

功能分析的目的是在满足用户对基本使用功能需求的基础上,尽可能增加产品的必要功能,减少不必要功能;尽可能弥补不足功能,削减过剩功能。

价值工程是一种定量化分析技术,需要对功能进行定量衡量。衡量功能大小有两种方法:一种是用性能指标衡量功能。可以用定量化的性能指标衡量功能的大小,如产品的规格标准、达到的质量和性能指标等。另一种是用货币单位衡量功能。若用货币单位衡量便可实现不同产品之间的功能比较和不同零部件功能值的汇总计算,因此价值分析用实现功能必须支付的最低费用来衡量功能大小。

12.1.4 寿命周期成本

产品或对象的寿命周期是指其从研究开发、设计制造、投入使用，直到报废为止的全部时期，一般分为自然寿命和经济寿命。在价值工程分析中，产品或对象的寿命周期一般通过计算经济寿命来确定。

1. 产品寿命周期

任何一种产品，都要经历形成、成长、成熟、衰退的周期，就好像生物一样具有一定的寿命。与之相近的概念，即产品市场寿命，是指一种新产品从开始进入市场到被市场淘汰的整个过程。典型的产品市场寿命周期（通称产品寿命周期）一般可分成引入期、成长期、成熟期和衰退期。就建筑产品而言，其寿命周期是指从规划、勘察、设计、施工、使用、维修，直到报废为止的整个时期。

2. 寿命周期成本与功能的关系

寿命周期成本（C）是指从产品或对象的研究、形成，直至退出使用所需要的全部费用，包括生产成本（C_1）和使用成本（C_2）两部分，如图 12-1 所示。生产成本是指产品在研发、设计、加工、制作、运输、安装及调试等环节中耗费的成本；使用成本是指使用者在产品使用过程中在辅材、能耗、维护、保养等方面发生的费用。

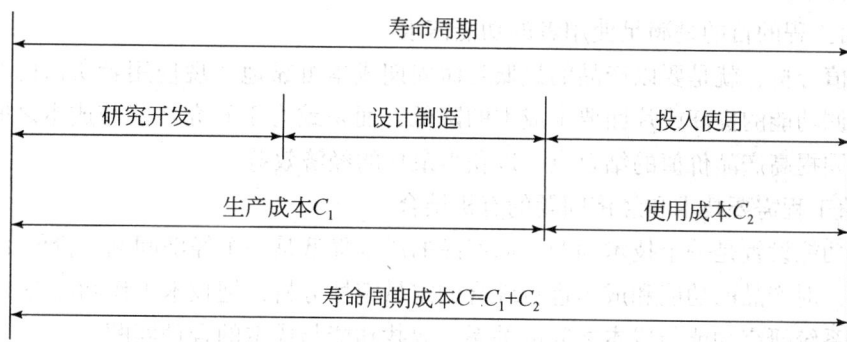

图 12-1　寿命周期与寿命周期成本关系图

产品的寿命周期成本与产品的功能有关。一般而言，生产成本与产品的功能成正比关系，使用成本与产品的功能成反比关系，如图 12-2 所示。

12.1.5 价值工程的特点

从价值工程的定义以及其涉及的价值、功能和寿命周期成本三要素看，价值工程具有如下特点：

1. 价值工程是一个以信息为基础的创造性活动

价值分析是以产品成本、功能指标、市场需求等有关的信息资料为基础，寻找产品创新的最佳方案。因此，信息资料是价值分析的基础，产品创新才是价值分析的最终目标。

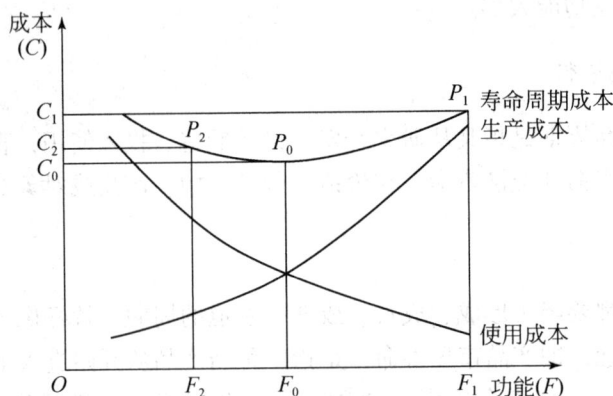

图 12-2　寿命周期成本与功能的关系

2. 价值工程以功能分析为核心

在价值分析中，通过产品设计方案和使用方案，采用相关方法获取产品寿命周期成本相对较容易。由于影响产品功能的因素较多，加之设计方案、制造工艺等的不完善，以及人们评价产品功能方法存在差异性等，产品功能难以被准确界定。所以，对产品功能的分析就是对主要影响产品功能实现的因素进行分析评价，确定产品的功能和成本范围，从而成功地选择产品决策方案。

3. 价值工程的目的是满足使用者的功能需求

进行价值分析，就是要以产品的最低寿命周期成本可靠地实现使用者所需的必要功能，并非单纯强调功能的提高或片面要求成本的降低，而是致力于研究功能与成本之间的关系，找出两者共同提高产品价值的结合点，以获得最佳的经济效益。

4. 价值工程需要技术和经济问题的有机结合

产品的功能设置是一个技术问题，而产品的成本降低是一个经济问题。价值工程是按照客户的需求，对产品的功能和成本进行综合的定量定性分析，把技术工作和经济工作有机地结合起来，系统研究功能与成本之间的关系，寻找功能与成本的合理匹配。

5. 价值工程是一个有组织的、需要多方协作的活动

价值分析过程不仅贯穿于产品整个寿命周期，而且涉及面广，需要所有参与产品生产的单位、部门及专业人员的相互配合。只有这样，才能准确地进行产品的成本计量、功能评价，达到提高产品的单位成本功效的目的。

12.1.6　提高价值的途径

根据价值工程的原理，即价值、功能和寿命周期成本三要素的关系，可以得出实现价值提高的 5 种基本途径。

1. 双向型

通过双向型途径，能够在提高产品功能的同时，降低产品成本。这是提高价值最理想的

途径，也是对资源最有效的利用。

2. 改进型

通过改进型途径，能够在产品成本不变的条件下，通过改进设计提高产品的功能、提高利用资源的成果或效用或者增加功能，进而达到提高产品价值的目的。

3. 节约型

通过节约型途径，能够在保持产品功能不变的前提下，通过降低成本提高价值。

4. 投资型

通过投资型途径，能够使产品功能有较大幅度提高，产品成本有较少提高。

5. 牺牲型

通过牺牲型途径，能够在产品功能略有下降、产品成本大幅度降低的情况下提高产品价值。

将上述 5 种途径汇总后得到表 12-1。

表 12-1　提高价值的路径

序号	类型	具体路径	功能 F	成本 C	效果	价值 V
1	双向型	功能提高、成本降低	↑	↓	大大地提高价值	↑↑
2	改进型	功能提高、成本不变	↑	→	提高价值	↑
3	节约型	功能不变、成本降低	→	↓	提高价值	↑
4	投资型	功能大幅度提高、成本略有提高	↑↑	↑	适当地提高价值	↑
5	牺牲型	功能略有降低、成本大幅度降低	↓	↓↓	适当地提高价值	↑

12.2　价值工程的实施程序和方法

12.2.1　价值工程的实施程序

价值工程目前已发展成为一项比较完善的管理技术，在实践中已形成了一套科学的工作程序。这套工作程序实际上是发现矛盾、分析矛盾和解决矛盾的过程，通常围绕以下 7 个合乎逻辑程序的问题展开：

（1）这是什么？

（2）它是干什么用的？

（3）它的成本是多少？

（4）它的价值是多少？

（5）是否有替代方案？（有没有其他方法能够实现这个功能？）

（6）新方案的成本是多少？（功能如何？）

(7) 新方案能满足要求吗?

价值工程的一般实施程序可分为 4 个阶段,即准备阶段(确定目标)、分析阶段(功能分析和功能评价)、创新阶段(制定改进方案)和实施阶段(实施评价成果),各个阶段的工作内容见表 12-2。

表 12-2 价值工程的一般实施程序

阶段	步骤	说明	应回答的问题
准备阶段	1. 对象选择 2. 组成价值工程领导小组 3. 制订工作计划	1. 明确目标、限制条件和分析范围 2. 一般由项目负责人、专业技术人员、熟悉价值工程的人员组成 3. 具体执行人,执行日期,工作目标	这是什么?
分析阶段	4. 收集整理信息资料 5. 功能分析 6. 功能评价	4. 贯穿于价值工程的全过程 5. 明确功能特性要求,绘制功能系统图 6. 明确目标成本,确定功能改进区域	它是干什么用的? 它的成本是多少? 它的价值是多少?
创新阶段	7. 方案创新 8. 方案评价 9. 提案编写	7. 提出各种不同的实现功能的方案 8. 从技术、经济和社会等方面综合评价各个方案达到预定目标的可行性 9. 将选出的方案及有关资料编写成册	是否有替代方案? 新方案的成本是多少? 新方案能满足要求吗?
实施阶段	10. 审批 11. 实施与检查 12. 成果鉴定	10. 主管部门组织进行 11. 制订实施计划,组织实施并跟踪检查 12. 对实施后取得的技术经济效果进行成果鉴定	

由于价值工程的应用范围广泛,其活动的形式不尽相同,因此在实际应用中,可参照上述实施程序,根据对象的具体情况,应用价值工程的基本原理和思想方法,考虑具体的实施措施和方法、步骤。但是对象选择、功能分析、功能评价、方案创新和方案评价是价值工程实施程序的关键内容,体现了价值工程的基本原理和思想,是不可缺少的。

12.2.2 对象选择

对于一个企业或项目而言,并不是对所有产品都应进行价值分析,这项工作是有一定的选择的。能否找准价值工程的研究对象,将直接关系到价值工程的成败。因此,价值工程的第一步就是正确确定研究对象——对象选择。

1. 对象选择的一般原则

为了实现提高产品价值的目的,价值工程对象的选择要从市场需求出发,结合本企业实力系统地考虑，以存在问题、薄弱环节以及提高劳动生产率、提高质量降低成本为目标来决定对象。对象选择一般应遵循两条原则：

（1）优先考虑企业在生产经营上迫切要求改进的主要产品，或是对国计民生有重大影响的项目。

（2）主要考虑对企业经济效益影响大的产品（或项目）。

在遵循这两条原则的前提下，选择价值工程对象时要考虑以下几个方面的问题：

（1）设计方面：选择结构复杂、体大量重、技术性能差、能源消耗高、原材料消耗大或是稀有、贵重的奇缺产品进行价值工程活动，可以使产品结构、性能、技术水平得到优化，从而提高产品价值。

（2）施工生产方面：选择量多面广、工序烦琐、工艺复杂、关键部位、原材料消耗大和废品率高、质量难以保证的产品，特别是量多、产值比重较大的产品进行价值工程活动，成本的下降就会取得较大的经济效益。

（3）销售方面：选择用户意见多、系统配套差、维修能力低、竞争力差、市场占有率低或利润率低的产品，市场上畅销但竞争激烈的新产品、新工艺等进行价值工程活动，能够赢得消费者的认同，占领更大的市场份额。

（4）成本方面：选择成本高、利润低的产品或在成本构成中比重大的产品进行价值工程活动，就是要降低寿命周期成本（材料费、管理费、人工费等）并实现产品的必要功能。

2. 对象选择的基本方法

价值工程对象选择的方法有多种，不同的方法适用于不同的价值工程对象。采用一些定性与定量的分析方法，有助于分析某些问题，以及找出价值工程的主要对象。常用的选择方法有经验分析法、百分比法、价值指数法、ABC 分析法等。

（1）经验分析法，又称因素分析法，是针对有丰富经验的设计人员、施工人员，以及企业的专业技术人员和管理人员提出的产品在设计、加工、制造、销售和成本等方面存在的问题进行综合分析，找出关键因素，并通过这些关键问题来确定价值工程对象的一种方法。运用该方法进行对象选择，要对各种影响因素进行综合分析，区分主次轻重，既考虑需要，又考虑可能性，以保证对象选择的合理性。

经验分析法是定性分析方法，宜用于对象或方案的初选阶段，是目前实践中采用较为普遍的方法。其优点是操作简便、易于实施，考虑问题综合全面；缺点是由于缺乏定量分析，在分析人员经验不足时准确程度降低。

（2）百分比法，是通过分析产品对两个或两个以上经济指标的影响程度（百分比）来确定价值工程对象的方法。

百分比法的优点是，当企业在一定时期要提高某些经济指标且拟选对象数目不多时，此法具有较强的针对性和有效性；缺点是不够系统和全面。有时为了更全面、更综合地选择对象，百分比法可与经验分析法结合使用。

（3）价值指数法，是根据价值的表达式 $V = F/C$，在产品成本已知的基础上，将产品功能定量化，从而计算产品价值的方法。在应用该法选择价值工程的对象时，应当综合考虑价值指数偏离 1 的程度和改进幅度，优先选择 $V<1$ 且改进幅度大的产品或零部件。

价值指数法一般适用于产品功能单一、可计量、产品性能和生产特点可比的系列产品或零部件的价值工程对象选择。

（4）ABC 分析法，是一种运用数理统计理论方法的分析技术原理，按照局部成本在总成本中的比例大小来选择价值工程对象的方法。ABC 分析法的基本原理就是在选择价值工程对象时，要分清主次、轻重，区别"关键的少数"和"次要的多数"，根据不同的情况分类对待，抓住关键的少数用以解决大部分问题。具体而言，ABC 分析法运用研究对象对某项目技术经济指标的影响程度和研究对象数量的比例大小两个因素，把所有研究对象划分成主次有别的 A、B、C 三类，划分如图 12-3 与表 12-3 所示。通过这种划分，明确关键的少数和一般的多数，准确地选择价值工程对象。

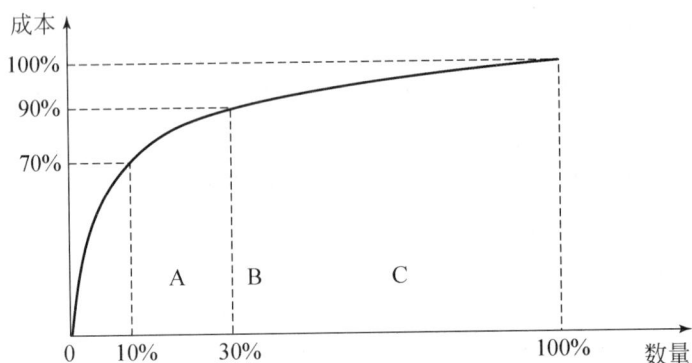

图 12-3　A、B、C 类别划分图

表 12-3　A、B、C 类别划分参考值

类别	数量占总数的百分比	成本占总成本的百分比
A 类	10% 左右	70% 左右
B 类	20% 左右	20% 左右
C 类	70% 左右	10% 左右

ABC 分析法的具体做法如下：

第一步，把产品零部件按成本的大小，从大到小依次排列。

第二步，计算出各种产品的累计成本和累计成本比重。对产品进行 A、B、C 分类。选取产品种数 10% ～20%、成本比重为 60% ～70% 的产品作为 A 类，产品种数占 30% 左右、成本比重占 20% 左右的为 B 类，其他为 C 类。

一般情况下，A 类产品是价值工程对象，如果人力和时间允许可选 B 类产品作为一般对象，C 类产品则不予考虑。

12.2.3　功能分析与评价

1. 功能分析

功能分析是为完整描述各功能及其相互关系而对各功能进行定性和定量的系统分析过程。通过功能分析，可以回答产品"它是干什么用的？"的问题，从而准确掌握用户的功能要求。功能分析的主要步骤包括功能定义和功能整理。

（1）功能定义。功能定义就是根据收集到的信息资料，透过对象产品或构配件的物理特征（或现象），找出其效用或功用的本质东西，并逐项加以区分和规定，以简洁的语言描述出来。

功能定义通常用一个动词加一个名词表述，如传递荷载、分隔空间、保温、采光等。对产品功能进行定义，必须对产品的作用有深刻的认识和理解，而功能定义的过程就是解剖分析的过程，如图12-4所示。

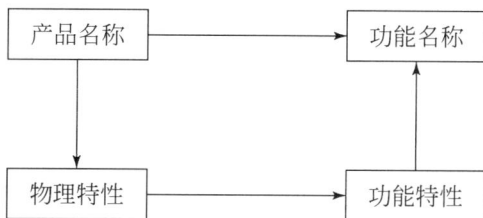

图 12-4　功能定义过程图

功能定义的目的是：

① 明确对象产品和组成产品各部件的功能，借以弄清产品的特性。

② 便于进行功能评价，通过评价弄清哪些是价值低的功能和有问题的功能，从而实现价值工程的目的。

③ 便于构思方案，对功能下定义的过程实际上也是为对象产品改进设计的构思过程，为价值工程的方案创造阶段做准备。

（2）功能整理。产品中各个功能之间都是相互配合、相互联系的关系，都在为实现产品的整体功能而发挥各自的作用。因此，功能整理是用系统的观点将已经定义了的功能加以系统化，找出各局部功能相互之间的逻辑关系（并列关系或上下位关系），并用图表形式表达，以明确产品的功能系统，从而为功能评价和方案构思提供依据。

功能整理的步骤和方法如下：

① 分析产品的基本功能和辅助功能。依据用户对产品的功能需求，找出并排列基本功能。基本功能一般是上位功能，通常可以通过回答如下几个问题来判别：

A. 取消了这个功能，产品本身是不是就没有存在的必要了？

B. 对于此功能的主要目的而言，其作用是否必不可少？

C. 此功能如果发生改变，是否会引起其他一连串的工艺和构配件的改变？

如果以上的回答是肯定的，那么，此功能就是基本功能。除了基本功能外，剩下的就是辅助功能。

② 明确功能之间的逻辑关系。

A. 功能的上下位关系是指功能之间的从属关系，上位功能是目的，下位功能是手段。例如，平屋顶功能中的"遮盖室内空间"和"防水"的关系，就是上下位功能的关系。"遮盖室内空间"是上位功能，是目的；而"防水"是为了能够"遮盖室内空间"，所以"防水"是手段，是下位功能。需要指出的是，目的和手段是相对的，一个功能，对它的上位功能来说是手段，对它的下位功能来说又是目的。

B. 功能的并列关系是指两个功能谁也不从属于谁，但同属于上位功能的关系。例如，平屋顶为了遮盖室内空间，有遮蔽顶部、防水、保温隔热三条遮盖途径。很显然，这三个功能相对于"遮盖室内空间"来讲属于下位功能，而这三个功能之间属于并列关系。

③ 排列功能系统图。在弄清功能之间的关系以后，即可排列功能系统图。所谓功能系统图，就是产品应有的功能结构图。在图中，上位功能在左，下位功能在右，依次排列，整个图呈树形由左向右扩展、延伸。功能系统图如图 12-5 所示。

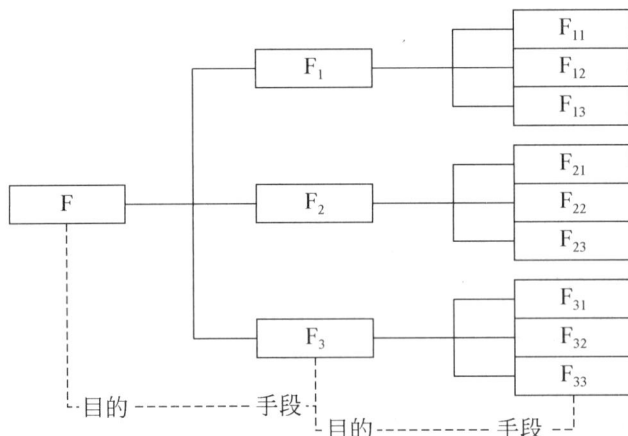

图 12-5　功能系统图（表示对象功能得以实现的功能逻辑关系图）

2. 功能评价

功能评价是在功能定义和功能整理完成之后，在定性问题已确定的基础上进一步作定量问题的确定，即评定功能的价值。功能评价就是找出实现功能的最低费用作为功能的目标成本，以功能目标成本为基准，通过与功能现实成本相比较，求出两者的比值（功能价值）和两者的差异值（改善期望值），然后选择功能价值低、改善期望值大的功能作为价值工程活动的重点对象。功能评价的方法有："01"评分法、直接评分法、"04"评分法和倍比法等。

功能评价的一般步骤如下：

（1）计算功能的现实成本（实际成本）C；

（2）确定评价对象的功能价值（目标成本）F；

（3）计算和分析评价对象的价值V；

（4）计算成本改善期望值AC；

（5）根据评价对象的价值高低和成本期望值的大小，确定改进的重点对象及优先次序。

功能评价程序如图12-6所示。

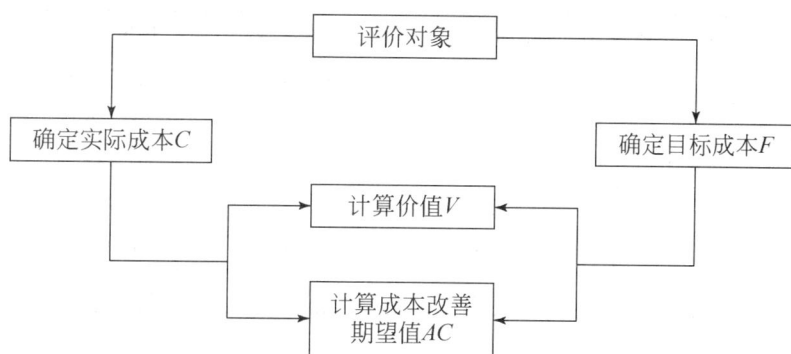

图12-6　功能评价程序图

12.2.4　功能改进目标的确定

确定功能改进目标的方法有价值系数法和最合适区域法。

1. 价值系数法

当对产品的各功能进行评价之后，得出每一个零件的功能评价系数；同样地，对各功能的现实成本分析之后，可求得每一个零件的成本系数，进而可求得价值系数。其计算公式如下：

$$成本系数 = \frac{零件成本}{总成本} \tag{12-2}$$

$$价值系数 = \frac{功能评价系数}{成本系数} \tag{12-3}$$

根据上述公式的计算结果，功能的价值系数可分为以下几种情况：

（1）价值系数=1，表示功能价值等于功能现实成本。这表明评价对象的功能现实成本与实现功能所必需的最低成本大致相当，说明评价对象的价值为最佳，一般无须改进。

（2）价值系数<1，表示此时功能现实成本大于功能价值。这表明评价对象的现实成本偏高，而功能要求不高，这种产品可能存在过剩功能；另一种可能是功能虽无过剩，但实现功能的条件或方法不佳，致使实现功能的成本大于功能的实际需要。此时价值工程的改进方向主要是降低成本。

（3）价值系数>1，表示功能现实成本低于功能价值。这表明该部件功能比较重要，但分配的成本较少。对此情况应具体分析，可能功能与成本分配比较不理想，或者有不必要的功能，或者应提高成本。

例如，某产品有 4 项功能，分别为 F_1、F_2、F_3、F_4，其相应功能评价系数已通过倍比法确定，分别为 0.52、0.23、0.16、0.69，其各自现实成本分别为 621 元、459 元、256 元、128 元，相关数据详见表 12-4。通过价值系数法可确定该产品的功能改进目标为 F_2。

表 12-4 某产品相关数据

功能 ①	功能评价系数 ②	现实成本/元 ③	成本系数 ④=③/1 464	价值系数 ⑤=②/④	功能改进目标 ⑥
F_1	0.52	621	0.424	1.226	
F_2	0.23	459	0.314	0.732	√
F_3	0.16	256	0.175	0.914	
F_4	0.09	128	0.087	1.034	
合计	1	1 464			

2. 最合适区域法

以成本系数为横坐标，功能评价系数为纵坐标，则与横轴成 45°的一条直线为理想价值线（$V=1$）。围绕该线有一朝向原点由两条双曲线包围的喇叭形区域，叫作最合适区域（如图 12-7 所示）。

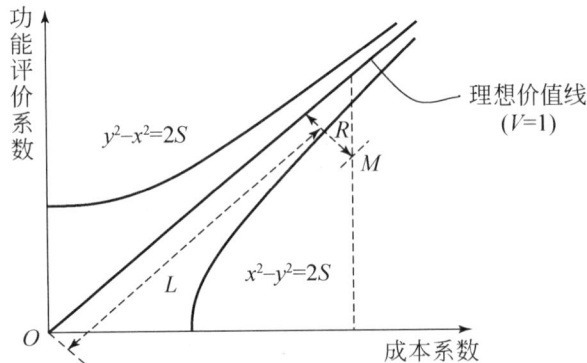

图 12-7 最合适区域图

凡落在最合适区域的价值系数点，其功能与成本是适应的，可不作为重点改进目标。$V>1$ 的点将落在喇叭形区域的左上方，$V<1$ 的点将落在喇叭形区域的右下方，均属于功能改进的目标。

12.2.5 方案创新与评价

1. 方案创新

方案创新是从提高对象的功能价值出发，在正确的功能分析与评价的基础上，针对应改进的具体目标，通过创造性的思维活动，提出能够可靠地实现必要功能的新方案。方案创新的理论依据是功能载体具有代替性。价值工程活动能否取得成功，关键是在正确的功能分析与评价的基础上能否提出可靠地实现必要功能的新方案。

方案创新通常可选用的方法有：专家函询法、头脑风暴法、哥顿法等。

（1）专家函询法。这种方法是所有专家或专业人员不直接见面，通过接收信函的方式接收委托方已拟定的方案材料，并提出意见或建议；委托方相关部门将专家反馈的意见进行汇总、统计、整理，然后再次分发下去，并回收反馈结果，进行进一步补充修改，如此反复若干次，将原来比较分散的意见作集中处理，作为新的代替方案。该法具有匿名性、反馈性、统计性等特点。

（2）头脑风暴法。这种方法是以组织专家或专业人员开讨论会的方式进行的。一般会议主持者一开始就明确地向所有与会者阐明议题，尽力创造融洽轻松、自由讨论的会议气氛。会议的规则要求各专业人员不受约束地自由思考，畅所欲言，提出尽可能多的方案，但不评价别人的方案，不发表意见；并希望与会者在别人建议方案的基础上进行改进，提出新的方案。

（3）哥顿法。这种方法是会前和会议刚开始阶段不明确告知与会者本次会议的议题，且在开会讨论时为避免造成与会者思想束缚，不点透具体的实质性问题，而仅仅是进行泛泛且抽象地讨论；当会议进行到适当时机时，会议组织者才把具体的中心议题展示给参会者，以便大家进一步深化讨论和研究，最后由决策者吸收讨论结果，进行决策。这种方法是美国人哥顿在20世纪60年代提出来的，又称模糊目标法。

方案创新的方法很多，总的原则是充分发挥有关人员的聪明智慧，集思广益，多提方案，从而为方案评价创造条件。

2. 方案评价

方案评价是在方案创新的基础上对新构思方案的技术、经济和社会效果等几个方面进行的评估，以便选择最佳方案。方案评价步骤如图12-8所示。

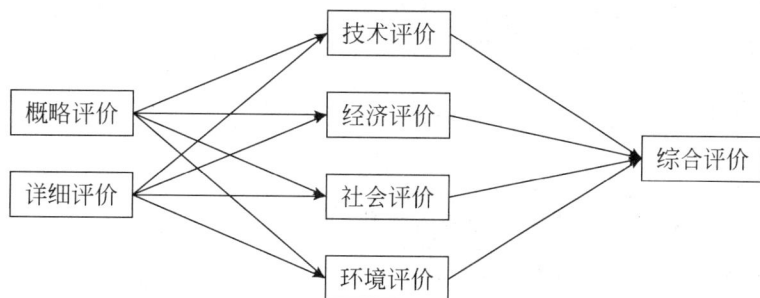

图12-8 方案评价步骤示意图

方案评价分为概略评价和详细评价两个阶段。

（1）概略评价。概略评价是对新构思方案进行初步研究。其目的是从众多方案中进行粗略的筛选，减少详细评价的工作量，使精力集中于对优秀方案的评价。

（2）详细评价。方案的详细评价，就是对概略评价所得的比较抽象的方案进行调查和收集信息资料，使其在材料、结构、功能等方面进一步具体化，然后对它们作最后的审查和评价。其中，技术评价围绕功能进行，内容主要是方案能否实现所需要的功能及实现程度；经济评价主要围绕经济效果进行，内容是以成本为代表的经济可行性；社会评价围绕社会效果进行，主要评价内容是对社会的利弊；环境评价围绕环境影响进行，主要评价内容是对实施中造成的不利环境影响内容及程度。在详细评价阶段，产品或服务的成本究竟是多少、能否可靠地实现必要的功能等问题都必须得到准确的解答。总之，详细评价就是要证明方案在技术和经济方面是可行的，而且价值必须得到真正的提高。

在完成概略评价和详细评价后，最后进行综合评价。方案经过评价，淘汰了不能满足要求的方案，就可从保留方案中选择技术先进、经济合理、环境友好且对社会有利的最优方案。

本章小结

价值工程是以最低的寿命周期成本，可靠地实现所研究对象的必要功能，着重于功能分析的有组织的活动。价值工程致力于提高价值，提高价值有5条基本途径。价值工程的实施过程实质上就是分析问题、发现问题和解决问题的过程。

开展价值工程活动，首先要正确选择价值工程对象（生产中存在的问题）。选择价值工程对象常用的方法有经验分析法、百分比法、价值指数法、ABC分析法。通常，在选择价值工程对象的同时，应进行情报资料的收集，情报资料的收集是价值工程实施过程中不可缺少的重要环节。功能分析是价值工程的核心，其主要步骤包括功能定义和功能整理；之后进行功能评价，选择功能价值低、改善期望值大的功能作为价值工程活动的重点对象。确定功能改进目标的方法有价值系数法和最合适区域法。

在正确的功能分析和评价的基础上，价值工程取得成功的关键在于能够提出可靠地实现必要功能的新方案。方案创新的常用方法有头脑风暴法、哥顿法、专家函询法。方案评价分为概略评价和详细评价两个阶段，经过这两个阶段就能选出在技术、经济、社会、环境等方面综合最优的方案。

思考题

1. 什么是价值工程？提高价值的途径有哪些？
2. 什么是功能？功能如何分类？
3. 价值工程的一般工作程序是什么？
4. 价值工程的对象选择方法有哪些？简述ABC分析法的思路。

习 题

一、单项选择题

1. 价值工程中，确定产品价值高的标准是（   ）。

A. 成本低，功能大　　　　　　　　　　B. 成本低，功能小

C. 成本高，功能大　　　　　　　　　　D. 成本高，功能小

2. 作为价值工程活动的重点对象的是（   ）。

A. 功能价值高、改善期望值大的功能

B. 功能价值低、改善期望值大的功能

C. 功能价值高、改善期望值小的功能

D. 功能价值低、改善期望值小的功能

3. 原计划用煤渣打一地坪，造价 50 万元以上，后经分析用工程废料代替煤渣，既保持了原有的坚实功能，又能节省投资 20 万元。根据价值工程原理可知，此案例中提高价值的途径属于（   ）。

A. 投资型　　　　　　B. 节约型　　　　　　C. 双向型　　　　　　D. 牺牲型

4. 价值工程中"价值"的含义是（   ）。

A. 产品功能与其全部费用的比值　　　　B. 产品的交换价值

C. 产品全寿命时间价值　　　　　　　　D. 产品的使用价值

5. 价值工程涉及价值、（   ）和寿命周期成本 3 个基本要素。

A. 价格　　　　　　　B. 成本　　　　　　　C. 功能　　　　　　　D. 费用

6. 在价值工程中，价值的定义为（   ）。

A. 价值＝费用/功能　　　　　　　　　　B. 费用＝功能/价值

C. 价值＝功能/费用　　　　　　　　　　D. 价值＝功能×费用

7. 价值工程的核心是（   ）。

A. 价值分析　　　　　　　　　　　　　B. 成本分析

C. 功能分析　　　　　　　　　　　　　D. 寿命周期成本分析

8. 运用价值工程优选设计方案，分析计算结果为：方案一的单方造价为 1 500 元，价值系数为 1.13；方案二的单方造价为 1 550 元，价值系数为 1.25；方案三的单方造价为 1 300 元，价值系数为 0.89；方案四的单方造价为 1 320 元，价值系数为 1.08，则最佳方案为（   ）。

A. 方案一　　　　　　B. 方案二　　　　　　C. 方案三　　　　　　D. 方案四

9. 价值工程的目标表现为（   ）。

A. 产品价值的提高　　　　　　　　　　B. 产品功能的提高

C. 产品功能与成本的协调　　　　　　　D. 产品价值与成本的协调

10. 价值工程的分析阶段的工作步骤是（   ）。

A. 功能整理→功能定义→功能评价→功能成本分析→确定改进范围

B. 功能定义→功能整理→功能成本分析→功能评价→确定改进范围

C. 功能定义→功能评价→功能整理→功能成本分析→确定改进范围

D. 功能整理→功能定义→功能成本分析→功能评价→确定改进范围

二、多项选择题

1. 在建设工程中运用价值工程时，提高工程价值的途径有（　　）。

A. 通过采用新方案，既提高产品功能，又降低成本

B. 通过设计优化，在成本不变的前提下，提高产品功能

C. 施工单位通过严格履行施工合同，提高其社会信誉

D. 在保证建设工程质量和功能的前提下，通过合理的组织管理措施降低成本

E. 适量增加成本，大幅度提高项目功能和适用性

2. 在价值工程中，提高产品价值的途径有（　　）。

A. 产品成本不变，提高功能水平

B. 产品功能不变，降低成本

C. 降低产品成本，提高功能水平

D. 产品功能下降，成本提高

E. 功能小提高，成本大提高

3. 价值工程研究对象的选择应该考虑（　　）。

A. 在生产经营上有迫切需要的产品或项目

B. 改进价值上有巨大潜力的产品或项目

C. 投放市场后经济效益最好的产品

D. 一些尚未兴起，但市场前景看好的项目

E. 对国计民生有重大影响的项目

4. 价值工程的对象选择的方法有（　　）。

A. 经验分析法　　　　　　　　　　B. 百分比法

C. 价值指数法　　　　　　　　　　D. 价格指数法

E. ABC 分析法

5. 方案创新的方法包括（　　）。

A. 经验分析法　　　　　　　　　　B. 头脑风暴法

C. 模糊目标法　　　　　　　　　　D. 专家函询法

E. ABC 分析法

三、判断题

1. 价值工程的目的是以对象的最低寿命周期成本可靠地实现使用者所需功能，以获取最佳的综合效益。　　　　　　　　　　　　　　　　　　　　　　　　（　　）

2. 价值工程中的"价值"是性能价格比。　　　　　　　　　　　　　　　（　　）

3. 产品的价值高低表明产品合理有效利用资源的程度和产品物美价廉的程度。（　　）

4. 价值工程的核心是对产品进行成本分析。 （　　）

5. 确定功能改进目标的方法有价值系数法和最合适区域法。 （　　）

6. 价值对象选择采用 ABC 分析法时选取产品种数为 5%～10%、成本比重为 70%～80% 的产品作为 A 类，产品种数占 20% 左右、成本比重占 30% 左右的为 B 类，其他为 C 类。

（　　）

7. 价值工程中功能分析的主要步骤包括功能定义和功能整理。 （　　）

8. 对象选择、功能分析、功能评价、方案创新和方案评价是价值工程的实施程序中不可缺少的步骤。 （　　）

9. 头脑风暴法的特点是与会人员会前不知道议题，在开会讨论时也只是抽象地讨论，不接触具体的实质性问题，以免与会人员的思想受到束缚。待讨论到一定程度以后，会议组织者才把中心议题指出来，以作进一步研究。 （　　）

参 考 文 献

[1] 刘晓君. 工程经济学. 3 版. 北京：中国建筑工业出版社，2014.

[2] 何元斌，杜永林. 工程经济学. 成都：西南交通大学出版社，2016.

[3] 王少文，邵炜星. 工程经济学. 北京：北京理工大学出版社，2017.

[4] 郭献芳. 工程经济学. 北京：机械工业出版社，2011.

[5] 于立君，郝利光. 工程经济学. 3 版. 北京：机械工业出版社，2015.

[6] 黄有亮. 工程经济学. 2 版. 南京：东南大学出版社，2006.

[7] 李相然. 工程经济学. 北京：中国建材工业出版社，2005.

[8] 杜春艳，唐菁菁，周迎. 工程经济学. 北京：机械工业出版社，2016.

[9] 曾淑君，高洁. 工程经济学. 南京：东南大学出版社，2014.

[10] 陈立文. 工程经济学. 北京：中国电力出版社，2013.

[11] 杨克磊. 工程经济学. 上海：复旦大学出版社，2007.

[12] 赵国杰. 工程经济学. 3 版. 天津：天津大学出版社，2010.

[13] 杨双全. 工程经济学. 武汉：武汉理工大学出版社，2009.

[14] 张洪忠. 建筑工程经济：项目化教材. 南京：东南大学出版社，2018.

[15] 张仕廉. 建设工程经济学. 北京：科学出版社，2014.

[16] 荀志远，张贵华. 工程经济学. 北京：经济科学出版社，2013.

附录 复利系数表

4%复利因子

	一次支付		等额多次支付				
N	F/P	P/F	F/A	P/A	A/F	A/P	N
1	1.040 0	0.961 5	1.000 0	0.961 5	1.000 0	1.040 0	1
2	1.081 6	0.924 6	2.040 0	1.886 1	0.490 2	0.530 2	2
3	1.124 9	0.889 0	3.121 6	2.775 1	0.320 2	0.360 3	3
4	1.169 9	0.854 8	4.246 5	3.629 9	0.235 5	0.275 5	4
5	1.216 7	0.821 9	5.416 3	4.451 8	0.184 6	0.224 6	5
6	1.265 3	0.790 3	6.633 0	5.242 1	0.150 8	0.190 8	6
7	1.315 9	0.759 9	7.898 3	6.002 1	0.126 6	0.166 6	7
8	1.368 6	0.730 7	9.214 2	6.732 7	0.108 5	0.148 5	8
9	1.423 3	0.702 6	10.582 8	7.435 3	0.094 5	0.134 5	9
10	1.480 2	0.675 6	12.006 1	8.110 9	0.083 3	0.123 3	10
11	1.539 5	0.649 6	13.486 3	8.760 5	0.074 1	0.114 1	11
12	1.601 0	0.624 6	15.025 8	9.385 1	0.066 6	0.106 6	12
13	1.665 1	0.600 6	16.626 8	9.985 6	0.060 1	0.100 1	13
14	1.731 7	0.577 5	18.291 9	10.563 1	0.054 7	0.094 7	14
15	1.800 9	0.555 3	20.023 6	11.118 4	0.049 9	0.089 9	15
16	1.873 0	0.533 9	21.824 5	11.652 3	0.045 8	0.085 8	16
17	1.947 9	0.513 4	23.697 5	12.165 7	0.042 2	0.082 2	17
18	2.025 8	0.493 6	25.645 4	12.659 3	0.039 0	0.079 0	18
19	2.106 8	0.474 6	27.671 2	13.133 9	0.036 1	0.076 1	19
20	2.191 1	0.456 4	29.778 1	13.590 3	0.033 6	0.073 6	20
21	2.278 8	0.438 8	31.969 2	14.029 2	0.031 3	0.071 3	21
22	2.369 9	0.422 0	34.248 0	14.451 1	0.029 2	0.069 2	22
23	2.464 7	0.405 7	36.617 9	14.856 8	0.027 3	0.067 3	23
24	2.563 3	0.390 1	39.082 6	15.247 0	0.025 6	0.065 6	24
25	2.665 8	0.375 1	41.645 9	15.622 1	0.024 0	0.064 0	25
26	2.772 5	0.360 7	44.311 7	15.982 8	0.022 6	0.062 6	26
27	2.883 4	0.346 8	47.084 2	16.329 6	0.021 2	0.061 2	27
28	2.998 7	0.333 5	49.967 6	16.663 1	0.020 0	0.060 0	28
29	3.118 7	0.320 7	52.966 3	16.983 7	0.018 9	0.058 9	29
30	3.243 4	0.308 3	56.084 9	17.292 0	0.017 8	0.057 8	30
35	3.946 1	0.253 4	73.652 2	18.664 6	0.013 6	0.053 6	35
40	4.801 0	0.208 3	95.025 5	19.792 8	0.010 5	0.050 5	40
45	5.841 2	0.171 2	121.029	20.720 0	0.008 3	0.048 3	45
50	7.106 7	0.140 7	152.667	21.482 2	0.006 6	0.046 6	50
55	8.646 4	0.115 7	191.159	22.108 6	0.005 2	0.045 2	55
60	10.519 6	0.095 1	237.991	22.623 5	0.004 2	0.044 2	60
65	12.798 7	0.078 1	294.968	23.046 7	0.003 4	0.433 4	65
70	15.571 6	0.064 2	364.290	23.394 5	0.002 7	0.042 7	70
75	18.945 2	0.052 8	448.631	23.680 4	0.002 2	0.042 2	75
80	23.049 8	0.043 4	551.245	23.915 4	0.001 8	0.041 8	80
85	28.043 6	0.035 7	676.090	24.108 5	0.001 5	0.041 5	85
90	34.119 3	0.029 3	827.98	24.267 3	0.001 2	0.041 2	90
95	41.511 3	0.024 1	1 012.78	24.397 8	0.001 0	0.041 0	95
100	50.504 9	0.019 8	1 237.62	24.505 0	0.000 8	0.040 8	100
∞				25.000 0		0.040 0	∞

5%复利因子

	一次支付		等额多次支付				
N	F/P	P/F	F/A	P/A	A/F	A/P	N
1	1.050 0	0.952 4	1.000 0	0.952 4	1.000 0	1.050 0	1
2	1.102 5	0.907 0	2.050 0	1.859 4	0.487 8	0.537 8	2
3	1.157 6	0.863 6	3.152 5	2.723 2	0.317 2	0.367 2	3
4	1.215 5	0.822 7	4.310 3	3.546 0	0.232 0	0.282 0	4
5	1.276 3	0.783 5	5.525 6	4.329 5	0.181 0	0.231 0	5
6	1.340 1	0.746 2	6.801 9	5.075 7	0.147 0	0.197 0	6
7	1.407 1	0.710 7	8.142 0	5.786 4	0.122 8	0.172 8	7
8	1.477 5	0.676 8	9.549 1	6.463 2	0.104 7	0.154 7	8
9	1.551 3	0.644 6	11.026 6	7.107 8	0.090 7	0.140 7	9
10	1.628 9	0.613 9	12.577 9	7.721 7	0.079 5	0.129 5	10
11	1.710 3	0.584 7	14.206 8	8.306 4	0.070 4	0.120 4	11
12	1.795 9	0.556 8	15.917 1	8.863 3	0.062 8	0.112 8	12
13	1.885 6	0.530 3	17.713 0	9.393 6	0.056 5	0.106 5	13
14	1.979 9	0.505 1	19.598 6	9.898 6	0.051 0	0.101 0	14
15	2.078 9	0.481 0	21.578 6	10.379 7	0.046 3	0.096 3	15
16	2.182 9	0.458 1	23.657 5	10.837 8	0.042 3	0.092 3	16
17	2.292 0	0.436 3	25.840 4	11.274 1	0.038 7	0.088 7	17
18	2.406 6	0.415 5	28.132 4	11.689 6	0.035 5	0.085 5	18
19	2.526 9	0.395 7	30.539 0	12.085 3	0.032 7	0.082 7	19
20	2.653 3	0.376 9	33.065 9	12.462 2	0.030 2	0.080 2	20
21	2.786 0	0.358 9	35.719 2	12.821 2	0.028 0	0.078 0	21
22	2.925 3	0.341 8	38.505 2	13.163 0	0.026 0	0.076 0	22
23	3.071 5	0.325 6	41.430 5	13.488 6	0.024 1	0.074 1	23
24	3.225 1	0.310 1	44.502 0	13.798 6	0.022 5	0.072 5	24
25	3.386 4	0.295 3	47.727 1	14.093 9	0.021 0	0.071 0	25
26	3.555 7	0.281 2	51.113 4	14.375 2	0.019 6	0.069 6	26
27	3.733 5	0.267 8	54.669 1	14.643 0	0.018 3	0.068 3	27
28	3.920 1	0.255 1	58.402 6	14.898 1	0.017 1	0.067 1	28
29	4.116 1	0.242 9	62.322 7	15.141 1	0.016 0	0.066 0	29
30	4.321 9	0.231 4	66.438 8	15.372 5	0.015 1	0.065 1	30
35	5.516 0	0.181 3	90.320 3	16.374 2	0.011 1	0.061 1	35
40	7.040 0	0.142 0	120.800	17.159 1	0.008 3	0.058 3	40
45	8.985 0	0.111 3	159.700	17.774 1	0.006 3	0.056 3	45
50	11.467 4	0.087 2	209.348	18.255 9	0.004 8	0.054 8	50
55	14.635 6	0.068 3	272.713	18.633 5	0.003 7	0.053 7	55
60	18.679 2	0.053 5	353.584	18.929 3	0.002 8	0.052 8	60
65	23.839 9	0.041 9	456.798	19.161 1	0.002 2	0.052 2	65
70	30.426 4	0.032 9	588.528	19.342 7	0.001 7	0.051 7	70
75	38.832 7	0.025 8	756.653	19.485 0	0.001 3	0.051 3	75
80	49.561 4	0.020 2	971.228	19.596 5	0.001 0	0.051 0	80
85	63.254 3	0.015 8	1 245.09	19.683 8	0.000 8	0.050 8	85
90	80.730 3	0.012 4	1 594.61	19.752 3	0.000 6	0.050 6	90
95	103.035	0.009 7	2 040.69	19.805 9	0.000 5	0.050 5	95
100	131.501	0.007 6	2 610.02	19.847 9	0.000 4	0.050 4	100
∞				20.000 0		0.500 0	∞

6%复利因子

	一次支付		等额多次支付				
N	F/P	P/F	F/A	P/A	A/F	A/P	N
1	1.060 0	0.943 4	1.000 0	0.943 4	1.000 0	1.060 0	1
2	1.123 6	0.890 0	2.060 0	1.833 4	0.485 4	0.545 4	2
3	1.191 0	0.839 6	3.183 6	2.673 0	0.314 1	0.374 1	3
4	1.262 5	0.792 1	4.374 6	3.465 1	0.228 6	0.288 6	4
5	1.338 2	0.747 3	5.637 1	4.212 4	0.177 4	0.237 4	5
6	1.418 5	0.705 0	6.975 3	4.917 3	0.143 4	0.203 4	6
7	1.503 6	0.665 1	8.393 8	5.582 4	0.119 1	0.179 1	7
8	1.593 8	0.627 4	9.897 5	6.209 8	0.101 0	0.161 0	8
9	1.689 5	0.591 9	11.491 3	6.801 7	0.087 0	0.147 0	9
10	1.790 8	0.558 4	13.180 8	7.360 1	0.075 9	0.135 9	10
11	1.898 3	0.526 8	14.971 6	7.886 9	0.066 8	0.126 8	11
12	2.012 2	0.497 0	16.869 9	8.383 8	0.059 3	0.119 3	12
13	2.132 9	0.468 8	18.882 1	8.852 7	0.053 0	0.113 0	13
14	2.260 9	0.442 3	21.015 1	9.295 0	0.047 6	0.107 6	14
15	2.396 6	0.417 3	23.276 0	9.712 2	0.043 0	0.103 0	15
16	2.540 4	0.393 6	26.672 5	10.105 9	0.039 0	0.099 0	16
17	2.692 8	0.371 4	28.212 9	10.477 3	0.035 4	0.095 4	17
18	2.854 3	0.350 3	30.905 6	10.827 6	0.032 4	0.092 4	18
19	3.025 6	0.330 5	33.760 0	11.158 1	0.029 6	0.089 6	19
20	3.207 1	0.311 8	36.785 6	11.469 9	0.027 2	0.087 2	20
21	3.399 6	0.294 2	39.992 7	11.764 1	0.025 0	0.085 0	21
22	3.603 5	0.277 5	43.392 3	12.041 6	0.023 0	0.083 0	22
23	3.819 7	0.261 8	46.995 8	12.303 4	0.021 3	0.081 3	23
24	4.048 9	0.247 0	50.815 5	12.550 4	0.019 7	0.079 7	24
25	4.291 9	0.233 0	54.864 5	12.783 4	0.018 2	0.078 2	25
26	4.549 4	0.219 8	59.156 3	13.003 2	0.016 9	0.076 9	26
27	4.822 3	0.207 4	63.705 7	13.210 5	0.015 7	0.075 7	27
28	5.111 7	0.195 6	68.528 1	13.406 2	0.014 6	0.074 6	28
29	5.418 4	0.184 6	73.639 7	13.590 7	0.013 6	0.736	29
30	5.743 5	0.174 1	79.058 1	13.764 8	0.012 6	0.726	30
35	7.686 1	0.130 1	111.435	14.498 2	0.009 0	0.069 0	35
40	10.285 7	0.097 2	154.762	15.046 3	0.006 5	0.006 5	40
45	13.764 6	0.072 7	212.743	15.455 8	0.004 7	0.064 7	45
50	18.420 1	0.054 3	290.336	15.761 9	0.003 4	0.063 1	50
55	24.650 3	0.040 6	394.172	15.990 5	0.002 5	0.062 5	55
60	32.987 6	0.030 3	533.128	16.161 4	0.001 9	0.061 9	60
65	44.144 9	0.022 7	719.082	16.289 1	0.001 4	0.061 4	65
70	59.075 8	0.016 9	967.931	16.384 5	0.001 0	0.061 0	70
75	79.056 8	0.012 6	130 0.95	16.455 8	0.000 8	0.060 8	75
80	105.796	0.009 5	174 6.60	16.509 1	0.000 6	0.060 6	80
85	141.579	0.007 1	234 2.98	16.548 9	0.000 4	0.060 4	85
90	189.464	0.005 3	314 1.07	16.578 7	0.000 3	0.060 3	90
95	253.546	0.003 9	4209.10	16.600 9	0.000 2	0.060 2	95
100	339.301	0.002 9	563 8.36	16.617 5	0.000 2	0.060 2	100
∞				18.182		0.060 0	∞

8%复利因子

	一次支付			等额多次支付				
N	F/P	P/F	F/A	P/A	A/F	A/P	N
1	1.080 0	0.925 9	1.000 0	0.925 9	1.000 0	1.080 0	1
2	1.166 4	0.857 3	2.080 0	1.783 3	0.480 8	0.560 8	2
3	1.259 7	0.793 8	3.246 4	2.577 1	0.308 0	0.388 0	3
4	1.360 5	0.735 0	4.506 1	3.312 1	0.221 9	0.301 9	4
5	1.469 3	0.680 6	5.866 6	3.992 7	0.170 5	0.250 5	5
6	1.586 9	0.630 2	7.335 9	4.622 9	0.136 3	0.216 3	6
7	1.713 8	0.583 5	8.922 8	5.206 4	0.112 1	0.192 1	7
8	1.850 9	0.540 3	10.636 6	5.746 6	0.094 0	0.174 0	8
9	1.999 0	0.500 2	12.487 6	6.246 9	0.080 1	0.160 1	9
10	2.158 9	0.463 2	14.486 6	6.710 1	0.069 0	0.149 0	10
11	2.331 6	0.428 9	16.645 5	7.139 0	0.060 1	0.140 1	11
12	2.518 2	0.397 1	18.977 1	7.536 1	0.052 7	0.132 7	12
13	2.719 6	0.367 7	21.495 3	7.903 8	0.046 5	0.126 5	13
14	2.937 2	0.340 5	24.214 9	8.244 2	0.041 3	0.121 3	14
15	3.172 2	0.315 2	27.152 1	8.559 5	0.036 8	0.116 8	15
16	3.426 9	0.291 9	30.324 3	8.851 4	0.033 0	0.113 0	16
17	3.700 0	0.270 3	33.750 2	9.121 6	0.029 6	0.109 6	17
18	3.996 0	0.250 2	37.450 2	9.371 9	0.026 7	0.106 7	18
19	4.315 7	0.211 7	41.446 3	9.603 6	0.024 1	0.104 1	19
20	4.661 0	0.214 5	45.762 0	9.818 1	0.021 9	0.101 9	20
21	5.033 8	0.198 7	50.422 9	10.016 8	0.019 8	0.099 8	21
22	5.436 5	0.183 9	55.456 7	10.200 7	0.018 0	0.098 0	22
23	5.871 5	0.170 3	60.893 3	10.371 1	0.016 4	0.096 4	23
24	6.341 2	0.157 7	66.764 7	10.528 8	0.015 0	0.095 0	24
25	6.848 5	0.146 0	73.105 9	10.674 8	0.013 7	0.093 7	25
26	7.396 4	0.135 2	79.954 4	10.810 0	0.012 5	0.092 5	26
27	7.988 1	0.125 2	87.350 7	10.935 2	0.011 4	0.091 4	27
28	8.627 1	0.115 9	85.338 8	11.051 1	0.010 5	0.090 5	28
29	9.317 3	0.107 3	103.966	11.158 4	0.009 6	0.089 6	29
30	10.062 7	0.099 4	113.283	11.257 8	0.008 8	0.088 8	30
35	14.785 3	0.067 6	172.317	11.654 6	0.005 8	0.085 8	35
40	21.724 5	0.046 0	259.056	11.924 6	0.003 9	0.083 9	40
45	31.920 4	0.031 3	386.506	12.108 4	0.002 6	0.082 6	45
50	46.901 6	0.021 3	573.770	12.233 5	0.001 7	0.081 7	50
55	68.913 8	0.014 5	848.923	12.318 6	0.001 2	0.081 2	55
60	101.257	0.009 9	125 3.21	12.376 6	0.000 8	0.080 8	60
65	148.780	0.006 7	184 7.25	12.416 0	0.000 5	0.080 5	65
70	218.606	0.004 6	272 0.08	12.442 8	0.000 4	0.080 4	70
75	321.204	0.003 1	400 2.55	12.461 1	0.000 2	0.080 2	75
80	471.955	0.002 1	588 6.93	12.473 5	0.000 2	0.080 2	80
85	693.456	0.001 4	865 5.71	12.482 0	0.000 1	0.080 1	85
90	101 8.92	0.001 0	127 23.9	12.487 7	α	0.080 1	90
95	149 7.12	0.000 7	180 71.5	12.491 7	α	0.080 1	95
100	219 9.76	0.000 5	274 84.5	12.494 3	α	0.080 0	100
∞				12.500 0		0.080 0	∞

α<0.000 1

10%复利因子

	一次支付		等额多次支付				
N	F/P	P/F	F/A	P/A	A/F	A/P	N
1	1. 100 0	0. 909 1	1. 000 0	0. 909 1	1. 000 0	1. 100 0	1
2	1. 210 0	0. 826 4	2. 100 0	1. 735 5	0. 476 2	0. 576 2	2
3	1. 331 0	0. 751 3	3. 310 0	2. 486 9	0. 302 1	0. 402 1	3
4	1. 464 1	0. 683 0	4. 641 0	3. 169 9	0. 215 5	0. 315 5	4
5	1. 610 5	0. 620 9	6. 105 1	3. 790 8	0. 163 8	0. 263 8	5
6	1. 771 6	0. 564 6	7. 715 6	4. 355 3	0. 129 6	0. 229 6	6
7	1. 948 7	0. 513 2	9. 487 2	4. 868 4	0. 105 4	0. 205 4	7
8	2. 143 6	0. 466 5	11. 435 9	5. 334 9	0. 087 4	0. 187 4	8
9	2. 357 9	0. 424 1	13. 579 5	5. 759 0	0. 073 6	0. 173 6	9
10	2. 593 7	0. 385 5	15. 937 4	6. 144 6	0. 062 7	0. 162 7	10
11	2. 853 1	0. 350 5	18. 531 2	6. 495 1	0. 054 0	0. 154 0	11
12	3. 138 4	0. 318 6	21. 384 3	6. 813 7	0. 046 8	0. 146 8	12
13	3. 452 3	0. 289 7	24. 522 7	7. 103 4	0. 040 8	0. 140 8	13
14	3. 797 5	0. 263 3	27. 975 0	7. 366 7	0. 035 7	0. 135 7	14
15	4. 177 2	0. 239 4	31. 772 5	7. 606 1	0. 031 5	0. 131 5	15
16	4. 595 0	0. 217 6	35. 949 7	7. 823 7	0. 027 8	0. 127 8	16
17	5. 054 5	0. 197 8	40. 544 7	8. 021 6	0. 024 7	0. 124 7	17
18	5. 559 9	0. 179 9	45. 599 2	8. 201 4	0. 021 9	0. 121 9	18
19	6. 115 9	0. 163 5	51. 159 1	8. 364 9	0. 019 5	0. 119 5	19
20	6. 727 5	0. 148 6	57. 275 0	8. 513 6	0. 017 5	0. 117 5	20
21	7. 400 2	0. 135 1	64. 002 5	8. 648 7	0. 015 6	0. 115 6	21
22	8. 140 3	0. 122 8	71. 402 7	8. 771 5	0. 014 0	0. 114 0	22
23	8. 954 3	0. 111 7	79. 543 0	8. 883 2	0. 012 6	0. 112 6	23
24	9. 849 4	0. 101 5	88. 497 3	8. 984 7	0. 011 3	0. 111 3	24
25	10. 834 7	0. 092 3	98. 347 0	9. 077 0	0. 010 2	0. 110 2	25
26	11. 918 2	0. 083 9	109. 182	9. 160 9	0. 009 2	0. 109 2	26
27	13. 110 0	0. 076 3	121. 100	9. 237 2	0. 008 3	0. 108 3	27
28	14. 421 0	0. 069 3	134. 210	9. 306 6	0. 007 5	0. 107 5	28
29	15. 863 1	0. 063 0	148. 631	9. 369 6	0. 006 7	0. 106 7	29
30	17. 449 4	0. 057 3	164. 494	9. 426 9	0. 006 1	0. 106 1	30
35	28. 102 4	0. 035 6	271. 024	9. 644 2	0. 003 7	0. 103 7	35
40	45. 259 2	0. 022 1	442. 592	9. 779 1	0. 002 3	0. 103 3	40
45	72. 890 4	0. 013 7	718. 905	9. 862 8	0. 001 4	0. 102 4	45
50	117. 39 1	0. 008 5	1 163. 91	9. 914 8	0. 000 9	0. 101 9	50
55	189. 059	0. 005 3	1 880. 59	9. 947 1	0. 000 5	0. 100 5	55
60	304. 481	0. 003 3	3 034. 81	9. 967 2	0. 000 3	0. 100 3	60
65	490. 370	0. 002 0	4 893. 71	9. 979 6	0. 000 2	0. 100 2	65
70	789. 746	0. 001 3	7 887. 47	9. 987 3	0. 000 1	0. 100 1	70
75	1 271. 89	0. 000 8	12 708. 9	9. 992 1	α	0. 100 1	75
80	2 048. 40	0. 000 5	20 474. 0	9. 995 1	α	0. 000 0	80
85	3 298. 97	0. 000 3	32 979. 7	9. 997 0	α	0. 100 0	85
90	5 313. 02	0. 000 2	53 120. 2	9. 998 1	α	0. 100 0	90
95	8 556. 67	0. 000 1	85 556. 7	9. 998 8	α	0. 100 0	95
100	13 780. 6	α	137 796	9. 999 3	α	0. 100 0	100
∞				10. 000 0		0. 100 0	∞

12%复利因子

	一次支付		等额多次支付				
N	F/P	P/F	F/A	P/A	A/F	A/P	N
1	1.120 0	0.892 9	1.000 0	0.892 9	1.000 0	1.120 0	1
2	1.254 4	0.797 2	2.120 0	1.690 1	0.471 7	0.591 7	2
3	1.404 9	0.711 8	3.374 4	2.401 8	0.296 3	0.416 3	3
4	1.573 5	0.635 5	4.779 3	3.037 3	0.209 2	0.329 2	4
5	1.762 3	0.567 4	6.352 8	3.604 8	0.157 4	0.277 4	5
6	1.973 8	0.506 6	8.115 2	4.111 4	0.123 2	0.243 2	6
7	2.210 7	0.452 3	10.089 0	4.563 8	0.099 1	0.219 1	7
8	2.476 0	0.403 9	12.299 7	4.967 6	0.081 3	0.201 3	8
9	2.773 1	0.360 6	14.775 7	5.328 2	0.067 7	0.187 7	9
10	3.105 8	0.322 0	17.548 7	5.650 2	0.057 0	0.177 0	10
11	3.478 5	0.287 5	20.654 6	5.937 7	0.048 4	0.168 4	11
12	3.896 0	0.256 7	24.133 1	6.194 4	0.041 4	0.161 4	12
13	4.363 5	0.229 2	28.029 1	6.423 5	0.035 7	0.155 7	13
14	4.887 1	0.204 6	32.392 6	6.628 2	0.030 9	0.150 9	14
15	5.473 6	0.182 7	37.279 7	6.810 9	0.026 8	0.146 8	15
16	6.130 4	0.163 1	42.753 3	6.974 0	0.023 4	0.143 4	16
17	6.866 0	0.145 6	48.883 7	7.119 6	0.020 5	0.140 5	17
18	7.690 0	0.130 0	55.749 7	7.249 7	0.017 9	0.137 9	18
19	8.612 8	0.116 1	63.439 7	7.365 8	0.015 8	0.135 8	19
20	9.646 3	0.103 7	72.052 4	7.469 4	0.013 9	0.133 9	20
21	10.803 8	0.092 6	81.498 7	7.562 0	0.012 2	0.132 2	21
22	12.100 3	0.082 6	92.502 6	7.644 6	0.010 8	0.130 8	22
23	13.552 3	0.073 8	104.603	7.718 4	0.009 6	0.129 6	23
24	15.178 6	0.065 9	118.155	7.784 3	0.008 5	0.128 5	24
25	17.000 1	0.058 8	133.334	7.843 1	0.007 5	0.127 5	25
26	19.040 1	0.052 5	150.334	7.895 7	0.006 7	0.126 7	26
27	21.324 9	0.046 9	169.374	7.942 6	0.005 9	0.125 9	27
28	23.883 9	0.041 9	190.699	7.984 4	0.005 2	0.125 2	28
29	26.744 9	0.037 4	214.583	8.021 8	0.004 7	0.124 7	29
30	29.959 9	0.033 4	241.333	8.055 2	0.004 1	0.124 1	30
35	52.799 6	0.018 9	431.663	8.175 5	0.002 3	0.122 3	35
40	93.050 9	0.010 7	767.091	8.243 8	0.001 3	0.121 3	40
45	163.988	0.006 1	1 358.23	8.282 5	0.000 7	0.120 7	45
50	289.002	0.003 5	2 400.02	8.304 5	0.000 4	0.120 4	50
55	509.320	0.002 0	4 236.00	8.317 0	0.000 2	0.120 2	55
60	897.596	0.001 1	7 471.63	8.324 0	0.000 1	0.120 1	60
65	1 581.87	0.000 6	13 173.9	8.328 1	α	0.120 1	65
70	2 787.80	0.000 4	23 223.3	8.330 3	α	0.120 0	70
75	4 913.05	0.000 2	40 933.8	8.331 6	α	0.120 0	75
80	8 658.47	0.000 1	72 145.6	8.332 4	α	0.120 0	80
∞				8.333		0.120 0	∞

15%复利因子

	一次支付		等额多次支付				
N	F/P	P/F	F/A	P/A	A/F	A/P	N
1	1.150 0	0.869 6	1.000 0	0.869 6	1.000 0	0.150 0	1
2	1.322 5	0.756 1	2.150 0	1.625 7	0.465 1	0.615 1	2
3	1.520 9	0.657 5	3.472 5	2.283 2	0.288 0	0.438 0	3
4	1.749 0	0.571 8	4.993 4	2.855 0	0.200 3	0.350 3	4
5	2.011 4	0.497 2	6.742 4	3.352 2	0.148 3	0.298 3	5
6	2.313 1	0.432 3	8.753 7	3.784 5	0.114 2	0.264 2	6
7	2.660 0	0.375 9	11.066 8	4.160 4	0.090 4	0.240 4	7
8	3.057 9	0.326 9	13.726 8	4.487 3	0.072 9	0.222 9	8
9	3.517 9	0.284 3	16.785 8	4.771 6	0.059 6	0.209 6	9
10	4.045 6	0.247 2	20.303 7	5.018 8	0.049 3	0.199 3	10
11	4.652 4	0.214 9	24.349 3	5.233 7	0.041 1	0.191 1	11
12	5.350 2	0.186 9	29.001 7	5.420 6	0.034 5	0.184 5	12
13	6.152 8	0.162 5	34.351 9	5.583 1	0.029 1	0.179 1	13
14	7.075 7	0.141 3	40.504 7	5.724 5	0.024 7	0.174 7	14
15	8.137 1	0.122 9	47.580 4	5.847 4	0.021 0	0.171 0	15
16	9.357 6	0.106 9	55.717 5	5.954 2	0.017 9	0.167 9	16
17	10.761 3	0.092 9	65.075 1	6.007 2	0.015 4	0.165 4	17
18	12.375 5	0.080 8	75.836 3	6.128 0	0.013 2	0.163 2	18
19	14.231 8	0.070 3	88.211 8	6.198 2	0.011 3	0.161 3	19
20	16.366 5	0.061 1	102.444	6.259 3	0.009 8	0.159 8	20
21	18.821 5	0.053 1	118.810	6.312 5	0.008 4	0.158 4	21
22	21.644 7	0.046 2	137.632	6.358 7	0.007 3	0.157 3	22
23	24.891 5	0.040 2	159.276	3.398 8	0.006 3	0.156 3	23
24	28.625 2	0.034 9	184.168	3.433 8	0.005 4	0.155 4	24
25	32.918 9	0.030 4	212.793	6.464 1	0.004 7	0.154 7	25
26	37.856 8	0.026 4	245.712	6.490 6	0.004 1	0.1541	26
27	43.535 3	0.023 0	283.569	6.513 5	0.003 5	0.153 5	27
28	50.065 6	0.020 0	327.104	6.533 5	0.003 1	0.153 1	28
29	57.575 4	0.0174	377.170	6.550 9	0.002 7	0.152 7	29
30	66.211 8	0.015 1	434.745	6.566 0	0.002 3	0.152 3	30
35	133.176	0.007 5	881.170	6.616 6	0.001 1	0.151 1	35
40	267.863	0.003 7	1 779.09	6.641 8	0.000 6	0.150 6	40
45	538.769	0.001 9	3 585.13	6.654 3	0.000 3	0.150 3	45
50	1 083.66	0.000 9	7 212.71	6.660 5	0.000 1	0.150 1	50
55	2 179.62	0.000 5	14 524.1	6.663 6	α	0.150 1	55
60	4 384.00	0.000 2	29 220.0	6.665 1	α	0.150 0	60
65	8 817.78	0.000 1	58 778.5	6.665 9	α	0.150 0	65
70	17 735.7	α	118 231	6.666 3	α	0.150 0	70
75	35 672.8	α	237 812	6.666 5	α	0.150 0	75
80	71 750.8	α	478 332	6.666 6	α	0.150 0	80
∞				6.667		0.150 0	∞

20%复利因子

	一次支付		等额多次支付				
N	F/P	P/F	F/A	P/A	A/F	A/P	N
1	1.200 0	0.833 3	1.000 0	0.833 3	1.000 0	1.200 0	1
2	1.440 0	0.694 4	2.200 0	1.527 8	0.454 5	0.654 5	2
3	1.728 0	0.578 7	3.640 0	2.106 5	0.274 7	0.474 7	3
4	2.073 6	0.482 3	5.368 0	2.588 7	0.186 3	0.386 3	4
5	2.488 3	0.401 9	7.441 6	2.990 6	0.134 4	0.334 4	5
6	2.986 0	0.334 9	9.929 9	3.325 5	0.100 7	0.300 7	6
7	3.583 2	0.279 1	12.915 9	3.604 6	0.077 4	0.277 4	7
8	4.299 8	0.232 6	16.499 1	3.837 2	0.060 6	0.260 6	8
9	5.159 8	0.193 8	20.798 9	4.031 0	0.048 1	0.248 1	9
10	6.191 7	0.161 5	25.958 7	4.192 5	0.038 5	0.238 5	10
11	7.430 1	0.134 6	32.150 4	4.327 1	0.031 1	0.231 1	11
12	8.916 1	0.112 2	39.580 5	4.439 2	0.025 3	0.225 3	12
13	10.699 3	0.093 5	48.496 6	4.532 7	0.020 6	0.220 6	13
14	12.839 2	0.077 9	59.195 9	4.610 6	0.016 9	0.216 9	14
15	15.407 0	0.064 9	72.035 1	4.675 5	0.013 9	0.213 9	15
16	18.488 4	0.054 1	87.442 1	4.729 6	0.011 4	0.211 4	16
17	22.186 1	0.045 1	105.931	4.774 6	0.009 4	0.209 4	17
18	26.623 3	0.037 6	128.117	4.812 2	0.007 8	0.207 8	18
19	31.948 0	0.031 3	154.740	4.843 5	0.006 5	0.206 5	19
20	38.337 6	0.026 1	186.688	4.869 6	0.005 4	0.205 4	20
21	46.005 1	0.021 7	225.026	4.891 3	0.004 4	0.204 4	21
22	55.206 1	0.018 1	271.031	4.909 4	0.003 7	0.203 7	22
23	66.247 4	0.015 1	326.237	4.924 5	0.003 1	0.203 1	23
24	79.496 8	0.012 6	392.484	4.937 1	0.002 5	0.202 5	24
25	95.396 2	0.010 5	471.981	4.947 6	0.002 1	0.202 1	25
26	114.475	0.008 7	567.377	4.956 3	0.001 8	0.201 8	26
27	137.371	0.007 3	681.853	4.963 6	0.001 5	0.201 5	27
28	164.845	0.006 1	819.233	4.969 7	0.001 2	0.201 2	28
29	197.814	0.005 1	984.068	4.974 7	0.001 0	0.201 0	29
30	237.376	0.004 2	1 181.88	4.978 9	0.000 8	0.200 8	30
35	590.668	0.001 7	2 948.34	4.991 5	0.000 3	0.200 3	35
40	1 469.77	0.000 7	7 343.85	4.996 6	0.000 1	0.200 1	40
45	3 657.26	0.000 3	18 281.3	4.998 6	α	0.200 1	45
50	9 100.43	0.000 1	45 497.2	4.999 5	α	0.200 0	50
55	22 644.8	α	113 219	4.999 8	α	0.200 0	55
60	56 347.5	α	281 732	4.999 9	α	0.200 0	60
∞				5.000 0		0.200 0	∞

25% 复利因子

	一次支付		等额多次支付				
N	F/P	P/F	F/A	P/A	A/F	A/P	N
1	1.250 0	0.800 0	1.000 0	0.800 0	1.000 0	1.250 0	1
2	1.562 5	0.640 0	2.250 0	1.440 0	0.444 4	0.694 4	2
3	1.953 1	0.512 0	3.812 5	1.952 0	0.262 3	0.512 3	3
4	2.441 4	0.409 6	5.765 6	2.361 6	0.173 4	0.423 4	4
5	3.051 8	0.327 7	8.207 0	2.689 3	0.121 8	0.371 8	5
6	3.814 7	0.262 1	11.258 8	2.951 4	0.088 8	0.338 8	6
7	4.768 4	0.209 7	15.073 5	3.161 1	0.066 3	0.316 3	7
8	5.960 5	0.167 8	19.841 9	3.328 9	0.050 4	0.300 4	8
9	7.450 6	0.134 2	25.802 3	3.463 1	0.038 8	0.288 8	9
10	9.313 2	0.107 4	33.252 9	3.570 5	0.031 0	0.280 1	10
11	11.641 5	0.085 9	42.566 1	3.656 4	0.023 5	0.273 5	11
12	14.551 9	0.068 7	54.207 7	3.725 1	0.018 4	0.268 4	12
13	18.189 9	0.055 0	68.759 6	3.780 1	0.014 5	0.264 5	13
14	22.737 4	0.044 0	86.949 5	3.824 1	0.011 5	0.261 5	14
15	28.421 7	0.035 2	109.687	3.859 3	0.009 1	0.259 1	15
16	35.527 1	0.028 1	138.109	3.887 4	0.007 2	0.257 2	16
17	44.408 9	0.022 5	173.636	3.909 9	0.005 8	0.255 8	17
18	55.511 2	0.018 0	218.045	3.927 9	0.004 6	0.254 6	18
19	69.388 9	0.014 4	273.556	3.942 4	0.003 7	0.253 7	19
20	86.736 2	0.011 5	342.945	3.953 9	0.002 9	0.252 9	20
21	108.420	0.009 2	429.681	3.963 1	0.002 3	0.352 3	21
22	135.525	0.007 4	538.101	3.970 5	0.001 9	0.251 9	22
23	169.407	0.005 9	673.626	3.976 4	0.001 5	0.251 5	23
24	211.758	0.004 7	843.033	3.981 1	0.001 2	0.251 2	24
25	264.698	0.003 8	1 054.79	3.984 9	0.000 9	0.250 9	25
26	330.872	0.003 0	1 319.49	3.987 9	0.000 8	0.250 8	26
27	413.590	0.002 4	1 650.36	3.990 3	0.000 6	0.250 6	27
28	516.988	0.001 9	2 063.95	3.992 3	0.000 5	0.250 5	28
29	646.235	0.001 5	2 580.94	3.993 8	0.000 4	0.250 4	29
30	807.794	0.001 2	3 227.17	3.995 0	0.000 3	0.250 3	30
35	2 465.19	0.000 4	9 856.76	3.998 4	0.000 1	0.250 1	35
40	7 523.16	0.000 1	30 088.7	3.999 5	α	0.250 0	40
45	22 958.9	α	91 831.5	3.999 8	α	0.250 0	45
50	70 064.9	α	280 256	3.999 9	α	0.250 0	50
∞				4.000 0		0.250 0	∞

30% 复利因子

	一次支付		等额多次支付				
N	F/P	P/F	F/A	P/A	A/F	A/P	N
1	1.300 0	0.769 2	1.000	0.769	1.000 0	1.300 0	1
2	1.690 0	0.591 7	2.300	1.361	0.434 8	0.734 8	2
3	2.197 0	0.455 2	3.990	1.816	0.250 6	0.550 6	3
4	2.856 1	0.350 1	6.187	2.166	0.161 6	0.461 6	4
5	3.712 9	0.269 3	9.043	2.436	0.110 6	0.410 6	5
6	4.826 8	0.207 2	12.756	2.643	0.078 4	0.378 4	6
7	6.274 9	0.159 4	17.583	2.802	0.056 9	0.356 9	7
8	8.157 3	0.122 6	23.858	2.925	0.041 9	0.341 9	8
9	10.604	0.094 3	32.015	3.019	0.031 2	0.331 2	9
10	13.786	0.072 5	42.619	3.092	0.023 5	0.323 5	10
11	17.922	0.055 8	56.405	3.147	0.017 7	0.317 7	11
12	23.298	0.042 9	74.327	3.190	0.013 5	0.313 5	12
13	30.287	0.033 0	97.625	3.223	0.010 2	0.310 2	13
14	39.374	0.025 4	127.91	3.249	0.007 8	0.307 8	14
15	51.186	0.019 5	167.29	3.268	0.006 0	0.306 0	15
16	66.542	0.015 0	218.47	3.283	0.004 6	0.304 6	16
17	86.504	0.011 6	285.01	3.295	0.003 5	0.303 5	17
18	112.46	0.008 9	371.52	3.304	0.002 7	0.302 7	18
19	146.19	0.006 8	483.97	3.311	0.002 1	0.302 1	19
20	190.05	0.005 3	630.16	3.316	0.001 6	0.301 6	20
21	247.06	0.004 0	820.21	3.320	0.001 2	0.301 2	21
22	321.18	0.003 1	1 067.3	3.323	0.000 9	0.300 9	22
23	417.54	0.002 4	1 388.5	3.325	0.000 7	0.300 7	23
24	542.80	0.001 8	1 806.0	3.327	0.000 5	0.300 5	24
25	705.64	0.001 4	2 348.8	3.329	0.000 4	0.300 4	25
26	917.33	0.001 1	3 054.4	3.330	0.000 3	0.300 3	26
27	1 192.5	0.000 8	3 971.8	3.331	0.000 3	0.300 3	27
28	1 550.3	0.000 6	5 164.3	3.331	0.000 2	0.300 2	28
29	2 015.4	0.000 5	6 714.6	3.332	0.000 2	0.300 2	29
30	2 620.0	0.000 4	8 730.0	3.332	0.000 1	0.300 1	30
31	3 406.0	0.000 3	11 350	3.332	α	0.300 1	31
32	4 427.8	0.000 2	14 756	3.333	α	0.300 1	32
33	5 756.1	0.000 2	19 184	3.333	α	0.300 1	33
34	7 483.0	0.000 1	24 940	3.333	α	0.300 0	34
35	9 727.8	0.001	32 423	3.333	α	0.300 0	35
∞				3.333			∞

40% 复利因子

	一次支付		等额多次支付				
N	F/P	P/F	F/A	P/A	A/F	A/P	N
1	1.400 0	0.713 4	1.000	0.714	1.000	1.400 0	1
2	1.960 0	0.510 2	2.400	1.224	0.416 7	0.816 7	2
3	2.744 0	0.364 4	4.360	1.589	0.229 4	0.629 4	3
4	3.841 6	0.260 3	7.104	1.849	0.140 8	0.540 8	4
5	5.378 2	0.185 9	10.946	2.035	0.091 4	0.491 4	5
6	7.529 5	0.132 8	16.324	2.168	0.016 3	0.461 3	6
7	10.541	0.094 9	23.853	2.263	0.041 9	0.441 9	7
8	14.758	0.067 8	34.395	2.331	0.029 1	0.429 1	8
9	20.661	0.048 4	49.153	2.379	0.020 3	0.420 3	9
10	28.925	0.034 6	69.814	2.414	0.014 3	0.414 3	10
11	40.496	0.024 7	98.739	2.438	0.010 1	0.410 1	11
12	56.694	0.017 6	139.23	2.456	0.007 2	0.407 2	12
13	79.371	0.012 6	195.93	2.469	0.005 1	0.405 1	13
14	111.12	0.009 0	275.30	2.478	0.003 6	0.403 6	14
15	155.57	0.006 4	386.42	2.484	0.002 6	0.402 6	15
16	217.80	0.004 6	541.99	2.489	0.001 8	0.401 9	16
17	304.91	0.003 3	759.78	2.492	0.001 3	0.401 3	17
18	426.88	0.002 3	1 064.7	2.494	0.000 9	0.400 9	18
19	597.63	0.001 7	1 491.6	2.496	0.000 7	0.400 7	19
20	836.68	0.001 2	2 089.2	2.497	0.000 5	0.400 5	20
21	1 171.4	0.000 9	2 925.9	2.498	0.000 3	0.400 3	21
22	1 639.9	0.000 6	4 097.2	2.498	0.000 2	0.400 2	22
23	2 295.9	0.000 4	5 737.1	2.499	0.000 2	0.400 2	23
24	3 214.2	0.000 3	8 033.0	2.499	0.000 1	0.400 1	24
25	4 499.9	0.000 2	11 247	2.499	α	0.400 1	25
26	6 299.8	0.000 2	15 747	2.500	α	0.400 1	26
27	8 819.8	0.000 1	22 047	2.500	α	0.400 0	27
28	12 348	0.000 1	30 867	2.500	α	0.400 0	28
29	17 287	0.000 1	43 214	2.500	α	0.400 0	29
30	24 201	α	60 501	2.500	α	0.400 0	30
∞				2.500	α	0.400 0	∞

50% 复利因子

	一次支付		等额多次支付				
N	F/P	P/F	F/A	P/A	A/F	A/P	N
1	1.500 0	0.666 7	1.000	0.667	1.000 0	1.500 0	1
2	2.250 0	0.444 4	2.500	1.111	0.400 0	0.900 0	2
3	3.375 0	0.296 3	4.750	1.407	0.210 1	0.710 5	3
4	5.062 5	0.197 5	8.125	1.605	0.123 1	0.623 1	4
5	7.593 8	0.131 7	13.188	1.737	0.075 8	0.575 8	5
6	11.391	0.087 8	20.781	1.824	0.048 1	0.548 1	6
7	17.086	0.058 5	32.172	1.883	0.031 1	0.531 1	7
8	25.629	0.039 0	49.258	1.922	0.020 3	0.520 3	8
9	38.443	0.026 0	74.887	1.948	0.013 4	0.513 4	9
10	57.665	0.017 3	113.33	1.965	0.008 8	0.508 8	10
11	86.498	0.011 6	171.00	1.977	0.005 9	0.505 9	11
12	129.75	0.007 7	257.49	1.985	0.003 9	0.503 9	12
13	194.62	0.005 1	387.24	1.990	0.002 6	0.502 6	13
14	291.93	0.003 4	591.86	1.993	0.001 7	0.501 7	14
15	437.89	0.002 3	873.79	1.995	0.001 1	0.501 1	15
16	656.84	0.001 5	1 311.7	1.997	0.000 8	0.500 8	16
17	985.26	0.001 0	1 968.5	1.998	0.000 5	0.500 5	17
18	1 477.9	0.000 7	2 953.8	1.999	0.000 3	0.500 3	18
19	2 216.8	0.000 5	4 431.7	1.999	0.000 2	0.500 2	19
20	3 325.3	0.000 3	6 648.5	1.999	0.000 2	0.500 2	20
21	4 987.9	0.000 2	9 973.8	2.000	0.000 1	0.500 1	21
22	7 481.8	0.000 1	14 962	2.000	α	0.500 1	22
23	11 223	0.000 1	22 443	2.000	α	0.500 0	23
24	16 834	0.000 1	33 666	2.000	α	0.500 0	24
25	25 251	α	50 500	2.000	α	0.500 0	25
∞				2.000		0.500 0	∞